وظائف المدير
المبادئ والممارسات في إدارة الأعمال

وظائف المدير
المبادئ والممارسات في إدارة الأعمال

الدكتور موفق حديد محمد

2010

رقم الإيداع لدى دائرة المكتبة الوطنية
(2009/10/4472)

658.4
محمد، موفق حديد
وظائف المدير المبادئ والممارسات في إدارة الاعمال/ موفق حديد محمد ـ عمان:
دار الشروق، 2009
(   ) ص
ر.إ. : 2009/10/4472
الواصفات: /الإدارة التنفيذية//إدارة الأعمال/

• تم إعداد بيانات الفهرسة الأولية من قبل دائرة المكتبة الوطنية
يتحمل المؤلف كامل المسؤولية القانونية عن محتوى مصنفة ولا يعبّر هذا المصنف عن رأي دائرة المكتبة الوطنية أو أي جهة حكومية أخرى

ISBN 978-9957 - 00 - 430- 9

- وظائف المدير : المبادئ والممارسات في إدارة الأعمال .
- تأليف : موفق حديد محمد .
- الطبعة العربية الأولى : الإصدار الأول 2010 .

دار الشروق للنشر والتوزيع
هاتف : 4618190 / 4618191 / 4624321 فاكس : 4610065
ص.ب : 926463 الرمز البريدي : 11118 عمان - الاردن
Email : shorokjo@nol.com.jo

دار الشروق للنشر والتوزيع
رام الله - المصيون : نهاية شارع مستشفى رام الله
هاتف 2975632 - 2991614 - 2975633 فاكس 02/2965319
Email : shorokpr@palnet.com

■ الاخراج الداخلي وتصميم الغلاف وفرز الألوان و الأفلام :
دائرة الإنتاج / دار الشروق للنشر والتوزيع
هاتف : 4618190/1 فاكس 4610065 / ص.ب. 926463 عمان (11118) الأردن

المحتويات

قائمة الجداول

رقم الجدول | عنوان الجدول | رقم الصفحة

قائمة الأشكال

رقم الجدول	عنوان الجدول	رقم الصفحة
(1)	منظمات الأعمال : مقارنة بين الشركات الحكومية وغير الربحية والخاصة	18
(2)	العناصر الرئيسية في المنظمات	19
(3)	المستويات والمراكز الإدارية في المنظمة الكبيرة	22
(4)	وظائف الإدارة	26
(5)	أنواع المديرون حسب المستوى والتخصص الوظيفي	36
(6)	المستويات التنظيمية المديرون الذين يعملون فيها	37
(7)	أدوار المدير والتدرج في المستويات الإدارية	44
(8)	مهارات مختارة للمدير الفاعل	51
(9)	الكفاءة والفاعلية في الإدارة	52
(10)	نموذج إدارة الدولة في الإسلام	66
(11)	تاريخ الفكر الإداري الحديث	68
(12)	النظريات الإدارية الرئيسية	69
(13)	وجهة نظر النظم في المنظمات	79
(14)	نظرة عامة للنظم	80
(15)	اندماج النظريات الإدارية	81
(16)	البيئة الخارجية والداخلية للمنظمة	95
(17)	شركة متعددة الجنسيات المحلية والدولية	98
(18)	نشاطات المدير	105
(19)	عمل المدير حسب استخدام مدخل النظم والوظائف المتخصصة	109

المقدمة

يتحقق النجاح في المنظمات التي تستطيع من أدارة مواردها المادية والبشرية بصورة فاعلة، ويساعد الاستعمال الأمثل لوظائف الإدارة الرئيسية (التخطيط، التنظيم، القيادة، التحفيز، الاتصال، الرقابة) على تحقيق ذلك النجاح. إن الهدف الأساسي من تأليف هذا الكتاب هو تقديم شرح مفصل لوظائف الإدارة الرئيسية وتبسيطها لطلبة إدارة الأعمال والعاملين في المنظمات الخاصة والحكومية. ويقوم هذا الكتاب الشامل والحديث بتحليل النظريات والوظائف الرئيسية للإدارة وتطبيقاتها في الواقع العملي.

لم يحصل سابقا أن مرت المجتمعات والمنظمات التي تعمل فيها بالتغيير السريع في المجالات التكنولوجية والمعلوماتية والاجتماعية مثل ما يواجه منظماتنا من ضغوط لم تشهدها من قبل. فالمنظمات تزداد تخصصا وتعقيدا ومنافسة فيما بينها، ولم يعد باستطاعتنا الآن الاعتماد على عدد قليل من الأشخاص الموهوبين لكي يرتقوا إلى الأعلى لقيادة المنظمات. وإذا أردنا الاستمرار في البقاء في العمل يجب علينا اكتشاف طرق تصب في ابتكارات واستعدادات الإداريين الجدد في جميع المستويات. وبالإضافة إلى هذه التغييرات يأتي التغيير في التركيبة السكانية والقيم وأخلاقيات العمل، وينتج عن ذلك الحاجة لهياكل تنظيمية جديدة وأساليب إبداعية في فن القيادة. فالناس يطلبون مزيدا من السلع والخدمات ويطلبون إشباعا لرغباتهم ويطلبون أيضا مكافآت مجزية. ونتيجة لكل ذلك ظهرت الحاجة إلى ما يسمى بالجيل الثالث من المديرين والممارسات الإدارية وهي حركة تتطلب من الإدارة أن تتحرك أكثر نحو المشاركة والتنفيذ الذي ينتج عنه بناء تنظيمي جديد يكون نفسه بنفسه وهو نظام الفريق الذي يشجع على التملك والالتزام في المنظمة ويفتح الباب أمام الابتكار وتطوير المهارات . ويتوقع المجتمع من الدير المعاصر أن يعطي قوة أكثر للأفراد في المنظمة ويقوم بتسهيل مهام مجموعات العمل وأن يعمل ليس فقط كقائد مجموعة فاعل بل كأحد أعضاء تلك المجموعة.

يحتوي الكتاب على أربعة عشر فصلا. يغطي الفصل الأول المفاهيم والمصطلحات الأساسية للمنظمة والإدارة ويتناول الفصل الثاني مصطلح " المدير" والدور الذي يلعبه المدير في المنظمة والمهارات الإدارية التي يحتاجها في ممارسة نشاطاته. ويستعرض الفصل الثالث التطور التاريخي للفكر الإداري ومساهمات الحضارات القديمة والإسلامية والغربية في تطور الإدارة. ويتطرق الفصل الرابع إلى أثر العوامل البيئية الداخلية والخارجية والدولية على عمل المنظمة وسلوكيات المدير. ويعطي الفصل الخامس موجزا للعمليات الإدارية التي يمارسها المدير في التخطيط والتنظيم والقيادة والرقابة. ثم تعالج الفصول السبعة التالية وظائف المدير بالتفصيل. يبحث الفصل السادس وظيفة التخطيط. ويناقش الفصل السابع وظيفة التنظيم، ويعالج الفصل الثامن إدارة الموارد البشرية، ويغطي الفصل التاسع نظريات القيادة والإبداع، ويشرح الفصل العاشر أهمية الدافعية والحوافز في العمل، ويركز الفصل الحادي عشر على الاتصال، ويوضح الفصل الثاني عشر وظيفة الرقابة. ويخصص الفصل الثالث عشر لعملية صنع القرار والمهارات التي يحتاجها المدير لتطوير نفسه والمنظمة في المستقبل.

إن الهدف العام من الكتاب هو تدريب القارئ تدريجيا على استخدام المبادئ والنظريات والتقنيات لإنجاز المهام وتحليل المواقف والظروف الروتينية وغير الروتينية التي يواجهها المدير في مختلف المستويات الإدارية وتمكينه من إيجاد الحلول المناسبة الروتينية و المبتكرة بواسطة استخدام الطريقة العلمية للتوصل إلى القرار المناسب مع الأخذ بالاعتبار العوامل البيئية وأسلوب فريق العمل والأخلاقيات والمسؤولية الاجتماعية. إن المهارات الإدارية التي يحتاجها المدير تزداد أهمية مع مرور الزمن وإن هذه المهارات تختلف عن بعضها وتزداد تخصصا وتعقيدا وهي موزعة على الوظائف الإدارية الأربع الرئيسية كما يوضحه الفصل الأخير من الكتاب وكل مهارة لها نشاطاً محدداً تعمل على تعزيز قابلية المدير على صنع القرار وحل المشاكل والتكيف للظروف الجديدة.

و الـلـه الموفق

المؤلف

1

الفصل الأول

مفهوم المنظمة والإدارة

The concept of Organization and Management

١ . ما هي المنظمة وما هي صفاتها ؟

٢. أوجه الشبه والاختلاف بين منظمات القطاع الخاص والمنظمات الحكومية

٣. مفهوم الإدارة ومستوياتها.

٤. وظائف المشروع أو المنظمة .

(١) ما هي المنظمة وما هي صفاتها؟

تحتوي المنظمة على أفراد يعملون مع بعض من أجل إنجاز أهداف مشتركة ومن المعتاد أن يكون الفرد عضوا في عدد من المنظمات مثل العائلة والمدرسة والنادي والمسجد والمكتب والمصنع والفرق الرياضية وغيرها. هناك من يعمل وينتمي إلى عدد من المنظمات، هناك من تكون له أقل علاقة في انتمائه للمنظمات الرسمية، ولكن حتى الانتماء إلى المنظمات غير الرسمية يمكن اعتباره نوع من المنظمات وتتصف العضوية في كلا النوعين من المنظمات بوجود التعاون المتبادل والمشترك في تعقيب أهداف مشتركة .

وتسمح لنا المنظمات بالتغلب على الضعف المرافق للجهود الفردية وذلك عن طريق استخدام الأفراد والموارد بطريقة جماعية، حيث الاستفادة من اقتصاديات العمل والتخصص و يتمثل هذا باستغلال الطاقة وتعظيم العائد من موارد المنظمة ويطلق عليه مصطلح " سينرجيزم" Synergism ويعني أن الجهود الجماعية تعطي نتائج أفضل من الجهود الفردية. (١).

وتعتبر استراتيجية استغلال الجهود الجماعية مصدر زيادة الثروة في المنظمات المتميزة إدارياً وذلك عن طريق زيادة التخصص والتنسيق في نظم العمل.

وللمنظمات غايات عديدة، فمثلا يجهز الصناعيون البضائع وتقدم البنوك الخدمات المالية وتوفر المدارس الفرص التعليمية وتزود دوائر الدفاع المدني الحماية وتقدم الدولة الخدمات العامة المتنوعة المستشفيات العلاج. وفي الماضي كان التركيز على القطاع الاقتصادي المسيطر حيث يزيد عدد العاملين فيه على قطاع الخدمات، ولكن أصبح في الوقت الحاضر عدد من الموظفين العاملين في الخدمات اكثر من العاملين في المصانع، وكذلك يزداد عدد منظمات الخدمة في اقتصاديات الدول المتقدمة. ومن الأمثلة على منظمات الخدمة هي البنوك والمستشفيات والمشروعات السياحية وخطوط الطيران والبريد والتعليم. وظهرت حديثا خدمات جديدة متعددة مثل تكنولوجيا المعلومات وبرامج الكمبيوتر والتخطيط المالي والبحوث الهندسية الوراثية ونظم الكمبيوتر والرسم التالي يعطي مقارنة للمنظمات الخاصة والحكومية الربحية وغير الربحية كما يبينه الشكل رقم ١:

شكل رقم (1)

منظمات الأعمال: مقارنة بين الشركات الحكومية وغير الربحية والخاصة

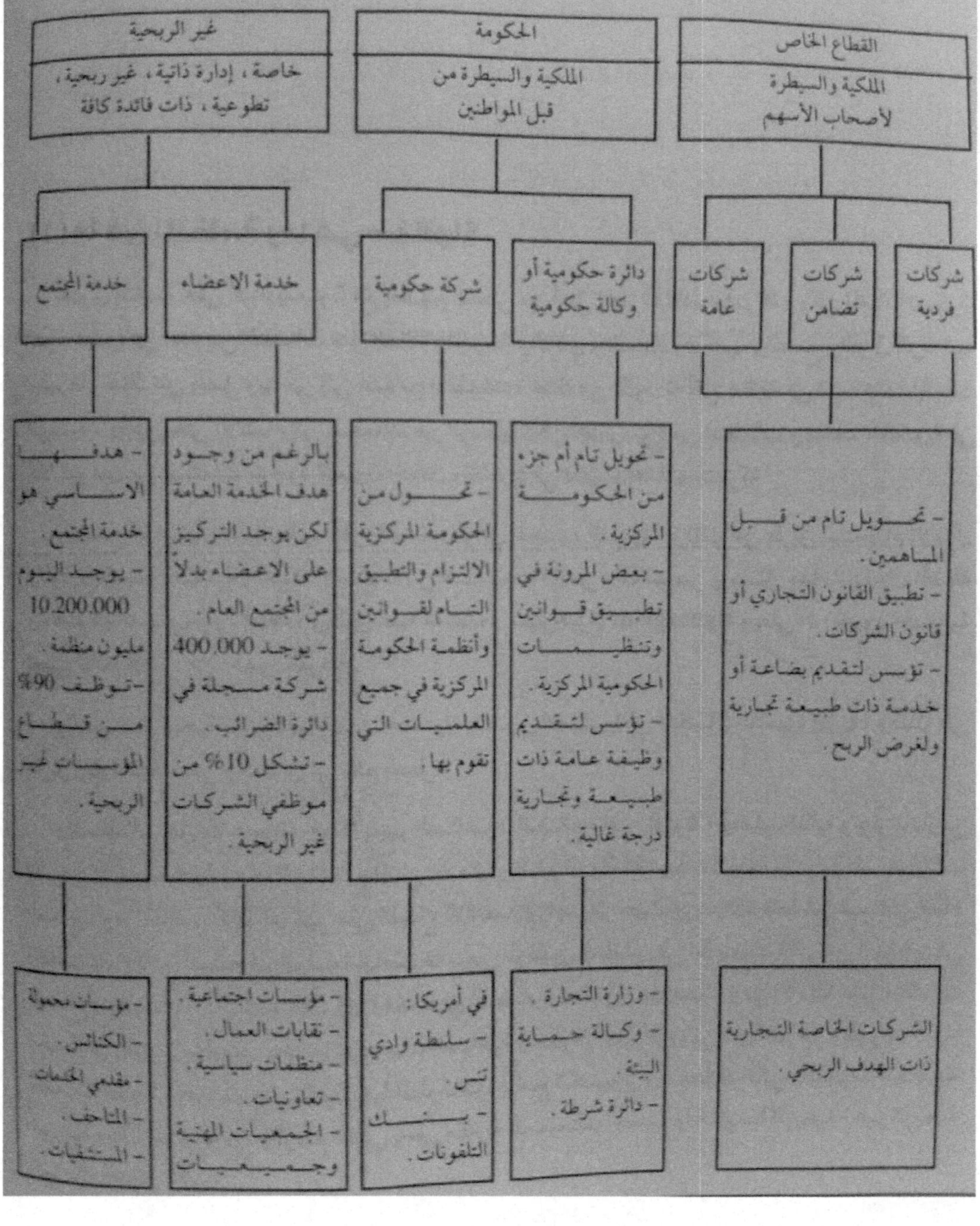
القطاع الخاص
الملكية والسيطرة لأصحاب الأسهم
الحكومة
الملكية والسيطرة من قبل المواطنين
غير الربحية
خاصة، إدارة ذاتية، غير ربحية، تطوعية، ذات فائدة كافة
شركات فردية
شركات تضامن
شركات عامة
دائرة حكومية أو وكالة حكومية
شركة حكومية
خدمة الاعضاء
خدمة المجتمع
- تحويل تام من قبل المساهمين.
- تطبيق القانون التجاري أو قانون الشركات.
- تؤسس لتقديم بضاعة أو خدمة ذات طبيعة تجارية ولغرض الربح.
- تحويل تام أم جزء من الحكومة المركزية.
- بعض المرونة في تطبيق قوانين وتنظيمات الحكومية المركزية.
- تؤسس لتقديم وظيفة عامة ذات طبيعة وتجارية درجة غالية.
- تحول من الحكومة المركزية الالتزام والتطبيق التام لقوانين وأنظمة الحكومة المركزية في جميع العلميات التي تقوم بها.
بالرغم من وجود هدف الخدمة العامة لكن يوجد التركيز على الاعضاء بدلاً من المجتمع العام.
- يوجد 400.000 شركة مسجلة في دائرة الضرائب.
- تشكل 10% من موظفي الشركات غير الربحية.
- هدفها الاساسي هو خدمة المجتمع.
- يوجد اليوم 10.200.000 مليون منظمة.
- توظف 90% من قطاع المؤسسات غير الربحية.
الشركات الخاصة التجارية ذات الهدف الربحي.
- وزارة التجارة.
- وكالة حماية البيئة.
- دائرة شرطة.
في أمريكا:
- سلطة وادي تنس.
- بنك التلفونات.
- مؤسسات اجتماعية.
- نقابات العمال.
- منظمات سياسية.
- تعاونيات.
- الجمعيات المهنية وجمعيات
- مؤسسات مخولة
- الكنائس.
- مقدمي الخدمات.
- المتاحف.
- المستشفيات.

وبالرغم من أن كل منظمة لها أهدافها الخاصة بها، فإن كل المنظمات لها هدف مشترك واحد هو تقديم منفعة لأعضائها الذين تكونون من الأفراد والجماعات الذين لهم مصلحة ويتأثرون بأداء منظمتهم. فمثلاً يعتمد المستثمرون على أرباح المنظمة، ويعتمد العاملون على أجور المنظمة كمصدر لمعيشتهم، ويعتمد الضمان الاجتماعي على الضرائب، ويعتمد المستهلكون على السلع والخدمات التي ينتجها المنظمات، وتتطلع مشروعات الأعمال في المجتمع إلى النمو المستمر والازدهار. وكما تقوم الحكومات بتقديم المنافع الاجتماعية كذلك تقوم الصناعة بتجهيز المستهلكين بالسلع وتقوم منظمات الخدمة بتقديم الخدمات لعملائها. وعندما تفشل المنظمات في تقديم الخدمات ذات القيمة تنتهي الغاية من وجودها وتزول.

أما الصفة المشتركة الثانية للمنظمات هي أن كل منظمة تحتوي على الأفراد فالفرد الذي يعمل وحده لا يعتبر منظمة لأن المنظمة تحتاج إلى مجموعة من الأفراد لأداء العمل الضروري من أجل إنجاز أهدافها.

أما الصفة المشتركة الثالثة للمنظمات فتتمثل بوجود هيكل بنيوي واضح يعمل على تسهيل أعمال موظفيها، وإن ذلك البناء قد يكون مرناً دون وجود أوصاف واضحة للمهام والواجبات أو قد يكون ثابتاً لحد بعيد في وصف وترتيب الوظائف وعلاقات العمل وبذلك يكون البناء التنظيمي تقليدياً تتوفر فيه القواعد والتنظيمات وتوصيف الوظائف وتشخيص بعض المراكز القيادية التي تمتلك سلطات معينة فوق الأفراد العاملين في المنظمة. وباختصار فإن مصطلح " المنظمة" يشير إلى مؤسسة لها غاية واضحة وتشتمل على أفراد أو أعضاء ولها نوع معين من البناء التنظيمي(٢)، ويمكن تمثيل هذه العناصر الرئيسية الثلاثة في الشكل التالي:

شكل رقم (2) العناصر الرئيسية في المنظمات

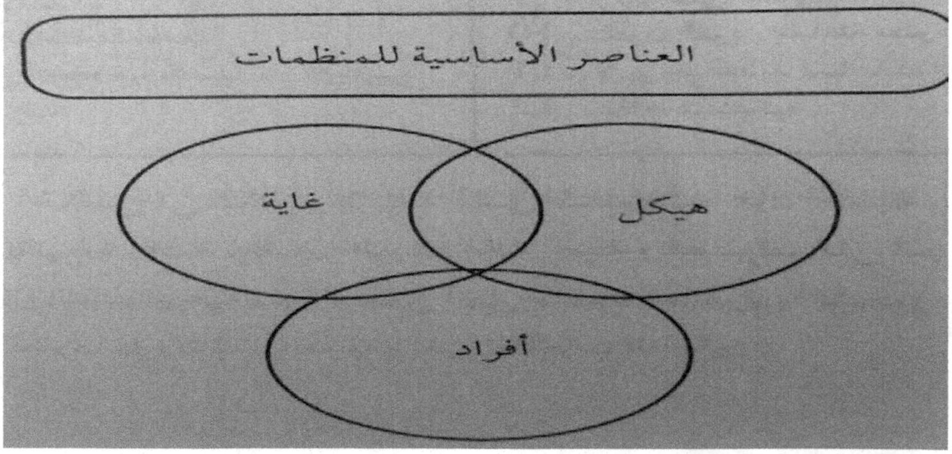

وبناء على ا تم تحليله أعلاه يمكن تقديم تعريف شامل للمنظمة وهو " أن المنظمات تتكون من جماعات رسمية وتشتمل على النشاطات البشرية والموارد ورأس المال والمعلومات بهدف تقديم شيئاً له قيمة اجتــماعية(٣) وبالرغم من أن مفهوم المنظمة يحتوي على العناصر الثلاثة الموضحة في الرسم أعلاه لكن تعريف المنظمة يتغير باستمرار من حيث الانتقال من النموذج التقليدي إلى النموذج الحديث وبذلك يضيف صفات جديدة غير متوفرة في المنظمات التقليدية مثل المرونة في ترتيب العمل وفرق العمل ونظم الاتصالات المفتوحة ونوعية مجموعات المجهزين ودرجة الاستجابة للمستهلكين والتغير في البيئة وثروة المعلومات والعولمة وحقوق العاملين وظروف عملهم. وفيما يلي مقارنة بين صفات المنظمات التقليدية والحديثة:

جدول (٢) مقارنة بين المنظمات التقليدية والحديثة

جدول (1) مقارنة بين المنظمات التقليدية والحديثة

المنظمة التقليدية	المنظمة الحديثة
1. مستقر	1. ديناميكية
2. غير مرنة	2. مرنة
3. التركيز على الوظيفة	3. التركيز على المهارة
4. تتحدد الوظيفة عن طريق المركز الوظيفي	4. تتحدد الوظيفة عن طريق التركيز على المهام التي يجب إنجازها.
5. التركيز على الفرد	5. التركيز على الفريق
6. الوظائف دائمة	6. الوظائف مؤقتة
7. التركيز على الأوامر	7. التركيز على الإلتزام
8. ينفرد المديرون بصنع القرار	8. يشارك العاملون في صنع القرار
9. التركيز على القواعد	9. التركيز على المستهلك
10. تكون القوى العاملة متجانسة	10. تكون القوى العاملة متنوعة
11. ساعات العمل محدد من 8صباحا-4عصراً	11. لا يوجد تحديد لساعات العمل
12. علاقات هيدراكية	12. علاقات شبكية

وبالرغم من التغيير الحاصل في شكل وطبيعة عمل المنظمات فإن أهمية ودور المدير يبقى ضروريا لنجاح المنظمة.فالمدير يقوم بدراسة وتقدير البيئة الخارجية ويتصرف على أساسها حسب المتغيرات الاجتماعية والاقتصادية والتكنولوجية وذلك من أجل ضمان استمرارية المنظمة ونجاحها. فالنظمة تتغير باستمرار متأثرة بالثورة المعلوماتية وانتشار العولمة وتغير تطلعات العاملين.

لقد أصبحنا نعيش في مجتمع المنظمات وكل فرد منا ينتمي إلى عدد منها، وهذه المنظمات مصممة من أجل البقاء والنمو هي تدار من قبل مديرين مهنيين. ويلاحظ الفرد بأن تكوين الثروة في اقتصاد اليوم في الدول المتقدمة أصبح يأتي من مصادر وموارد غير ملموسة وغير مادية، وهذا يشمل المهارات التنظيمية والفكرية للقادة المبتكرين والمستحدثين الذين لديهم القدرة ليس فقط لتحويل الموارد إلى سلع بل الذين لديهم القدرة لجعل العمل أكثر معنى ومتعة للذين يقومون به.

لقد أدت ثورة المعلومات إلى التطور المتزايد في الأنظمة والبرمجيات وفي بنوك المعلومات وشبكات الاتصالات ومحطات العمل وتكنولوجيا الذكاء الصناعي. إن كل هذا يؤدي إلى إعادة بناء هيكل التعليم وتنظيم وسائل الاتصال والتحول بسرعة إلى مجتمع أساسه قاعدة معلوماتية إلكترونية ويزداد التركيز على طاقم تنفيذي يدعون بخبراء المعرفة. كل ذلك أضاف تعقيدات جديدة إلى عمل الإدارة وأدى إلى زيادة التعقيد في البيئة الداخلية والخارجية لمنظمات الأعمال وخلق أفكار ومنتجات جديدة ذات جودة عالية وأثر ذلك على بنية العملية الإدارية وعلى أسلوب وعمل المديرين حيث فرضت عليهم وظائف وأدوار جديدة. والرسم التالي يوضح الهيكل العام للمنظمة حسب الإدارات والمراكز والمستويات:

شكل (٣) المستويات والمراكز الإدارية في المنظمة الكبيرة .

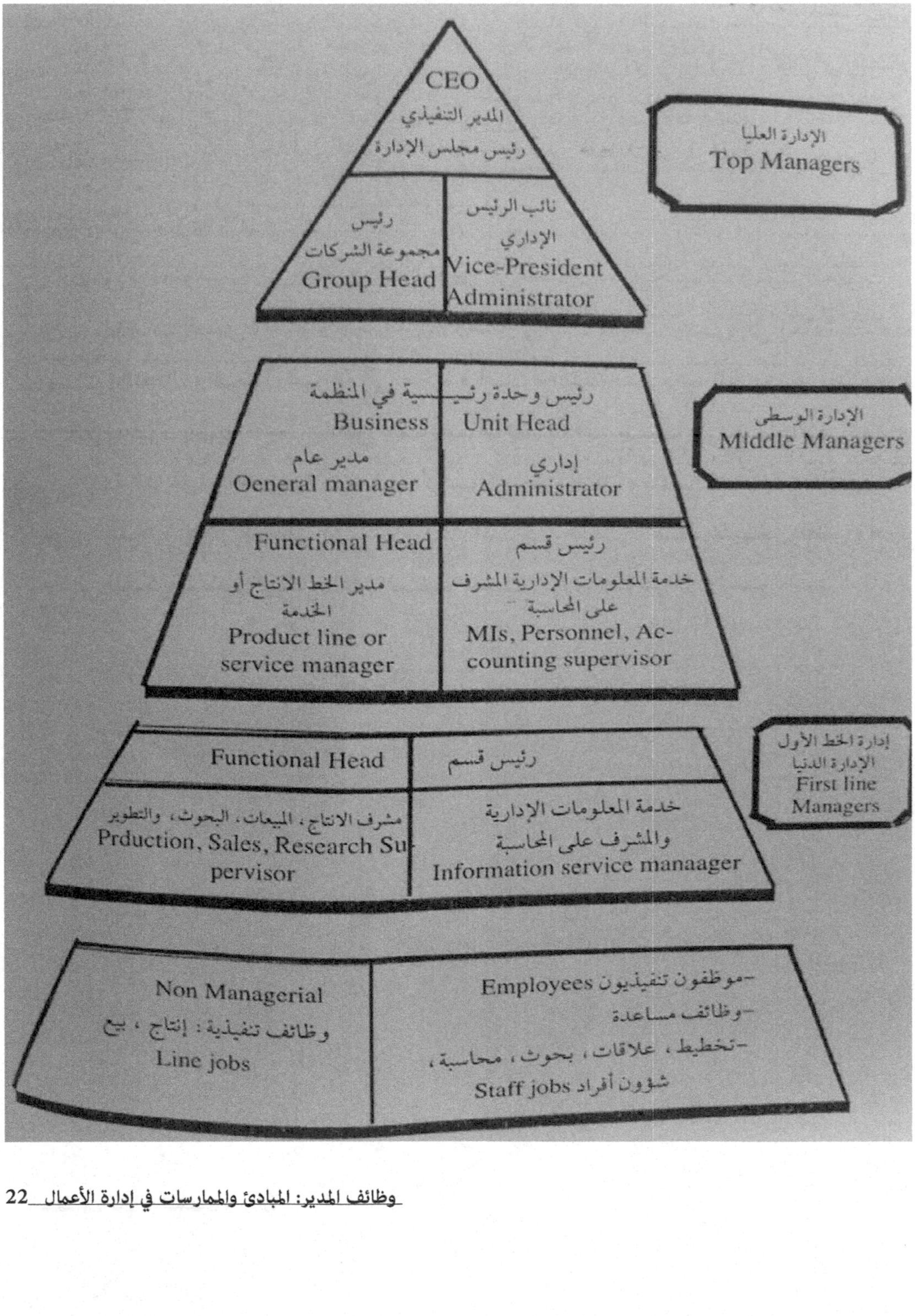

ويدرس الفرد الإدارة والوظائف الإدارية للأسباب التالية :

١. تجنب الأزمات التي تواجه المشروع فجأة

٢. السيطرة على توزيع الموارد على أجزاء المشروع.

٣. تحقيق النتائج المرغوبة استناداً إلى الكفاءة والفاعلية والإنتاجية.

٤. التحكم بالمخرجات من سلع وخدمات ونمو وتطوير للفرد والبيئة.

٥. المحافظة على ممتلكات المشروع.

٦. السيطرة على الكمية والنوعية المطلوبة من المنظمة.

٧. تقييم الإنجاز وتعزيز الأداء الجيد ومعالجة نقاط الضعف.

٨. التكييف للظروف البيئية.

(٢) أوجه الشبه والاختلاف بين منظما القطاع الخاص والمنظمات الحكومية :

أولاً: الهدف، إن هدف المشروعات الاقتصادية هو تحقيق الربح. وبينما يكون هدف المؤسسة التجارية واضح ووحيد، يكون هدف الإدارة الحكومية غير واضح ومتعدد الجوانب إلى درجة وجود بعض التناقضات في الأهداف، وحتى في حالة الهدف الواحد للدائرة الحكومية (مثل تحسين الخدمات الصحية أو تخفيض ظاهرة الفقر) فقد يكتنفها الغموض. والنقطة الأخرى هي إمكانية قياس أداء المؤسسة الاقتصادية عن طريق مقدار الربح والخسارة التي يحددها الفرق بين التكاليف والإيرادات، كما تستطيع مثل هذه المؤسسة أن تحكم على إنتاجها وإدارتها وموظفيها حسب مقاييس الكفاءة، بينما تقوم الدائرة الحكومية بتقديم خدمات لا تطرح في السوق وتمول من الإيرادات العامة للحكومة وبذلك لا يوجد مقارنة بين تكاليف الدائرة الحكومية وقيمة خدماتها للمواطنين. وأخيراً فإن العنصر الإنساني هو العنصر الأساسي في الإدارة العامة، ويصعب التحكم فيه.

ثانياً: الشكل القانوني: تأخذ منظمات الأعمال أشكالا قانونية مختلفة تبدأ بالمشروعات الفردية الخاصة وتتوسع لتشمل شركات الأشخاص متمثلة بشركات التضامن **partnership** وشركات التوصية البسيطة **limited Partnership** وشركات ذات المسؤولية المحدودة **Sibility limited respon** وشركات الأموال متمثلة بشركات المساهمة العامة **Public Shareholding** وشركات التوصية بالأسهم **Joint stock Compnay** .

أما المنظمات الحكومية فتشمل المنافع العامة **Public utilities** ومشروعات عامة **public enterprises** مثل المؤسسات والمصالح الحكومية **state establishment** تملكها الدولة كلياً أو شركات عامة **Public company** تملك الدول ما لا يقل عن ٥١% من أسهمها.

ثالثاً: الملكية: تكون منظمات الأعمال الخاصة مملوكة من قبل أفراد أو شركات خاصة بينما تعود ملكية المؤسسات والشركات العامة للدولة.

رابعا: صناعة القرار ونطاق الاهتمامات: وهنا نلاحظ أن صناعة القرار في مجال إدارة الأعمال يتصف بوجود عملاء محدودين في العدد وأن كل شركة تجري وراء مصلحتها الخاصة ولها منافسون. فكل شركة مهما كانت كبيرة لها عملائها من حيث مجهزي المواد الأولية والمعدات وقطع الغيار وكذلك الذين يقومون بشراء منتجاتها. والنقطة الثانية أن الشركة غير مهتمة برفاهية وربحية مجهزيها ولا عملائها ولا المجتمع إلا بقدر ما يحقق لها السمعة والاستمرارية في العمل والربحية. بينما نجد أن الإدارة العامة تختلف عن نموذج صنع القرار في مؤسسات القطاع الخاص. فالحكومة لها عملائها وهم يمثلون الملايين من إفراد الشعب ومعظمهم من دافعي الضرائب ومستفيدين من الخدمات الحكومية، والحكومة لا تجري وراء مصلحتها الخاصة بل وراء المصلحة العامة للمجتمع. ولا يوجد للحكومة منافسون حقيقيون لخدماتها المحلية والدولية بل تقوم باحتكار الخدمة التي تقدمها.

خامساً: المسؤولية: يكون الموظف الحكومي مسؤول أمام الجهات العليا التشريعية ويعطي التصريحات لوسائل الأعلام بخصوص قضايا معينة وتمارس عليه الضغوط من قبل جماعات المصالح وقد تهاجمه الصحف وتنتقده وتطلب منه تفسير سلوكه وتبرير السياسة التي ينفذها. أما الموظف في المؤسسات الخاصة فهو غير معتاد على مثل هذه المداخلات أو المسائلات ولا يعمل في أجواء تسلط عليه الأضواء بشكل دائم. فقواعد المسؤولية التي تحكم الإدارة العامة متعددة منها سياسية وإدارية، أما في الإدارة الخاصة فلن تكون أكثر من كونها مسؤولية اجتماعية وأخلاقية.

سادساً: الصبغة الرسمية: تمثل الإدارة العامة العمل الحكومي باعتبارها أداة لتنفيذ السياسات العامة. فهي تتعامل دائما على أساس شخص عام وليس خاص، ويحكم الإدارة العامة قانون عام. ويعمل الموظف العام بصفته الرسمية وليس بصفته الشخصية. والإدارة العامة تنشئها السلطة العامة وتخضع لسلطة الدولة ولمؤسساتها السياسية الرسمية وتعمل ضمن إطار السياسة العامة التي يرسمها القانون. بينما تستمد منظمات الأعمال سلطاتها من النظام الداخلي الذي يضعه مالكوها في ظل القوانين التجارية وقوانين الشركات في البلد.

سابعاً: الشكل التنظيمي: ونقصد به هياكل تنظيم الإدارة العامة بمختلف صورها ومستوياتها وبما تتضمنه من مؤسسات مختلفة وعلاقاتها ببعضها. ويتضمن التنظيم السلطة والقوة البشرية والمادية، ويحدد شكل الإدارة العامة البناء الهرمي للجهاز الإداري وما يتضمنه من مستويات إدارية مختلفة كما يحدد العلاقات التي تحكم هذه المستويات. وتشمل الوزارات والدوائر المركزية والمؤسسات الحكومية والسلطات المحلية والشركات العامة وغيرها من التنظيمات الرسمية وشبه الرسمية. أما

منظمات الأعمال فتأخذ شكل المشروع الفردي أو شركات الأشخاص أو شركات الأموال بأنواعها المتعددة مع حرية حجم التقسيمات الإدارية والمراكز الوظيفية وعدد العاملين.

ثامناً: بيئة الإدارة: إن أهداف الإدارة العامة تتعلق أساسا بالصالح العام وإرادة الشعب. كما وأن الإدارة العامة مرتبطة تماماً بتطور وظائف الدولة التي تتحكم فيها الاتجاهات السياسية السائدة. أن أهداف الإدارة العامة هي التي تحدد وظائفها والتي بدورها تترجم السياسة العامة وأهداف الدولة إلى إنجازات. وهنا يصبح معنى الإدارة العامة أداة لتحقيق وظائف الدولة. وإذا كان هناك اتفاق على أن الدولة تمثل أعلى الجماعات الإنسانية، فإن الحكومة تمثل أعلى المؤسسات السياسية. فالحكومة هي المؤسسة التي من خلالها تتحول إرادة الجماعة. وباسم الدولة- إلى قواعد شرعية عامة وملزمة للحكومة والمخاطبين بها. وفي داخل الحكومة يبرز دور الإدارة العامة كأداة منبثقة من الإدارة الأم لتضع سياسات وأهداف الجماعة السياسية- التي تشكلت عن طريق الحكومة- موضع التنفيذ، ومن هنا كان التلائم بين السياسة والإدارة العامة أو بين سلطة الحكم وأداة التنفيذ. فتصبح الإدارة العامة الأداة الأساسية لتحقيق الأهداف وتنفيذ السياسات وصنع القرارات واقتراح القوانين. فالإدارة العامة تعمل ضمن إطار السياسة العامة التي يرسمها القانون، لذلك تمارس أعمال الوزارات والدوائر الحكومية الأخرى في ظل التطبيقات القانونية وفي حدود السياسة العامة التي ترسمها السلطة التنفيذية أو التشريعية . إن رسم السياسات المتعلقة بأهداف المنظمات العامة تتأثر بالمؤثرات الخارجية(أي البيئة الخارجية للمنظمة) بالإضافة إلى البيئة الداخلية حيث تتأثر بالرئاسات العليا في السلطة التنفيذية والسلطة التشريعية الممثلة بمجلسي النواب والأعيان والشعب والرأي العام. أما بيئة إدارة الأعمال الخاصة فهي تعمل ضمن الإطار الواسع للمصلحة العامة وفي حدود القانون العام، وأن رسم السياسات المتعلقة بأهداف المنظمات الخاصة تتأثر بالمؤثرات الداخلية مثل المدير ومجلس الإدارة ومجموعة المساهمين والمستهلكين ومجهزي المواد الأولية، وجمعيهم لا يشكلون إلا جزءاً بسيطا من مجموع أفراد المجتمع الذي يخدمهم رجال الإدارة العامة. كما أن نشاطات إدارة الأعمال تقوم على أساس المنافسة بينما تكون ممارسة أنشطة الإدارة العامة في أجواء احتكارية حيث لا يوجد تنافس بين الأجهزة الحكومية.

ولكن تبقى عوامل مشتركة وأوجه شبه بين إدارة الأعمال والإدارة العامة وضاحة وقوية حيث كلاهما يمارس نفس المبادئ الإدارية وكلاهما تحكمها المسؤولية الأخلاقية والاجتماعية والبيئية ويعاني كل منهما في مجال إدارة الموارد البشرية والتكنولوجيا والبيئة الدولية.

(٣) مفهوم الإدارة :

عرفت العالمة الإدارية (ماري باركر فوليت) Mary Parker Follett سنة ١٩١٨ الإدارة بأنها " فن الحصول على الأشياء من خلال الناس" (٤).

وبالرغم من بساطة التعريف إلا أنه يحتوي على جوهر الإدارة. وإذا توسعنا في تعريف الإدارة من مدخل وظيفي فيمكن اعتبارها بأنها:" عملية التخطيط والتنظيم والقيادة الرقابة التي تحتوي على الموارد البشرية والمادية والمالية والمعلوماتية في بيئة تنظيمية " (٥).

وتعني الإدارة عملية مستمرة من القرارات المترابطة التي تتطلب التخطيط ووضع الاستراتيجيات وتنظيم الأفراد وتوجيههم نحو إنجاز الهدف.

ويعرف العالم الإداري " ريشارد دافت" Richard Daft الإدارة بأنها" إنجاز أهداف المنظمة وبأسلوب يتميز بالكفاءة والفاعلية من خلال التخطيط والتنظيم والقيادة والرقابة للموارد التنظيمية"(٦).

ويحتوي هذا التعريف على فكرتين مهمتين :

١. الوظائف الأربعة للإدارة وهي التخطيط والتنظيم والقيادة والرقابة.

٢. تحقيق الأهداف التنظيمية بطرق تؤكد على الكفاءة والفاعلية. وتظهر العملية الإدارية في الرسم التالي كنظام متكامل ومتفاعل يعمل في المنظمات على اختلاف أنواعها الصناعية والتجارية والخدمية وتقوم بتحويل الموارد البشرية والمادية والتكنولوجية والمعلوماتية إلى إنجازات تحتوي على السلع والخدمات والتطوير مع الأخذ بالاعتبار معايير الكفاءة والفاعلية.

والإدارة تمارس في كافة المجالات الاقتصادية والاجتماعية والخدمية فالإدارة تعتبر الروح المحركة- من خلال وظائفها- لعناصر الإنتاج والعمل داخل المنظمة، فهي تخطط وتنظم وتوجه وتراقب كافة النشاطات في المنظمة لتحقيق الأهداف المنشودة والرسم التالي يوضح هذا:

شكل رقم (4) وظائف الإدارة

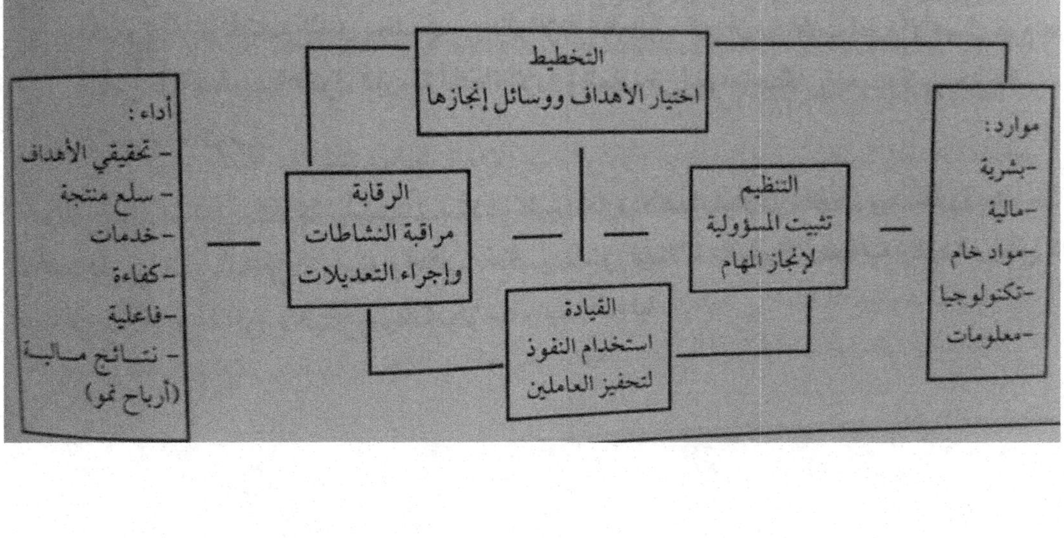

ويقوم بعض المنظرين الإداريين بتشخيص وظائف إدارية إضافية للوظائف الإدارية الأربعة الأساسية مثل: التوظيف والتدريب والاتصالات وصنع القرار ولكن هذه الوظائف تعتبر فروعاً من الوظائف الأربعة الأساسية المبينة في الرسم أعلاه وسوف نبين لاحقاً مجموعة النشاطات والمهارات التي تقترن بكل وظيفة من الوظائف الأربعة، وكذلك سوف نوضح تأثير البيئة والمنافسة الدولية والأخلاق على كيفية أداء المدير لتلك الوظائف.

وفي تعريف آخر للإدارة يشير إلى أنها " عملية التنسيق والتكامل لنشاطات العمل لكي نستطيع من إنجاز الأهداف بكفاءة وفاعلية عن طريق الأفراد." (٧).

وكما توجد صفات مشتركة في المنظمات (الأهداف والهيكل والإفراد) كذلك توجد صفات مشتركة للمديرين. وبالرغم من اختلاف ألقابهم ومسؤوليات عملهم فإن وظائفهم تشترك في صفات متشابهة سواء كان المدير يتقاضى راتباً صغيراً في إدارة صغيرة يشرف على عدد قليل من الموظفين أو يتقاضى راتباً ضخماً كمدير تنفيذي لشركة كبيرة ومسؤول عن تنسيق منظمة يعمل فيها أعداد ضخمة من الموظفين وتصل مبيعاتها إلى ملايين الدنانير. فالمديرون يشتركون في صفات مشتركة وهي التخطيط والتنظيم والتوجيه والرقابة.

(٤) وظائف المشروع أو المنظمة

تقوم منظمات الأعمال بمجموعة من الوظائف الرئيسية من أجل تحقيق هدفها، وتوجد إدارة متخصصة لممارسة كل وظيفة أو نشاط مثل التسويق والإنتاج والتمويل والأفراد والبحوث، ويكون كل نشاط في كل مجال محدد ومتخصص وله صفاته الفنية ويحتاج إلى مهارات معينة. إن وظائف المدير الأربعة (تخطيط ، تنظيم، توجيه، رقابة) تمارس في كل وظيفة من وظائف المشروع على اعتبار أن كل وظيفة لها إدارة متخصصة معينة تعمل على تنفيذها ولها مدير يرأسها يقوم بممارسة وظائفه الأربعة. ويمكن توضيح هذا الارتباط بين وظائف المدير ووظائف المشروع بالرسم التالي للجدول:

جدول رقم (2) وظائف المشروع أو المنظمة

وظائف المشروع / وظائف المدير	وظائف المشروع				
	(1) إنتاج	(2) إنتاج	(3) إنتاج	(4) إنتاج	(5) إنتاج
1. تخطيط	×	×	×	×	×
2. تنظيم	×	×	×	×	×
3. قيادة وتحفيز واتصال	×	×	×	×	×
4. رقابة			×	×	

وفيما يلي شرح مختصر لوظائف المشروع:

الإنتاج Production

تقوم وظيفة الإنتاج بخلق قيمة ومنفعة على شكل سلع أو خدمات منتجة بمواصفات محددة تلبي حاجة المستهلك في السوق. إن وظيفة الإنتاج تهيأ المدخلات المادية والبشرية تحولها إلى مخرجات على شكل سلع أو خدمات وتقوم بتنفيذها إدارة متخصصة تسمى " إدارة الإنتاج" ويشتمل نشاطها على النواحي التالية:

١ تحديد كمية الإنتاج بناء على حالة السوق وتوقع حجم المبيعات في المستقبل.
٢ تصميم مواصفات السلعة .
٣ تقدير مستلزمت الإنتاج المادية والبشرية.
٤ جدولة العمليات الإنتاجية
٥ تقدير كلفة الوحدة الإنتاجية.

ويوجد نوعان من المنظمات التي تعمل في مجال الاقتصاد: النوع الأول يقوم بإنتاج سلع مادية مثل الأدوات والمعدات والأجهزة وغيرها. والنوع الثاني يقوم بإنتاج خدمات يقدمها للمجتمع مثل الجامعات والمستشفيات ودور الاستشارة والأمن. ومن الضروري قياس إنتاجية المنظمة لمعرفة كفاءتها وفاعلية أدائها. ويكون قياس الكفاءة والفاعلية في المنظمات الخدمية أكثر صعوبة من المنظمات الإنتاجية.

التسويق Marketing

يعني التسوق بانسياب السلعة أو الخدمة من المنتج إلى المستهلك بسهولة وسرعة وبأدنى كلفة ومن خلال قنوات التسويق بما يحقق للمستهلك وصول السلعة للمكان الذي يتواجد فيه المستهلك وفي الوقت الذي يحتاجها. وتشتمل وظيفة التسويق على النشاطات التالية:

١. دراسة السوق لمعرفة أذواق المستهلكين ومستوى دخلهم ونوع العادات والتقاليد السائدة والمنافسة في السوق وذلك لتحديد حجم الإنتاج ورقم المبيعات المتوقع.
٢. دراسة السلعة وذلك لتحديد مواصفاتها.
٣. تحديد سعر السلعة التي ستباع إلى المستهلك.
٤. الترويج، وهو الفعالية التي تبذلها المنظمة للتأثير في رغبة المستهلك لشراء السلعة المنتجة وتصريفها.
٥. التوزيع، ويعني اختيار وسائل إيصال السلعة للمستهلك.

٣) وظيفة الشراء: يقوم قسم الشراء في المنظمة بتوفير المواد الخام وتحت التصنيع والمصنعة. و لا تدخل المواد في أعمال الإنتاج. وتقوم وظيفة الشراء بالنشاطات التالية:

١- تحديد كميات الشراء المناسبة.

٢- تحديد مواصفات الشراء.

٣- الابتكار والإبداع في حل المشاكل

٤- تنفيذ عمليات الشراء

٥- استلام طلبات الشراء وفحصها.

وظيفة التخزين : تقوم إدارة التخزين بالاحتفاظ بالمواد والسلع وتحافظ عليها وتوفرها حسب الطلبات التي تستلمها وبأقل كلفة ممكنة. فالنشاطات التي تؤديها إدارة التخزين تحتوي على :

١. استلام طلبات الشراء .

٢. توفير المواد المخزونة وصرفها عند الحاجة وفي المواعيد المحددة.

٣. تخزين المواد والمستلزمات والسلع المنتهية الصنع.

٤. المحافظة على المخزون من المخاطر.

٥. إجراء جرد للسلع التي تغادر المخازن والسلع الباقية وإعلام إدارة الإنتاج بذلك للمحافظة على الكمية المتوقع بيعها حسب الموسم.

التمويل finance

يقوم بهذه الوظيفة إدارة متخصصة تسمى " الإدارة المالية" وتغطي نشاطاتها الآتي:

١. معرفة احتياجات المنظمة من الأموال لغرض تمويل النشاطات كلها وضمان استمرارية العمل.

٢. توفير الأموال في الوقت المحدود.

٣. استثمار الأموال واستخدامها بحيث تحقق عائدا مناسبا للمستثمرين وللنمو التوسع.

٤. الرقابة على النفقات الرأسمالية والجارية ورأس المال العامل.

إدارة الموارد البشرية (الأفراد) Human Resource

وتقوم به " إدارة الموارد البشرية" وتهتم بكيفية اختيار العنصر البشري ومكافأته وتدريبه والمحافظة عليه وذلك من خلال وضع القواعد والأسس والتعليمات وتوجيه السلوك والنشاطات التي يؤديها الموظف وتطوير قدراته ومهاراته نحو هدف المنظمة. وتشتمل نشاطات إدارة الموارد البشرية على الأمور التالية:

١- تحديد احتياجات المنظمة من القوى العاملة.

٢- استقطاب القوى العاملة.

٣- اختيار وتعيين القوى العاملة.

٤- تدريب القوى العاملة .

٥- توفير ظروف العمل المادية والمعنوية المناسبة.

٦- حماية العاملين من مخاطر العمل.

٧- تطبيق القوانين التي توفر فرص المساواة في التعويض والمكافآت.

٨- تقييم أداء العاملين.

٩- الاحتفاظ بالسجلات والتقارير.

١٠- التمثيل القانوني للمنظمة والتفاوض مع النقابات وفيما يلي جدول تفصيلي للعلاقات الشبكية بين وظائف المدير ووظائف المشروع أو المنظمة:

جدول (3) العلاقات الشبكية بين وظائف المدير ووظائف المشروع أو المنظمة

وظائف المدير	مستوى الإدارة	وظائف منظمة الأعمال (المشروع)				
		تسويق/ مبيعات sales	إنتاج/ تصنيع Manufacturing	محاسبة Accounting	تمويل Finance	موارد بشرية Human Resource
التخطيط	إدارة عليا Top Management	توقعات المبيعات طويلة الأجل	الخطة التشغيلية طويلة الأمد Operating plan	وضع موازنات طويلة الأجل Budget Forecasting	تخطيط الأرباح طويلة الأجل Profit Planning	تخطيط الموارد البشرية Human resource planning
والتنظيم والتوجيه	إدارة وسطى Middle Management	تحليل المبيعات الأقليمية والفرعية	جدولة الانتاج Production scheduling	الموازنة السنوية Annual budgeting	تحليل التسعير والربحية	تحليل الاختبار والاحتفاظ بالعاملين
والرقابة	إدارة الخط الأول والمنفذين (الإدارية الدنيا) First-Line Management and operatives	متابعة الطلبات وتنفيذها Order Processing	رقابة حركة المواد الخام Material flow control	حسابات المدفوعات والمقبوضات المستحقة	إدارة النقد Cash management	سجلات العاملين Employee recordkeepning

هوامش الفصل الأول

1 -David Holt, Management Principles and Practices, 3rd ed., Engewood Cliffes: New Jersey, Prentice Hall, 1993,P.5.

2 -Stephen Robbins and Mary Coulter, Management, 6th ed., Upper Saddle River. New Jersey, Prentice Hall,1999,P.5.

3 -Holt, Op.Cit.,P.6.

4 -Ibid.,P.3.

5 -Ibid.,P.3.

6 -Ricahrd Daft, Management,2nd ed., NewYourk, the Dryden Press,1991.P.5.

7 -Robbins and Coulter, Op.Cit.,P.8.

2

الفصل الثاني

المدير ونشاطاته والمهارات الإدارية التي يحتاجها

The Managers Job and the Managerial Skills

١- من هم المديرون؟ وما هي أنواعهم؟

٢- ما هو عمل المدير ونشاطاته؟

٣- أدوار المدير

٤- المهارات الإدارية

٥- معايير الأداء في المنظمة

(١) من هم المديرون؟ وما هي أنواعهم؟

كان في الماضي من السهل تعريف المديرين، حيث كانوا يعرفون بأعضاء المنظمة الذين يقومون بالإشراف وتوجيه عمل الأعضاء الآخرين في المنظمة. وكان من السهل التفرقة بين المديرين والعاملين في المنظمة، ويوصف العاملون بأنهم أعضاء المنظمة الذين يعملون مباشرة في وظيفة أو مهمة محددة وليس لديهم مرؤوسين. ولكن لم يعد مفهوم المدير بتلك البساطة لأن التغيير في طبيعة المنظمات والأعمال شوش الخطوط الواضحة للتفرقة بين المديرين وبقية العاملين في المنظمة.

إن كثيرا من أعمال ومهام العاملين التقليديين في الوقت الحاضر يحتوي على نشاطات إدارية وخصوصاً أعضاء فرق العمل. فمثلاً يقوم أعضاء فريق العمل بتطوير الخطط وصنع القرارات ومراقبة أدائهم الشخصي. وبمرور الزمن يتولى هؤلاء العاملون مسؤوليات كانت في الماضي تعود إلى المديرين، لذلك تصبح التعاريف المستعملة سابقاً غير معبرة عن المدير.

إن مصطلح" المدير" يغطي أنواع متعددة من الناس ويشمل مديري الأعمال الصغيرة والمدراء التنفيذيين للشركات المتعددة الجنسيات ومديري المصانع ومشرفي الإنتاج- المتخصصين والعموميين. كذلك يوجد المديرون في المنظمات غير الربحية مثل المؤسسات الحكومية والمنظمات العسكرية والمجموعات الدينية والجمعيات التجارية والمهنية. ويختلف طبيعة عمل المدير بصورة عامة حسب بعدين مهمين: الأول والبعد العمودي الذي يركز على المستويات المتدرجة في المنظمة مثل الإدارة العليا والإدارة الوسطى والإدارة التنفيذية، والثاني هو البعد الأفقي الذي يركز على المجالات المختلفة لمسؤوليات المدير مثل الإنتاج والتسويق والموارد البشرية والبحوث والتطوير والتمويل والمحاسبة كما يوضحه الرسم التالي للشكل :

شكل (5)

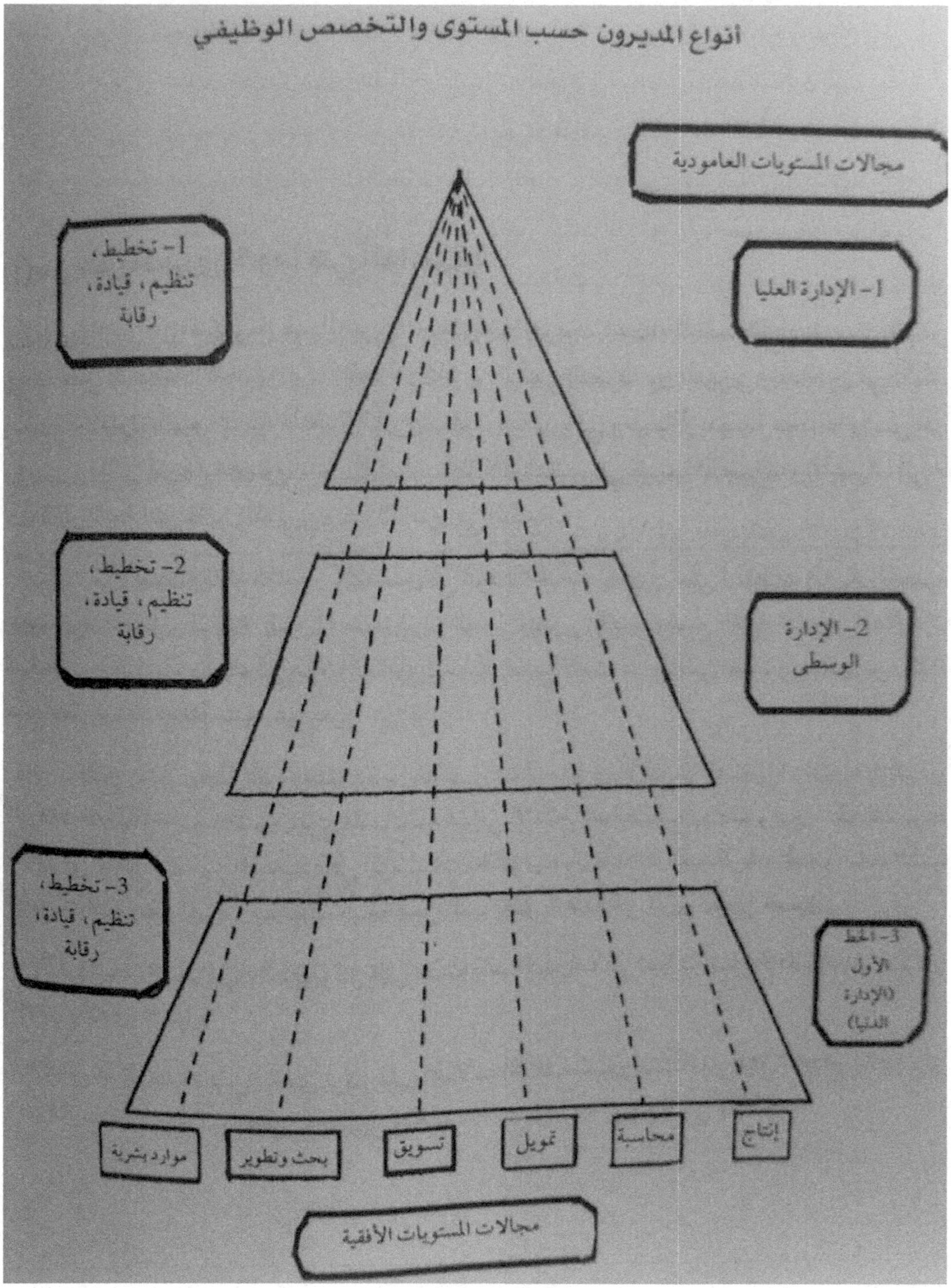
أنواع المديرون حسب المستوى والتخصص الوظيفي
مجالات المستويات العامودية
1- الإدارة العليا
2- الإدارة الوسطى
3- الخط الأول (الإدارة الدنيا)
1- تخطيط، تنظيم، قيادة، رقابة
2- تخطيط، تنظيم، قيادة، رقابة
3- تخطيط، تنظيم، قيادة، رقابة
إنتاج
محاسبة
تمويل
تسويق
بحث وتطوير
موارد بشرية
مجالات المستويات الأفقية

ويعرف المؤلفان " روبنز" و "كولتر" المدير بأنه عضو المنظمة الذي يقوم بتجميع وتنسيق Integrates and coordinates أعمال الآخرين(١). وذلك يعني مسؤولية مباشرة نحو مجموعة من الناس في دائرة واحدة أو قد يعني ذلك الإشراف على شخص واحد، وقد يعني الالتزام بتنسيق نشاطات عمل فريق مكون من أفراد ينتمون إلى عدد من الإدارات أو حتى أفراد من منظمات أخرى.

ما هي أنواع المديرين؟

هل هناك طريقة لتصنيف المدراء في المنظمات؟ والجواب هو أنه يمكن تصنيف المدراء في المنظمات ذات البناء التقليدي أي تلك المنظمات التي يكون فيها ترتيب الوظائف أو شكل البناء هرمياً والذي يعكس ظاهرة أن عدد العاملين في القاعدة اكثر من القمة كما هو مبين في الشكل التالي :

شكل (٦) المستويات التنظيمية والمديرون الذين يعملون فيها

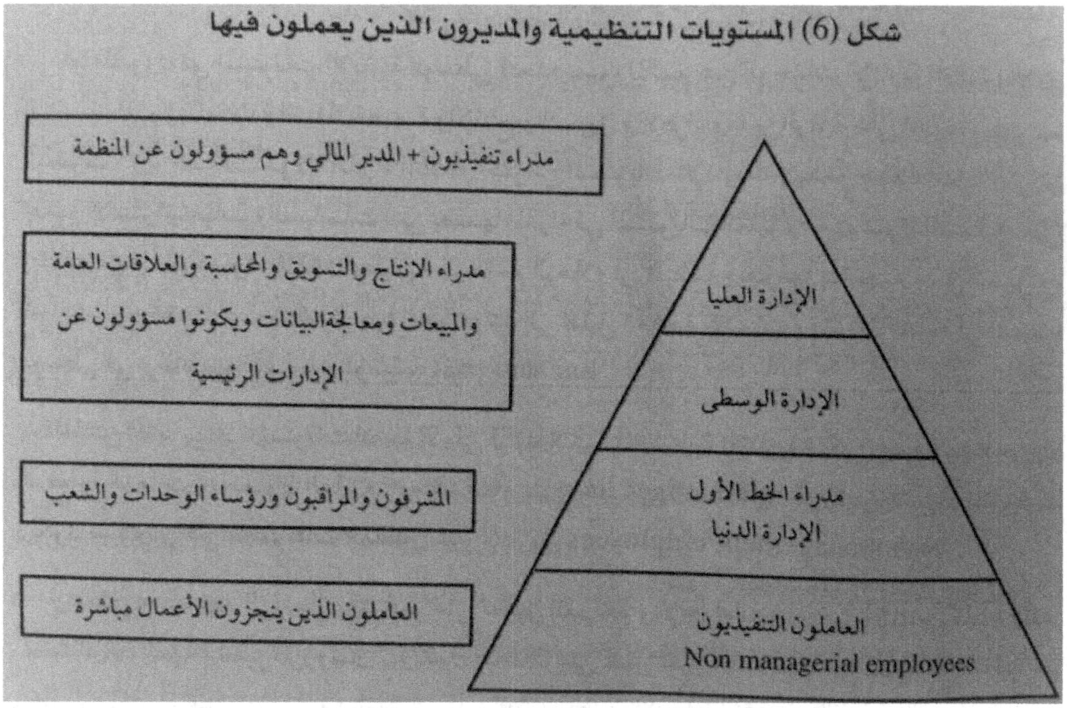

إن الوظائف الإدارية الأربعة (تخطيط، تنظيم، توجيه، رقابة) تؤدي في جميع المنظمات، ولكن ليس جميع أعمال المدراء متطابقة، وأن مسؤولية المدراء تختلف باختلاف موقعهم حسب الإدارات التي يديرونها وموقع وظيفتهم في المستويات المختلفة في الهرم الإداري وحسب إنجازهم لمتطلبات الأداء العالي ومن الأمثلة عليهم نذكر المدير التنفيذي ومدير الإنتاج ورئيس فريق عمل ومشرف على عدد من المرؤوسين،

وكل نوع من هؤلاء المدراء يقدم جهود مختلفة وله سلطات مختلفة ويستخدم طرق متنوعة في ممارسة نشاطاته وأداء عمله. ومن المحددات المهمة لعمل المدير هو مركزه في الهرم التنظيمي. يمكن تصنيف المديرين عموديا في المنظمة إلى ثلاث أنواع حس موقعهم في المستويات الإدارية المدراء في الإدارة العليا والمدراء في الإدارة الوسطى والمدراء في الخط الأول للإدارة(٢) يوجد المديرون في الإدارة العليا **Top managers** في قمة الهرم التنظيمي وتكون مسئوليتهم عن المنظمة ككل ولهم ألقاب وظيفية مثل رئيس **president** مدير **Chairperson**، ومدير تنفيذي **Executive director** ، رئيس مجلس الإدارة **Chief** ونائب الرئيس وتكون هذه الأنواع من الإدارة العليا مسؤولة عن وضع الأهداف التنظيمية وتحديد الاستراتيجيات لتنفيذ تلك الأهداف ومراقبة وتحليل البيئة الخارجية وصنع القرارات التي تؤثر على المنظمة كلها. ويهتم هؤلاء المدراء بالمستقبل طويل المدى والاتجاهات العامة للبيئة والنجاح الكلي لمنظمة. وكذلك يؤثر هؤلاء المدراء على الثقافة الداخلية للمنظمة .

أما المديرون في المستويات الإدارية الوسطى فتحدد مسؤولياتهم عن الوحدات الإدارية المختلفة والإدارات الرئيسية مثل رؤساء الإدارات المتخصصة مثل الإنتاج والتسويق والإفراد ومدير الرقابة على الجودة ومدير مختبر البحوث، ويوجد تحت هؤلاء المدراء اثنان أو اكثر من المستويات الإدارية، ويعمل هؤلاء المدراء على تنفيذ جميع الاستراتيجيات والسياسات التي يضعها المدراء يف المستويات العليا وهم يهتمون بالمستقبل القريب ويتوقع منهم أن يكونوا علاقات وظيفية جيدة مع الزملاء في المنظمة ويقوموا بتشجيع عمل الفريق وحل النزاعات. وحديثا أدت التكنولوجيا الإلكترونية إلى تقليل الحاجة لخدمات وإشراف المدراء في المستويات الوسطى في وظائفهم التنفيذية والوظيفية **line and staff**.

أما عن المديرين في المستويات الدنيا الأولى والثانية الإدارية فتكون مسؤوليتهم عن إنتاج السلع والخدمات ويحملون ألقاباً مثل مشرف أو مدير خط **line manger** أو رئيس قسم أو مدير مكتب ويكون مسؤولين عن مجموعات العاملين غير الإداريين **Non management employees** .

ويتمثل اهتمامهم الرئيسي بالتركيز على تطبيق القواعد والإجراءات لتحقيق الإنتاج بكفاءة وتقديم الاستشارات الفنية وتحفيز المرؤوسين. ويكون البعد الزمني قصير لدى هذه الطبقة من المدراء مع التأكيد على إنجاز الأهداف اليومية.

ويؤدي كل من هذه الطبقات الإدارية (العليا، الوسطى، الدنيا) الوظائف الأربعة (التخطيط، والتنظيم، والتوجيه، والرقابة) ولكن بمقادير مختلفة. فالتخطيط والتنظيم يأخذ مقداراً كبيرا من الإدارة العليا مع ملاحظة انخفاض الوقت المخصص لهاتين الوظيفتين عند المديرين في الإدارة الوسطى والدنيا. وتستحوذ وظيفة القيادة وقتا كبيرا عن الإدارة الدنيا والإدارة الوسطى مع انخفاض النسبة المخصصة لهذه

الوظيفة عند الإدارة العليا. ويكون التركيز الأساسي للإدارة الدنيا على القيادة وتحفيز العاملين الفنيين Technical employees. أما الرقابة فتكون متقاربة من حيث مقدار الوقت الذي يستهلكه كل نوع من المديرين في المستويات الثلاثة مع تركيز أكثر عند المستويات الوسطى والعليا.

ويمكن تصنيف المديرين أفقيا في المنظمة إلى ثلاث أنواع(٣)

(١) المدير الوظيفي functional manager ويكون مسؤولا عن إدارات تؤدي مهمة وظيفية واحدة ويعمل فيها موظفون متخصصون لديهم تدريب ومهارات متشابهة مثل إدارات المبيعات والتمويل والترويج والإفراد والإنتاج والمحاسبة. ويتولى المدراء التنفيذيون line managers الإدارات التي تنتج أو تبيع السلع، أما المدراء الاستشاريون فيدير و إدارات المالية والأفراد والخدمات المكتبية والبحوث التي تقوم بتقديم الخدمات ومساعدة الإدارات التنفيذية.

(٢) المدير العام ويكون مسؤولا عن عدد من الإدارات التي تؤدي وظائف مختلفة مثل التجارة متعدد الأقسام وعن جميع الإدارات المتخصصة داخله.

(٣) مدير مشروع ويمتلك مسؤولية الإدارة العامة لمشرع معين لأنه يقوم بالتنسيق بين الأفراد العاملين في المشروع والذين ينتمون مؤقتاً لذلك المشروع، ويحصل مثل هذا النوع من المدراء في الشركات الكبيرة والتي تنجز أنواعا مختلفا من السلع حيث يكون التنسيق بين إدارات الإنتاج والهندسة والتسويق والتمويل نشاطاً متكررا. ويحتاج مدير المشروع إلى مهارات إنسانية عالية لأنه يقوم بالتنسيق بين مجموعات متنوعة من العاملين من أجل انجاز مشروع أو هدف معين في فترة زمنية محددة.

(٢) ما هو عمل ونشاطات المدير؟

في دراسة عن نشاطات المدراء في مختلف مستوياتهم(٤) بلغ عددهم (١٤٠٠) مديراً في سنة ١٩٨٩ توصلت تلك الدراسة إلى النتائج التالية والتي يصنفها الجدول إلى سبع نشاطات حسب المستوى :

جدول رقم (٤) عمل المدير في المستويات الإدارية المختلفة

مهام المدير الرئيسية	مستوى المدير		
	إدارة الدنيا (تنفيذية)%	إدارة وسطى%	إدارة عليا%
1. إدارة أداء الأفراد	63	56	45
2. توجيه المرؤوسين	40	36	27
3. تخطيط وتوزيع الموارد	47	66	61
4. تنسيق مجموعات العمل	39	51	54
5. إدارة أداء المجموعات والإدارات	22	48	43
6. مراقبة بيئة العمل	13	20	34
7. تمثيل موظفيه	51	55	53

المصدر:

Don Hellrigel and John Slocum, Management, 6th ed., Reading: Mass., Addison- Wesley .Publishing Company, 1991, p. 18

الواجبات الرئيسية لمديري الخط الأول

إن المدير الجديد يتعلم كيف يخطط ويجدول العمل بدلاً من أن ينتظر وصول الأوامر، وعلى المدير أن يحقق الرضا عن إنجازاته وإنجازات الآخرين العاملين معه. ويجب على المدير أن يتعمل كيف تتعاون مجموعته وتأخذ مكانتها في المنظمة التي تعمل فيها وكيفية تقاسم الخدمات المتخصصة مع المدراء الآخرين. ويحتاج مثل هذا النوع من المديرين إلى مهارات فنية عالية لتدريب وتعليم مرؤوسيهم والإشراف على المهام اليومية التي يقومون بها، وفي بعض الأحيان تكون مسؤولية المدير الجديد الإشراف على أنواع متعددة من المرؤوسين الذين يعملون بأجور يومية أو تكون وظائفهم أكثر مهنية وهذه ليست بمهمة صعبة إذا كان المدير يمتلك المهارات الشخصية الجيدة والتي تشمل القدرة على الاتصال مع الآخرين وتدريب وتقديم الاستشارة للمرؤوسين وتقديم معلومات استرجاعية بناءة ومفيدة. ويلاحظ من الجدول السابق بأن المدير يقوم بتحفيز وضبط المرؤوسين ومتابعة الأداء وتقديم المعلومات الاسترجاعية وتحسين الاتصالات وتطوير الإنتاجية الفردية- كل ذلك يكون جراء من مهمته.

يقضي المدير في الخط الأول الإداري ساعات متعددة في أداء وظيفته كما يقوم بتخطيط وتنظيم واتخاذ

القرار حول ما يمكن عمله، كما يقضي وقتا مهما لبحث نشاطات رجال المبيعات وتقييم أدائهم، كما يلعب المدير في هذا المستوى عدة أدوار تشمل كونه قائداً ورجل ارتباط ومتكلم باسم المنظمة ومصدر المعلومات وموزعا للموارد (٥) . resource allocator

الواجبات الرئيسية لمديري المستويات الوسطى

تبدأ هذه الطبقة من المديرين ممارسة نشاطاتها في المستويات الإدارية الدنيا أي كمدراء في الخط الأول حيث يكتسب المدير المعرفة عن العمل ويتعلم المهارات الفنية لكي يترقى تباعا إلى الطبقة الإدارية الوسطى ثم العليا. ويلاحظ من الجدول السابق بوجود فروقات واضحة أكبر من مهام مدراء الخط الأول والإدارة الوسطى من الفروقات بين الإدارة والوسطى والإدارة العليا. وتتمثل هذه الفروقات بشدة التأكيد على أداء مجموعة العمل التي يشرف عليها الميدر وعلى توزيع الموارد. وغالباً ما يكون المدير في هذا المستوى مشغولاً بمراجعة خطط العمل للمجموعات التي يشرف عليها ويساعدهم في وضع الأولويات ويناقش وينسق نشاطاتهم. ويقوم هذا النوع من المديرين بوضع جداول زمنية لإنجاز المهام والخدمات ويضعون المعايير لتقييم الأداء ويقررون أي من المشاريع يقومون بتجهيزها بالمال والأفراد والمواد، كما يقومون بترجمة الأهداف التي تضعها الإدارة العليا إلى خطط تشغيلية محددة وجداول وإجراءات.

ينجز مديرو المستويات الإدارية الوسطى واجباتهم من خلال طريقتين : الأولى تفويض السلطة لإنجاز القرارات التي تتخذها الإدارة العليا، والثانية تنسيق الجداول و الموارد مع المديرين الآخرين. والأدوار الرئيسية التي يلعبها هؤلاء المدراء هي الدور الشخصي والمعلوماتي لأنهم يواجهون مشاكل تتعلق بالعنصر الإنساني بدلا من أن تكون مشاكلاً تتعلق بالجوانب الفنية technical . ويقضي مدراء المستوى الإداري المتوسط حوالي ٨٠% من وقتهم بالتحدث في التلفون وحضور اجتماعات اللجان وكتابه التقارير(٦). ويفتقر هؤلاء المديرون إلى الخبرة في النواحي الفنية للإنتاج ويجب عليهم تطوير مهارات جديدة لكي يتعاملوا مع متطلبات الطبقة الإدارية العليا، وإحدى هذه المهارات المهمة هي القدرة على التفاوض بنجاح مع مدراء الخط الأول لإقناعهم بقبول أهداف الإدارة العليا. والمهارة الأخرى التي يجب أن يمتلكها المدراء هي القدرة على المساومة والاتفاق من أجل الحصول على مساندة المنفذين عند تطبيق الخطط. ويحتاج حضور الاجتماعات مع المديرين

ينجز مديرو المستويات الإدارية الوسطى واجباتهم من خلال طريقتين: الأولى تفويض السلطة لإنجاز القرارات التي تتخذها الإدارة العليا، والثانية تنسيق الجداول والموارد مع المديرين الآخرين. والأدوار الرئيسية التي يلعبها هؤلاء المدراء هي الدور الشخصي والدور المعلوماتي لأنهم يواجهون مشاكل تتعلق بالعنصر الإنساني people-centered بدلاً من أن تكون مشاكلاً تتعلق بالجوانب الفنية Technical . ويقضي مدراء المستوى الإداري المتوسط حوالي ٨٠% من وقتهم بالتحدث في التليفون وحضور اجتماعات اللجان وكتابة التقارير(٦). ويفتقر هؤلاء المديرون إلى الخبرة في النواحي الفنية للإنتاج ويجب عليهم تطوير مهارات جديدة لكي يتعاملوا مع متطلبات الطبقة الإدارية العليا، وإحدى هذه المهارات المهمة هي القدرة على التفاوض بنجاح مع مدراء الخط الأول لاقناعهم بقبول أهداف الإدارة العليا. والمهارة الأخرى التي يجب أن يمتلكها هؤلاء المدراء هي القدرة على المساومة والاتفاق من أجل الحصول على مساندة المنفذين عند تطبيق الخطط. ويحتاج حضور الاجتماعات مع المديرين الآخرين في نفس المستوى ومع مديري الإدارة العليا إلى مهارات في الاتصالات الشفهية بصورة متطورة أكثر من مديري الخط الأول. كما يجب أن يهتم هؤلاء المديرون بتطوير مرؤوسيهم وفتح قنوات الاتصال لهم وإبرازهم للمديرين في المستويات الوسطى والعليا.

الواجبات الرئيسية لمديري الإدارة العليا Principal duties of top managers

تقع ضغوط عمل كثيرة على الإدارة العليا نتيجة لوجود جداول عمل عديدة ومقيدة ومتطلبات تنقل وسفر يومية وساعات عمل إضافية. فيقوم المدير بإنجاز عدد من المراسلات المهمة ويتحدث بالتلفون لفترة من الزمن ويحضر عدد من الاجتماعات ويلتقي أثناء العمل مع عدد من المدراء والزملاء في المهنة ووجهاء المجتمع وممثلي الحكومة. وقد يقضي المدير الأعلى أيام وليالي في العمل لمنظمته سواء كان ذلك في مكتبه أو في أماكن خارج مكتبه أو في بيته. ونادرا ما يتوقف المدير الأعلى في التفكير في شؤون منظمته أو وظيفته أو الأدوار التي تتطلبها منه الوظيفة التي يمارسها، وهذا يتطلب إدارة جيدة للوقت حتى ينجح في إنجاز عمله، ولكن بنفس الوقت قد يجلب ذلك الإجهاد والاكتئاب له ولعائلته. والرسم التالي يوضح توزيع الوقت للأنواع الثلاثة من المديرين والتي يقضوها على الوظائف الإدارية الأربعة في اليوم الواحد من عملهم في المنظمة:

جدول (٥) توزيع وقت المدير على الوظائف الإدارية

العمل اليومي (8) ساعات	توزيع ساعات عمل مديري المستوى الأعلى	توزيع ساعات عمل مديري المستوى المتوسط	توزيع ساعات عمل مديري الخط الأول	توزيع العمل اليومية (8) ساعات
1	تخطيط 2	تخطيط 1.5	تخطيط 1	1
2			تنظيم1	2
3	تنظيم1	تنظيم2.5		3
4			قيادة 4	4
5	قيادة 4.5	قيادة 3		5
6				6
7	رقابة .5	رقابة .5	رقابة 2	7
8				8

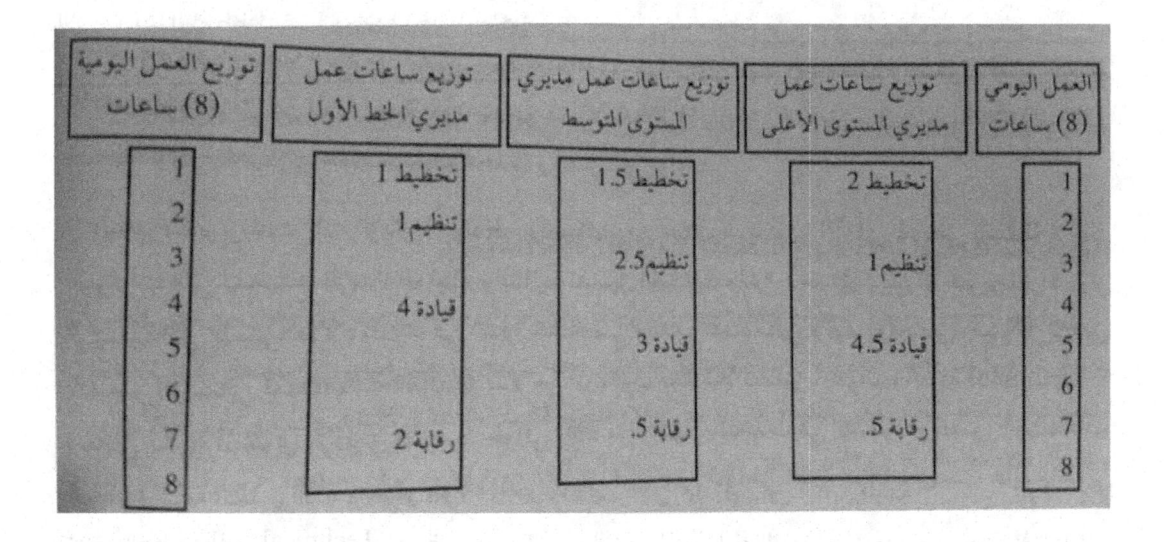

نلاحظ في الجدول أعلاه أن مديري الخط الأول يقضون وقتا قصيرا في التخطيط والتنظيم مقارنة ببقية أنواع المديرين، وهذه الوظيفتين (التخطيط والتنظيم) يمارسها بدرجة أكبر كل من مديري المستويات الإدارية الوسطى والعليا. ومن جهة أخرى نلاحظ بأن مديري الخط الأول يقضون ٥٠% من وقتهم في وظيفة القيادة Leading وذلك بتوجيه نشاطات مرؤوسيهم الذين يقومون بأعمال إنتاجية أو يقدمون خدمة Production work or deliver service كذلك يقضون ٢٥% من وقتهم في الرقابة والتأكيد على أن القطع تصل إلى من يطلبها من العاملين ويقومون بحل النزاعات بين الموظفين وجدولة الإجازات والوقت الإضافي

وتفتيش البضاعة المنتجة. بينما يقضي مديرو المستوى الوسط معظم وقتهم في التخطيط والتنظيم والقيادة، من أجل تمكين مديرو الخط الأول ومرؤوسيهم للعمل بكفاءة، فمثلا يقومون بطلب القطع التي يحتاجها العاملون وينظرون في شكاوي المستهلكين وينقلون اهتمامات مديري الخط الأول إلى الإدارة العليا. ونلاحظ بأن ٧٥% من وقت الإدارة العليا يقضونه في وظيفتي التخطيط والقيادة.

وبالرغم من أن مديرو المستويات الوسطى يقضون حوالي ٥٠% من وقتهم في القيادة إلا أنهم يركزون في قضاء ذلك الوقت على مرؤوسيهم، بينما يركز مديرو المستويات العليا في مهمتهم القيادية على الأشخاص المهمين والمنظمات الخارجية. ونلاحظ بأن الإدارة الوسطى والإدارة العليا تقتضي وقتاً قليلاً في الرقابة على سلوك الآخرين.

(٣) أدوار المدير The Managers Roles

يقوم المديرون بأربعة وظائف إدارية أثناء أدائهم لمجموعة من الأدوار الإدارية. ويعني مصطلح الدور مجموعة من السلوكات المنتظمة (٧) A role is an organized set of behaviors وقد قام العالم الإداري هنري مينتزبيرج henry mintzberg بدراسة لمجموعة من الوظائف الإدارية لكي يتوصل إلى أكثر من عشرة أدوار مشتركة يؤديها المديرون (٨). وتقع هذه الأدوار العشرة في ثلاث فئات رئيسية وهي :

(١) الدور الشخصي interpersonal role

(٢) الدور المعلوماتي informational role

(٣) الدور القراراتي decisional role

ويمكن ملاحظة أربع نقاط حول هذه الأدوار وهي :

(١) أن عمل كل مدير يتكون من خليط لهذه الأدوار

(٢) تؤثر هذه الأدوار على طبيعة عمل المدير.

(٣) تكون هذه الأدوار متداخلة

(٤) إن أهمية كل دور من هذه الأدوار متباينة وتختلف بدرجة كبيرة حسب وظيفة ومستوى المدير، وفيما يلي نبين الأجزاء التفصيلية للأدوار الثلاثة :

شكل (٧) أدوار المدير والتدرج في المستويات الإدارية

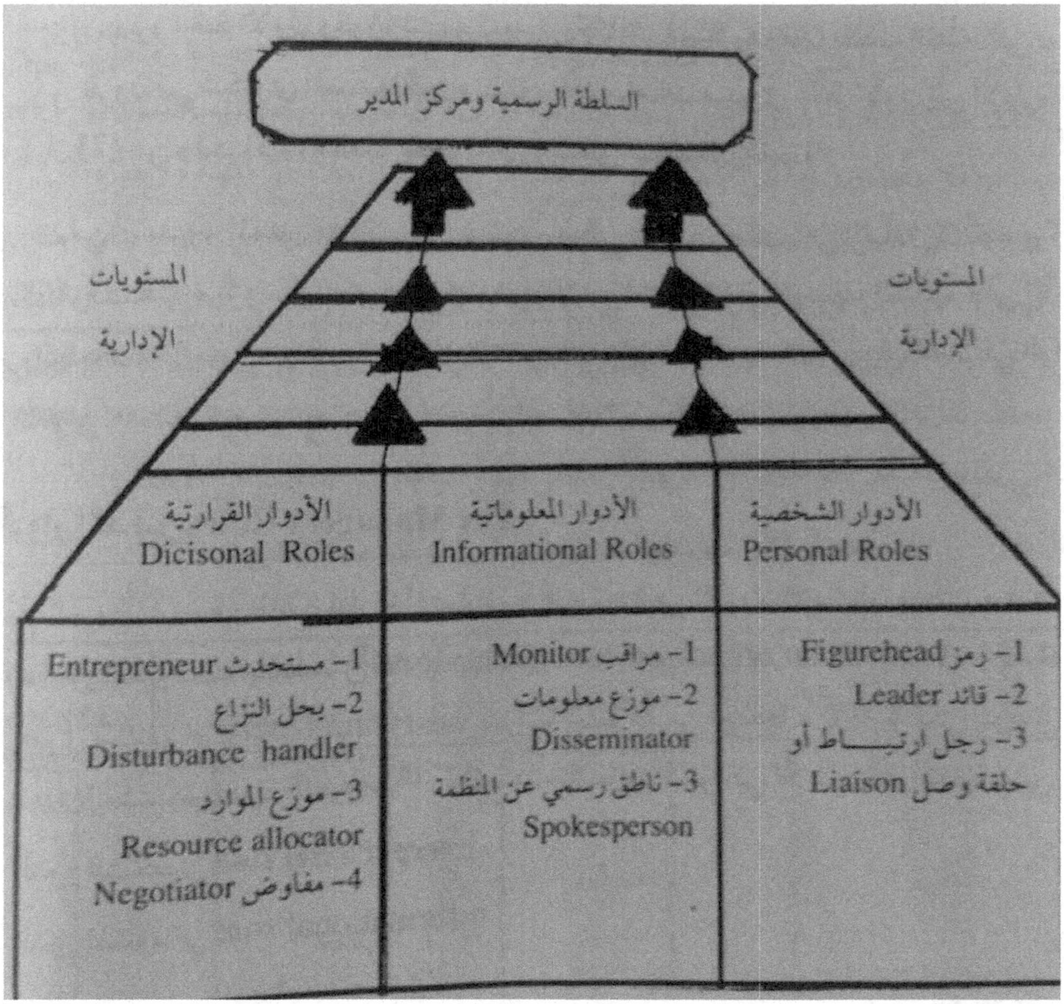

الأدوار الشخصية :

وتركز على العلاقات بين الناس في طاقاته كرمز وقائد وحلقة وصل بين أعضاء المنظمة:

١- دور المدير كرمز : يمثل المنظمة في الوظائف الاحتفالية والمناسبات ويلتقي بالمشرف ورجل المبيعات وعامل الآلة وحتى المستهلك، فالمدير يمثل المنظمة من جهة ويمثل اهتمامات الموظفين والعملاء والمجتمع من جهة أخرى كذلك يقوم باستقبال الزوار المهمين وتوقيع الاتفاقيات .

٢- دور المدير كقائد : مسؤوليته في توجيه وتنسيق نشاطات المرؤوسين من أجل إنجاز الأهداف التنظيمية وتشمل بعض نشاطات التوظيف والترقية وإنهاء الخدمة. كذلك يقوم بأمور تحفيز المرؤوسين لتلبية احتياجات المنظمة، بالإضافة إلى وضع رؤيا مستقبلية للعاملين يستطيعون فهمها والعمل نحوها، فهو يقوم بالتحفيز والتدريب والاستشارة والاتصالات .

٣- دور المدير كحلقة وصل : وتتعلق بعلاقات المدير مع الناس خارج المنظمة مثل العملاء وموظفي الدولة المستهلكين والمجهزين ويحاول كسب مساندتهم من أجل التأثير إيجابياً على نجاح المنظمة. فهو يستعمل البريد والتلفون والخطابات والاجتماعات للحصول على المعلومات وتقديم المعلومات عن المنظمة.

الأدوار المعلوماتية :

إن المدير الفاعل يقوم ببناء شبكة مع جهات مختلفة للحصول على المعلومات المهمة للمنظمة التي يديرها، وبذلك يصبح العصب المركزي للمنظمة. وتوجد له ثلاثة أدوار: مراقب وموزع وناطق بالمعلومات وهذه تمثل النواحي المعلوماتية لعمل المدير.

١- دور المدير كمراقب : ويشمل عمليات البحث والتحصيل والفرز للمعلومات فهو يقوم بمسح شامل للبيئة للحصول على المعلومات التي تؤثر على المنظمة. ويحصل المدير على المعلومات من مصادر عدة (شفهية وتقارير مكتوبة، رسمية وغير رسمية) ويقع ضمن مسؤوليته اختيار ما هو مفيد منها ويقرر استخدامها أو عدم استخدامها في الوقت المناسب.

٢- دور المدير كموزع للمعلومات: يقوم المدير بتقديم بعض المعلومات المهمة إلى مرؤوسين مهمين ليس لديهم طريقة أخرى للحصول عليها والذين يتمتعون بثقة المدير. كذلك يقوم بإرسال المذكرات والتقارير والتحدث بالتلفون مع أعضاء المنظمة.

٣- متحدث باسم المنظمة: يقوم بتقديم المعلومات للجهات الخارجية حول الموقف الرسمي للمنظمة مثل استخدام الخطب التي يلقيها والتقارير الرسمية التي يعدها والمذكرات والمقابلات الصحفية .

تعتبر المعلوماتية أساس الصلة الجديدة بين أدوار المدراء والتي أثرت جوهرياً على بنية العملية الإدارية ككل وعلى أسلوب وعمل المدراء. فالمعلوماتية خلقت نظم وشبكات وقدرات جديدة فرضت وظائف وأدوار جديدة للمدراء. إن المدير لا يستطيع أن يوجه ويراقب عمليات وأنشطة المنظمة بدون المعلومات. إن للمعلومات بما تمثله من تكنولوجيا وأجزاء الكومبيوتر المعدنية Hard ware وتكنولوجيا البرمجيات soft ware علاقة قوية بأدوار المدير العشرة حيث يقوم المدير بالعمل كموجه Monitor ويبحث بصفة دائمة عن المعلومات ويستثمرها ويمررها على المستويات الإدارية المختلفة في المنظمة ويعمل كمؤسس للقواعد وواضع للسياسات وموزع للمعلومات.

الأدوار القرارتية :

وتعتبر هذه من أهم الأدوار التي يلعبها المديرون في المنظمة لأنه يحصلون على المعلومات ويقومون باختيار وتخزين المهم منها ثم استخدامها عند مجيء الفرصة المناسبة لدفع المؤسسة نحو التزامات معينة سواء في أهداف جديدة أو نشاطات معينة. فالأدوار التي يقوم بها المدير كمستحدث ومعالج للمشاكل وموزع للموارد ومفاوض باسم المنظمة كل هذه الأدوار تشكل صلب عملية صنع القرار في المنظمة.

١- دورا لمدير كمستحدث : ويشمل التصميم والبدء بالمشروعات الجديدة كذلك يقوم المدير بمبادرات لتطوير المشروعات واقتراح أفكار جديدة وتفويض مسؤولية الأفكار الجديدة للآخرين.

٢- المدير كمعالج للنزاع: يستخدم المدير إمكاناته لمعالجة المشاكل التي تحصل وتكون خارجة عن نطاق السيطرة المباشرة للمنظمة مثل الإضرابات العمالية وإفلاس المجهزين ونقض العقود من قبل العملاء والأزمات البيئية والأزمات الأخرى التي يحصل نتيجة الإهمال المتعمد من قبل الإدارة أو نتيجة لبعض القرارات الخاطئة التي تتخذها الإدارة .

٣- المدير كموزع للموارد: بما أن موارد المنظمة المالية محدودة، يقوم المدير باختيار المعدات والأفراد والتسهيلات التي تتناسب وإمكانيات المنظمة، لذلك توضع المبالغ المخصصة للإعلان ولتحسين خطوط الإنتاج والتوسع في المكان والفروع والموظفين حسب الإمكانيات المتاحة والأولويات.

٤- المدير كمفاوض : يجتمع المدير بالإفراد من أجل التوصل إلى اتفاق حول قضايا معينة مثل النقابات والجهات الحكومية. كذلك يقوم المدير بتمثيل الإدارة التي يرأسها في مفاوضات عقد الاتفاقيات مع النقابات أو عقود البيع والشراء وإعداد الموازنة.

وفي الجدول التالي نستطيع إيجاز الأدوار الرئيسية وفروعها التي يقوم بها المدير مع تقديم الأمثلة عن النشاطات التي يؤديها المدير والممثلة لتلك الأدوار :

جدول (٦) أدوار المدير والنشاطات التي يؤديها

الفئة	الدور	النشاط
أدوار شخصية	رمز	يؤدي واجبات الاحتفالات والمناسبات مثل استقبال الزوار المهمين وتوقيع الاتفاقيات المهمة .
	قائد	يوجه ويحفز المرؤوسين ، يدرب ويشاور ويتصل مع المرؤوسين .
	حلقة وصل	يحافظ على مصادر المعلومات داخل وخارج المنظمة ، ويستخدم البريد والتلفون والاجتماعيات .
أدوار معلوماتية	مراقب	يبحث عن المعلومات ويطلع على الدوريات والتقارير ويحافظ على المعارف الشخصية .
	موزع	يبعث المعلومات إلى أعضاء المنظمة ويرسل المذكرات والتقارير ويستخدم التلفون .
	متكلم باسم المنظمة	يحول المعلومات إلى الآخرين خارج المنظمة عن طريق الخطابات التي يلقيها والتقارير والمذكرات .
أدوار قرارية	مستحدث	يبادر بتحسين المشاريع ، يتقدم بأفكار جديدة ويفوض الآخرين بتقديم أفكار جديدة .
	معالج للأزمات	يقوم باتخاذ إجراءات تصحيحة في النزاعات بين العاملين ويتكيف للأزمات البيئية .
	موزع للموارد	يقرر من يحصل على الموارد ، ويجدول الموازنة ويضع الأولويات .
	مفاوض	يمثل الدائرة في المفاوضات مع النقابات وعقود البيع والشراء والموازنات ويمثل مصلحة الدائرة التي يرأسها .

المصدر :

Don Daft. Management, 2nd . New York , The Dryen Press , 1991 . P. 20.

٤) المهارات الإدارية Managerial skills

تتغير الواجبات التي يؤديها المدير لأسباب معينة منها تغيير في تركيبة القوى العاملة وتغيير طبيعة عمل المنظمات. وبالنسبة لتغيير طبيعة القوى العاملة يمكن أن يزداد أو يقل عدد العاملين الذين يدخلون سوق العمل بسبب الزيادات أو النقصان في التركيبة السكانية. وقد يسبب الزيادات أو النقصان في التركيبة السكانية. وقد يسبب تغيير طرق العمل وإدخال التكنولوجيا إلى تغيير في عدد العمل والموظفين. ومن أجل أن تستمر المنظمة في العمل يجب على المدير توفير البيئة التي تساعد على زيادة إنتاجية العامل الواحد. كذلك يمكن أن تكون مهارات العاملين الجدد تحدياً آخر للإدارة. فعندما يكون العرض كبيرة تقوم المنظمات باختيار الأفراد الذين يمتلكون الكفاءة والمؤهلات وتقوم المنظمات بإعادة تدريب العمال الماهرين بدلاً من توظيف الأفراد الأقل تعليماً. ويشكل العنصر النسائي والأقليات العرقية مصدراً جديداً ومتزايداً للالتحاق بالقوى العاملة والحصول على مراكز في المستويات الإدارية العليا.

ومن العوامل التي تؤثر على طبيعة المنظمة هو طرق الترقية ونظم الحوافز وساعات العمل. كذلك عمليات الدمج والترشيح Mergers and downsizing . كما أن الاتجاه المستقبلي هو الانتقال من الصناعة إلى الخدمة. كل العوامل السابقة تؤثر على المهارات التي يجب أن يمتلكها المدير في المستويات الإدارية العليا والوسطى الدنيا. ولتوضيح التغيير الذي يطرأ في المهارات الإدارية خلال فترة زمنية قصيرة نلاحظ أن هذه المؤشرات قد حصلت في الولايات المتحدة الأمريكية ما بين سنة ١٩٩٠م-٢٠٠٠م كما يوضحه الجدول التالي :

جدول (7) تحول التركيز على المهارات الإدارية خلال عشر سنوات في الولايات المتحدة الأمريكية

المهارات الإدارية	السلوك	السنه 1990م ٪	السنه 2000م ٪
فنية Technical	- علم الكمبيوتر	3	7
	- التسويق والمبيعات	50	48
	- انتاج	21	9
شخصية (انسانية) Interpersonal	- التأكيد على الأخلاق	74	85
	- إدارة الموارد البشرية .	41	53
	- تعيين أو إنهاء خدمة الموظفين .	34	71
فكرية Conceptual	- وضع استراتيجية	68	78
	- وضع رؤيا مستقبلية	75	98
	- التخطيط للتعاقب الإداري في المراكز	56	85
	- فهم الاقتصاد الدولي والسياسة	10	19
اتصالات ommunication	- الاتصال الدائم مع الزبائن	41	78
	- الاتصال مع العاملين	59	89
	- التعامل مع وسائل الاعلام والتصريحات الكلامية	16	13
	- إعطاء أهمية للفروقات الثقافية	10	40

Don Hellrigel and john Slocum, Management . 3th ed ., Reading: Mass., Addison-Wesley Pub- lishing Company , 1991 , p . 28 .

وتعني المهارات القدرات المرتبطة بالأداء(٩) وتقع في أربعة أنواع : فنية Technical، شخصية interpersonal ، فكرية Conceptual، و اتصالات Communication. فالمزيج المطلوب من المهارات يعتمد على مستوى المدير ومسئوليته ووظائفه. إن المدراء المتخصصين في مجالات وظيفية يحتاجون إلى تركيز طاقاتهم على النواحي الفنية للوظائف التي يؤدونها، وبنفس الوقت يقودون أفراداً آخرين. وبالمقارنة، يحتاج المدراء الذين يعملون في مراكز إدارية عامة ويتعاملون مع أفراد في حالات مختلفة إلى مهارات قيادية مركبة. يذكر العالم الإداري روبرت كاتز والمتخصص بنظرية المنظمة بأن كل المدراء يمتلكون مهارات متشابهة في مجالات ثلاث مهمة: الفنية والإنسانية والفكرية. كذلك يلاحظ كاتز بأن المدراء في مستويات مختلفة في المنظمة يؤكدون على نوع معين من المهارات أكثر من الأنواع الأخرى(١٠)، ويؤيده في هذه الاستنتاجات العالم السلوكي فريد لوثانس(١١).

ومن أجل أن يطور المدراء جداول أعمالهم ويقوموا بتمثيل أدوارهم ويؤدوا وظائف التخطيط والتنظيم والقيادة والرقابة فإنهم يحتاجون إلى قاعدة معلومات knowledge base ومهارات إدارية 12) key managcment skills). تحتوي قاعدة المعلومات على البيانات المتعلقة بالصناعة وجوانبها الفنية وسياسات المنظمة وعملياتها وخطط وأهداف المنظمة والمهمين من المجهزين والعملاء(١٣). وبالإضافة إلى امتلاك قاعدة معلومات، فإن المدراء يحتاجون إلى مهارات معينة لإنجاز الوظائف الإدارية المختلفة وتشمل المهارات الفنية والمهارات الإنسانية و المهارات الفكرية.

وتعكس المهارات الفنية شيئين مهمين هما إمكانية الفهم والامتهان في مجال متخصص مثل المحاسبة، التمويل، الهندسة، الإنتاج، أو علم الكمبيوتر. ويقترح كاتز بأن المهارات الفنية تصبح أقل مكانة من المهارات الأخرى في حالة صعود المدير إلى المستويات الإدارية العليا(١٤).

أما المهارات الإنسانية فيحتاج لها القائد الذي ينجز الأشياء عن طريق الآخرين، ويمتلك مثل هؤلاء المدراء القدرات العالية في الاتصال مع الآخرين وتحفيزهم لتطوير أنفسهم وحثهم على الأداء الأفضل من أجل تحقيق أهداف المنظمة. وتغطي المهارات الفكرية قدرات المدراء لوضع تصور عام للمنظمة ومعرفة العلاقات المتداخلة بين أجزاء المنظمة وفهم موقع المنظمة في محيطها الأوسع في الصناعة والمجتمع والعالم. ومن أجل توضيح علاقة المهارات المختلفة بفاعلية المدير، نقدم الشكل التالي لإعطاء صورة واضحة عن اعتماد صفة الفاعلية على عدد من المهارات الأساسية:

شكل (8) مهارات مختارة للمدير الفاعل

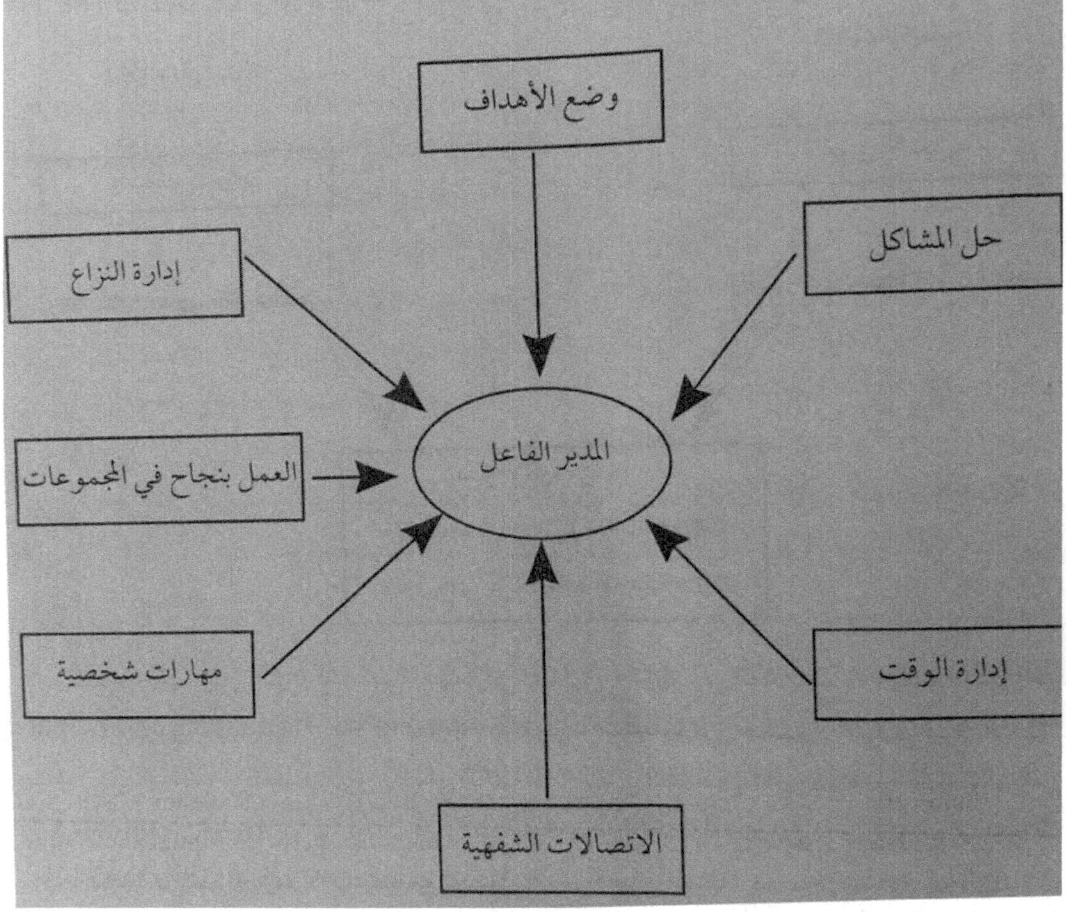

(٥) معايير الأداء في المنظمة : (كفاءة، فاعلية، إنتاجية، جودة) performance

يذكر العالم الإداري (بيتر دركر) بأن الأداء الذي يحصل من خلال الإدارة يتكون من بعدين مهمين : الفاعلية والكفاءة (١٥). وكما عرفنا الإدارة بأنها " عملية تنسيق النشاطات لنتمكن من إنجازها بكفاءة وفاعلية من خلال الناس وتشير العملية process على استمرارية الوظائف الرئيسية الأربعة. وفي تعريفنا للمدير سابقاً رأينا بأن تنسيق وتناغم أعمال الأفراد العاملين في المنظمة هو ما يميز المراكز الإدارية من غير الإداريين، ومن خلال الإدارة (تنسيق وتكامل أعمال الآخرين) فإن نشاطات المنظمة تنجز بكفاءة وفاعلية أو على الأقل هذا ما تطمح الإدارة من عمله. وفي الرسم التالي يمكن توضيح علاقة الكفاءة والمسؤولية بالإدارة:

شكل (9) الكفاءة والفاعلية في الإدارة

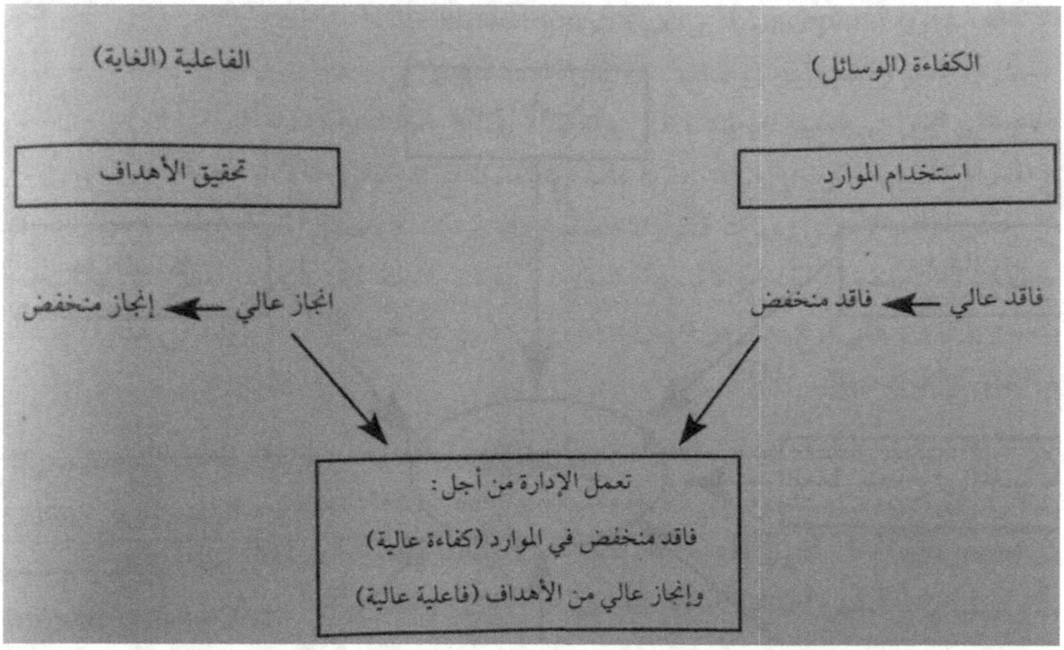

وتشكل الكفاءة efficiency جزءاً مهماً من الإدارة وتشير إلى العلاقات بين المدخلات والمخرجات relationship between inputs and outputs فإذا استطعنا من الحصول على مخرجات أكبر من مدخلات محددة، فإن ذلك يعني زيادة في الكفاءة. وبنفس الطريقة إذا استطعنا من الحصول على نفس الناتج output من مدخلات أقل نكون قد زدنا الكفاءة. ولأن المدراء يتعاملون مع موارد مدخلات نادرة (مثل الأفراد والمال والأجهزة) فهم يهتمون بكيفية استخدام تلك الموارد. ويصبح اهتمام الإدارة الدائمي تقليص كلفة الموارد، ومن هذا المنظور يمكن الإشارة إلى الكفاءة بأنها إنجاز الأعمال بطريقة صحيحة(١٧) doing things right وتعني عدم إهدار الموارد not wasting resources .

وبالرغم من كل هذا، فإن الكفاءة وحدها لا تكفي لأن الإدارة تهتم بممارسة النشاطات التي تحقق أهداف المنظمة وهذا يعني تأكيدها على الفاعلية وعندما تحقق الإدارة أهدافها نستطيع القول بأنها إدارة فاعلة. وتوصف الفاعلية دوما بأنها إنجاز الأشياء الصحيحة doing things right أي ممارسة النشاطات التي تساعد المنظمة في الوصل إلى أهدافها. فبينما تركز الكفاءة على وسائل إنجاز الأعمال، تركز الفاعلية على تحقيق الأهداف وتوجد علاقة قوية بين الفاعلية والكفاءة لدرجة أن يكون من الأسهل على المدير أن يصبح فاعلاً إذا ما تجاهل الكفاءة. فمثلاً إنه من الممكن إنتاج أجهزة كمبيوتر أو سلع أخرى ذات جودة عالية جداً إذا ما أهملت كلفة الأيدي العاملة والمواد الأولية. لذلك كثيرا ما تنتقد الإدارة الحكومية بأنها فاعلة بدرجة معقولة ولكنها لا تتمتع بالكفاءة، وهاذ يعني بأنها تنجز الأعمال بتكلفة عالية على حساب الكفاءة. فالإدارة

تركز ليس فقط على إنجاز النشاطات والأهداف التنظيمية (الفاعلية)، ولكن أيضاً يكون تركيزها على الإنجاز بكفاءة.

وعندما نطرح السؤال: هل من الممكن أن توصف المنظمات بالكفاءة ولكن بنفس الوقت تكون غير فاعلة؟ والجواب هو : نعم عندما تقدم الأشياء الخاطئة **doing the wrong things well**. فمثلا أصبحت الكثير من الجامعات فاعلة بدرجة عالية في إعداده وتخريج الطلبة. تقوم هذه الجامعات باستخدام الكمبيوتر في التعليم وتقديم مواد المساقات الدراسية بواسطة الإنترنت والتدريس عن طريق "التعليم عن بعد" والاعتماد على أساتذة الذين يعملون كأعضاء هيئة تدريس غير متفرغين وبذلك تكون إدارة الجامعة قد خفضت تكاليف الدراسة بدرجة كبيرة لكل طالب. ولكن هذه الوسائل تثير الشكوك والاستفسارات لدى الطلبة والخريجين والسلطات التعليمية حول ما إذا كان الطلبة يتلقون التعليم بطرق مناسبة. ومن الطبيعي والخريجين والسلطات التعليمية حول ما إذا كان الطلبة يتلقون التعليم بطرق مناسبة. ومن الطبيعي أن تتميز المنظمات الناجحة بالكفاءة العالية والفاعلية المرتفعة وكلاهما صفتان متلازمتان. أما الإدارة الضعيفة فيعود ضعفها إلى عدم الكفاءة وانخفاض الفاعلية أو يعود إلى فاعلية تعتمد على عدم الكفاءة.

وبالإضافة إلى مصطلحات الكفاءة والفاعلية توجد تحديات إضافية للمدراء المبدعين تتمثل بالإنتاجية **productivity** والجودة **Quality** . فالتحديات النهائية **ultimate challenge** للمدراء هو تكوين مجتمع يعتمد على منظمات عالية الإنتاجية (كبيرة وصغيرة، ربحية وغير ربحية) تضمن اقتصاداً قوياً ووظائف متوفرة ونمو وحياة ذات جودة عالية. وتعني الإنتاجية **productivity** قياس العلاقة الكمية الصافية من المخرجات ذات الجودة ومجموع الموارد المستخدمة .(١٨) إن اي سلعة أو خدمة أو أداء يمكن تقييمه بمقاييس ملموسة مثل أسعار السوق والوحدات المستعملة في المنتجات وعدد الأفراد الذين يعملون لإنتاجها ثم تقارن هذه النتائج مع الجهد والموارد المطلوبة لإنجازها. فمثلاً يحتاج المزارع من اجل إنتاج طنا واحداً من القمح إلى الأرض والمعدات والبذور والأسمدة والعمال لزراعته وصيانته وحصاده. وفي حالة قيام المزارع بإنتاج قمح يزيد على الطن الواحد وباستخدام موارد أقل من الكمية المحددة للطن الواحد الذي تم حصاده فإننا نستطيع القول بأن الإنتاجية قد ازدادت .

ويلاحظ بأن الإنتاجية قد ركزت في الماضي على ساعات العمل كأساس لقياس المدخلات. وهذا ما يسمى " بالقياس الجزئي للإنتاجية" وتستخدم في قياسها المعادلة التالية:

$$\text{إنتاجية} = \frac{\text{السلع والخدمات المنتجة (مخرجات)}}{\text{ساعات العمل (مدخلات العمال)}}$$

عند استخدام هذا المقياس فإن إنتاج ١٠٠ وحدة في فترة سابقة باستخدام ١٠ ساعات عمل، بينما إنتاج ١١٠ وحدة في فترة لاحقة مع ١٠ ساعات عمل فإن ذلك يعني زيادة الإنتاجية بنسبة ١٠% وبالرغم من أن كلفة ساعات العمل لا تزال تستعمل للمقارنة الإحصائية لكنها تعتبر مؤشر ضعيف للأداء، وهنا يجب شمول موارد أخرى في المعادلة مثل راس المال والمواد الأولية والطاقة والمعلومات وهنا تكون المعادلة التالية :

الإنتاجية = السلع وخدمات المنتجة (مخرجات)

عمال + رأس المال+طاقة+تكنولوجيا+مواد (مدخلات)

يركز تعريف الإنتاجية على الجانب الإنتاجي من المعادلة أي صافي الناتج ذو الجودة **Net good quality output** . إن التركيز في المعادلة يكون على الجودة Quality فإذا قمنا بقياس الناتج دون الأخذ بالاعتبار عدد الوحدات المرتجعة، تصبح الإنتاجية معتمدة على سرعة صناعة أكبر عدد ممكن من السلع. وهذا يعني تقييم الأداء دون النظر إلى جودة الأداء. لذلك تعتمد الإنتاجية على مدى تحسين جودة المنتج وتعني استخدام موارد اقل من أجل تقديم سلع جيدة أو خدمات بكلفة أقل. والنتيجة تحصل من خلال خليط من الإبداع ف الموارد والتكنولوجيا الحديثة والقيادة الابتكارية والنظم الرقابية الفاعلة التي تشجع وتحفز العاملين على القيام بعملهم وتقديم إنتاجهم بصورة تتميز بالجودة.
ويمكن ربط الوظائف الأساسية للمدير بالمهارات التي تحتاجها وتؤكد عليها كل وظيفة كما في الجدول التالي :

جدول (5) وظائف المدير والمهارات التي تحتاجها

تسلسل	المهارة	التخطيط	التنظيم	القيادة	الرقابة
1	الحصول على القوة Power		│	│	
2	الاصغاء الفعال			│	│
3	تقدير الاختلافات الثقافية		│		
4	الموازنة	│		│	│
5	اختيار اسلوب قيادي فاعل			│	
6	التدريب			│	
7	تكوين فرق عمل فاعلة		│	│	
8	تفويض (تمكين)		│	│	
9	تصميم الاعمال المحفزة		│	│	
10	بناء الثقة			│	
11	تطوير خرائط السيطرة				│
12	الانضباط والتاديب			│	│
13	المقابلة		│	│	
14	إدارة التغير		│	│	│
15	إدارة الوقت	│			│
16	المراقبة			│	
17	التفاوض			│	
18	تقديم المعلومات المرتجعة			│	│
19	فهم الثقافة التنظيمية		│	│	
20	تخفيض الاجهاد		│	│	
21	عمل مسح اللبيئة	│			│
22	وضع الاهداف	│			│
23	حل المشاكل بطرق ابتكارية	│			

المصدر:

Stephen Robbins and Mary Coulter, Management, 6th ed., Upper Saddle River: New Jersey, Pernice Hall, 1999, p. 18

هوامش الفصل الثاني

1 -Stephen Robbins and marry coulter, management 6th ed., upper saddle reviver. New jersey, prentice hall, 1999, p.7.

2 - Richard daft, management, 2nd ed., New York, the Dryden press, 1991.pp.12-15.

3 -ibid,p.14.

4 -A. Kraut, p.r pegrego, d. Mc kenna, and m dinettes, the role of the manager: what s really important in different management jobs academy of management executive 1989, No,pp.286-93.

5 -don hellriegel and john slocum, management 6th ed., reading mass Addison Wesley publishing publishing company 1991p19

6 -ibid p 12

7 -ibid p12

8 -henry mintzbery, the nature of managerial work, new york, Harper and Raw 1973.

9 -hellriegel and slocum, Op. Cit p 25

10 -Robbery katz skills of an effective administrator Harvard business review vol 52, No. 5,1974.pp45-53

11 -David holt management principles and practices 3rd ed., Englewood cliffs: new jersey prentice hall 1993.p.18.

12 -Kathryn bartol and David martin management 2nd ed new York mc Graw hill inc 1994.p15

13 -ibid p 15

14 -Robbins and coulter, op cit p 16

15 -perer drucker the effective executive New York harper and row 1967

16 -Robbins and coulter, op. cit p8

17 -ibid., p.9.

18 -ibid., p. 22.

3

الفصل الثالث

التطور التاريخي للإدارة
Historical Development of management

1- مساهمة الحضارات القديمة في تطوير الإدارة للفترة قبل الميلاد وحتى القرن السادس الميلادي.

2- مساهمة الحضارة الإسلامية في الفكر الإداري للفترة 600م-1800م.

1.2 - مساهمة الحضارة الإسلامية في مجال إدارة الأعمال.

2.2 - مساهمة الحضارة الإسلامية في مجال الإدارة الحكومية

3- مدارس الفكر الإداري الحديث من خلال القرن العشرين:

1.3 المدخل الكلاسيكي

1.1.3 الإدارة العلمية

2.1.3 الإدارة البيروقراطية

3.1.3 التنظيم الإداري

2.3 المدخل السلوكي للإدارة

3.3 الأفكار التكاملية (مدخل النظم، الإدارة الموقفية).

4.3 المدرسة الكمية للإدارة (علم الإدارة، بحوث العمليات، إدارة نظم المعلومات).

5.3 النظريات الأخرى

4- الاتجاهات المعاصرة للإدارة

1.4 الإدارة اليابانية

2.4 البحث عن التميز

3.4 إدارة الجودة الكاملة

4.4 التغيير المستمر والإبداع .

التطور التاريخي للإدارة

إن الإدارة قديمة كقدم الحضارة الإنسانية، وأنها وجدت منذ أن وجدت الأعمال، ولا شك أن الحضارات والممارسات القديمة تركت بصماتها لغاية وقتنا الحاضر حيث أبدعت تلك الحضارات في أمور عديدة مثل تأسيس الإمبراطوريات وحمايتها و تشييد المدن والقصور والمعابد وتصميم السدود ومشاريع الري والزراعة وسن الشرائع وإدارة الدولة وتنظيم الجيش والمحاكم. لكن تلك النشاطات والمؤسسات لم تحمل المسميات والوظائف والمبادئ والقواعد التي تحملها الآن، وكانت تلك النشاطات تزاول بالفطرة والاجتهاد والتجربة والخطأ. وفيما يلي نستعرض بإيجاز ما تميزت به المراحل الرئيسية الثلاثة من مبادئ ومفاهيم وممارسات إدارية تدل على التطور الإداري .

(١) مساهمة الحضارات القديمة في تطوير الإدارة للفترة من قبل الميلاد وحتى القرن السادس الميلادي.

وهنا تبرز أهمية الإدارة في الحضارات الأولية حيث ممارستها الأمم بأساليب مختلفة. فيذكر الإنجيل المشكلة الإدارية للنبي موسى في قيادة شعبه، وكذلك يذكر التاريخ معلومات عن الصعوبات الإدارية التي واجهت الإمبراطورية الرومانية للسيطرة على أجزائها. وبالرغم من أن المسائل والصعوبات الإدارية حضت باهتمام واضح في الأزمنة القديمة إلا أنه لم تتطور الأدوات والأساليب الإدارية للتحليل والاستخدام حتى نهاية العصور المظلمة وبعد القرن السابع عشر عندما بدأت التجارة بالنمو واحتاجت التجارة إلى أنظمة محاسبية وعمليات مالية واقتصادية(١).

وفيما يلي جدول يوضح باختصار الحضارات الرئيسية وما قدمته من أفكار كاستجابة لمتطلبات الظروف في تلك الفترات وأهميتها بالنسبة لتطور الفكر الإداري في الوقت الحاضر.

جدول (9) مساهمة الحضارة في الفكر الإداري المعاصر

الحضارة	التاريخ	الأفكار	متطلبات الوقت	مساهمتها في التطور وملائمتها للإدارة المعاصرة
السومريون	5000سنة قبل الميلاد	الكتابة أو التدوين	تكوين الحكومات والتجارة	المعلومات المدونة مهمة للتنظيمات المختلفة
المصريون	4000-2000 قبل الميلاد	التخطيط والتنظيم والسيطرة	تنظيم 100.000 عامل لبناء الأهرام	الخطط وتسلسل السلطة مهم لتحقيق الأهداف
البابليون	2000-1700قبل الميلاد	القوانين والمسؤولية	وضعت شريعة حمورابي معدلات الأجور والعقود والحقوق والعقوبات	تنظيم السلوك للسيطرة على الأفراد لغرض تحقيق الأهداف
الصينيون	500 قبل الميلاد	الأنظمة	التجارة والعسكرية تتطلب أنظمة وإجراءات محددة وثابتة	النمطية والاجراءات مطلوبة في عمل المجموعة
الإغريق	500-350 قبل الميلاد	التخصص والطرق العملية	التخصص ووضع اسس الطريقة العملية، المنطق والرياضيات	التنظيمات تحتاج إلى التخصص والتفكير العلمي يؤدي إلى التطور
الرومان	300ق. م – 300 بعد الميلاد	التنظيم المركزي	امبراطورية واسعة تحتاج إلى نظم اتصالات وسيطرة من روما	أهمية وفاعلية نظم الاتصالات والإشراف للسيطرة على التنظيمات الكبيرة
الحضارة الإسلامية❖❖	600م – 1800م	تشريع، سياسة، إدارة، علوم	امبراطورية واسعة، تنظيم الحياة الاقتصادية والاجتماعية	سلطات مدنية وعسكرية وعلاقات دولية، عدالة اجتماعية
الفينيقيون	1300م	الأشكال القانونية للتنظيم	التجارة الفينيقية تحتاج إلى وسائل قانونين عديدة	الإطار القانوني للتجارة كأساس للمخاطرة في عالم التجارة

❖❖ من إضافة المؤلف.

تابع جدول (٩) مساهمة الحضارات في الفكر الإداري المعاصر

الحضارة	التاريخ	الأفكار	متطلبات الوقت	مساهمتها في التطور وملائمتها للإدارة المعاصرة
باكيولي	1400م	نظم المحاسبة	قواعد التكاليف والإيرادات في التجارة	النظام المحاسبي ومسك السجلات
ماكيفيلي	1500م	الاستعمال العملي للقوة	اعتماد الحكومة على تأييد الجماهير . توقعات القادة والشعب يتطلب الوضوح ، انتهاز القادة لفرض استخدام السلطة يعطيهم صفة الكفاءة .	أهمية التوجيهاتوالإرشادات الحقيقية لاستخدام السلطة
آدم سميث	1776م	تقسيم العمل	نظام المنافسة الذي نتج عن التخصص	التخصص والأرباح أساسا لمشروع الخاص
الأمم الغربية	القرن التاسع عشر	المنظمة	الحاجة إلى رؤوس أموال كبيرة من المنظمة التي تتميز بشخصية معنوية وحياة طويلة وبمسؤولية محددة	الفصل بين الملكية والإدارة نتج عن الحاجة إلى المدير المؤهل علمياً ومهنياً .

(٢) مساهمة الحضارة الإسلامية في الفكر الإداري (للفترة ٦٠٠-١٨٠٠)م

لقد عمل الاسلام على إرساء قواعد التنظيم المالي والاجتماعي للدولة فحدد مصادر الدخل للدولة عن طرق الزكاة والغنائم والجزية، ونظم عملية الجباية وعين الجباة لجمع الأموال، كما حدد أوجه الصرف والفئات التي يجب على الدولة رعايتهم بعد جمع الزكاة كما نظم الاسلام الحياة الاقتصادية فحرم الربا ووضع أسس جديدة لكيفية التعامل التجاري بما يتلائم مع فلسفة وأهداف وغايات المجتمع المسلم. أما التنظيم الاجتماعي الجديد فقد تم تنقية المجتمع وصيانته من الجرائم والعادات السيئة والتي كانت شائعة في العصر الجاهلي فمنع الخمر والميسر وشهادة الزور والقتل والزنا مع التركيز على الأسرة كأساس لبناء المجتمع الجيد.

أما في المجال الحكومي فقد اعتبر الاسلام العمل الحكومي خدمة تستهدف اشباع حاجة المواطنين وليست

مغنما. وترتكز عملية اختيار موظفي الدولة على مبدأ الجدارة (الأصلح والأفضل قوة وأمانة). والاختبار (التجربة) قبل الاختيار مبدأ أساسي في الاسلام فلا يشغل شخص وظيفة عامة قبل التأكد من صلاحيته. وتوسع مفهوم الدولة وتطور مفهوم التنظيم الاداري للدولة الاسلامية فأنشأت الدواوين ونظمت أحوال القضاء والادارة والربط بين أجزاء الدولة بالبريد ووضعت أسس مالية لتوفير الأموال اللازمة لحماية الدولة وتطبيق القانون. وبرز مفهوم الرقابة على زعمال موظفي الدولة ومسؤولية الحاكم نحو رقابة ومتابعة أعمال ولاته ومحاسبة الخليفة على كل أمر في شؤون الدولة وشيوعها بين العامة والخاصة حتى يشارك في المحاسبة صغير القوم وكبيرهم على السواء وبقيت عاملا مهما في تطبيق مبادئ العدالة والمساواة والرقابة. واتبعت الدولة نظام اللامركزية كمدخل للتعامل مع الأقاليم والأجزاء البعيدة عن المركز. واستخدام مبدأ التدرج الرئاسي المقرون بتدرج السلطة وتأسست الوظيفة الاستشارية المتمثلة في مجالس الشورى والنقباء ومساعدي النقباء، وظهرت مستويات الادارة العليا والإدارة التنفيذية. وفيما يلي شرح مفصل لدور الحضارة الإسلامية في تطوير الفكر الإداري والممارسات اليومية للسلوك الإداري في مجال التجارة والمعاملات فيالقطاع الخاص والقطاع الحكومي.

١,٢ مساهمة الحضارة الإسلامية في مجال إدارة الأعمال

وضع الرسول صلى الـله عليه وسلم دستوراً للدولة الإسلامية يبين فيه علاقة المسلمين ببعضهم في المجالات الاجتماعية والاقتصادية وبين للناس الطرق الصحيحة للتعامل في المجالات الزراعية والتجارية والحرفية. ونظم الرسول صلى الـله عليه وسلم أمور البيع والشراء والشراكة وأصبحت المعاملات يسودها الصدق والأمانة والقناعة بعيداً عن الاستغلال والاحتكار والربا. واهتم الإسلام بالزراعة والتجارة والعمل وحث الناس على الإقبال على العمل وإتقانه وجعله طريقاً لكسب الرزق.
وأبدع الإسلام في الجانب الإداري والسياسي فالإدارة تعني: تنظيم شؤون الناس ورعاية أمورهم وفق شريعة الـله تعالى، أما السياسة فقد عرفت بأنها" حراسة الدنيا بالدين(١) ويكون مصدر الإدارة من الحاكم أو الخليفة، وقد تكون من الوزير أو من الوالي أو ممن له أدنى مسؤولية، فكل مدير مسؤول في حدود صلاحياته ومسؤولياته. وفي حديث للرسول عليه الصلاة والسلام قال " ألا كلكم راع، وكلكم مسؤول عن رعيته" ويعتبر هذا الحديث أصلا في المسؤولية الإدارية. فالمسؤولية الإدارية في الإسلام تكليف وليس تشريفاً، وهي خدمة عامة، ويطلق على من يتولاها اسم الأجير وأركان الولاية الإدارية في الإسلام اثنان: الأمانة والقوة(٢). فالأمانة تعني الورع في الدين والصدق في الحديث والتقوى، وهذه الصفات تكون عنصر الرقابة الداخلية عند المسؤول، فيحاسب نفسه على كل تصرف يقوم به. وتضمنت النصائح الإدارية للولاه التركيز على عنصري الدين والأمانة. أما عنصر القوة والكفاءة فإنها تكون على أشكال الخبرة والمهارة وحسن التدريب والقوة الفكرية والقوة السياسية في الأعمال.

ففي المجالات الاقتصادية والتجارية للمجتمع، عالج الإسلام ببراعة وعدالة نظام المعاملات وأحكام تبادل السلع والمنافع والبيع والشراء. فأقرت الشريعة البيع والشراء والمبادلات وحرم الإعانة على المعصية والغرر والاستغلال والظلم لأحد المتعاقدين. وأطلق الإسلام الحرية للسوق ويتركها للقوانين الطبيعية لتؤدي دورها وفقا للعرض والطلب. واعتبر الإسلام التدخل في حرية الأفراد بدون ضرورة مظلمة(٣). ورغم أن الإسلام يكفل حرية الأفراد في البيع والشراء والتنافس، فإنه ينكر أن تدفع بعض الناس أنانيتهم الفردية وطعمهم الشخصي إلى التضخم المالي على حساب غيرهم والإثراء من قوت الشعب وضرورياته. ومن أجل ذلك نهى الإسلام عن الاحتكار والتلاعب بالأسعار. أما السمسرة فلا حرج فيها لأنها نوع من الدلالة والتوسط بين البائع والمشتري وكثيرا ما تسهل لهما أو لأحدهما كثيراً من السلع والمنافع.(٤) فالوساطة التجارية كانت ضرورية بسبب تطور وتعقد المعاملات التجارية ما بين استيراد وتصدير وتجارة جملة وتجزئة وهنا يؤدي السماسرة دوراً مهماً في الوساطة التجارية. وحرم الإسلام الاستغلال والخداع التجاري أو ما يسمى بالتدخل المفتعل. فالإسلام يحرم الغش والخداع بكل صوره ويحرم تطفيف الكيل والميزان وشراء المنهوب والمسروق ومشاركة الناهب والسارق. ويطالب الإسلام الالتزام بالصدق والنصيحة في الدين.

وأباح الإسلام استثمار المال عن طريق التجارة ولكن الإسلام سد الطريق على كل من يحاول استثمار ماله عن طريق الربا فحرم قليله وكثيره وأعلن حربه على الربا والمرابين وبين خطره على المجتمع وراعى مصلحة البشرية في أخلاقها واجتماعها واقتصادها. وبنفس ألقت يجوز للمسلم أن يشتري ويدفع ثمن الشراء نقداً، ويجوز له أن يؤخره إلى أجل بالتراضي. وقد يزيد البائع في الثمن من أجل التأجيل كما يفعله معظم التجار الذين يبيعون بالتقسيط. فمن الفقهاء من حرم هذا النوع من البيع مستنداً إلى أنه زيادة في المال في مقابل الزمن فأشبهه بالربا. وأجازه جمهور آخر من العلماء لأن الأصل الإباحة، ولم يرد نص بتحريمه، وهو ليس مشابهاً للربا من جميع الوجوه، وللبائع أن يزيد في الثمن لاعتبارات يراها مناسبة ما لم تصل إلى حد الاستغلال الفاحش والظلم البين وإلا صارت حراماً.

وكان الرسول صلى الـلـه عليه وسلم يستعيذ بالله من الدين ومما ينبغي للمسلم أن يعرفه من أحكام دينه أنه يأمر بالاعتدال في حياته والاقتصاد في معيشته. وحين طلب القرآن الكريم من المؤمنين أن ينفقوا، لم يطلب إليهم إلا إنفاق بعض ما رزقوا لا كله، ومن أنفق بعض ما يكتسب فقلما يفتقر، ومن شأن هذا التوسط والاعتدال ألا يحوج المسلم إلى الاستدانة وخصوصا أن النبي صلى الـلـه عليه وسلم كرهها للمسلم.

إن شريعة الإسلام لم تمنع تعاون رأس المال والخبرة والمال والعمل، ولكنها أقامت هذا التعاون على أساس عادل ومنهج سديد . فإذا كان رب المال قد رضيها شركة بينه وبن صاحبه أو أصحابه فعليه أن يتحمل مسؤولية الشركة بكل نتائجها. ولهذا تشترط الشريعة الإسلامية في مثل هذه المعاملة التي سماها المضاربة أن يشترك كل من الطرفين المتعاقدين في الربح والخسارة، وأن تكون نسبة الربح أو الخسارة بينهم حسب العقد

أو الاتفاق. فللشركاء أن يحددوا النصف أو الثلث أو الربع أو أدنى من ذلك أو أكثر والباقي للآخر. ويكون التعاون بين رأس المال والعمل تعاون الشريكين المتكافلين، لكل نصيبه من الربح قل أو كثر. فإن ربحاً تقاسما الربح كما اشترطا، وإن خسرا كانت الخسارة من الربح، فإن استغرقت الربح وزادت أخذ من رأس المال بقدرها.

وكما يجوز للمسلم أن يستغل ماله منفرداً فيما شاء من عمل مباح وكما جاز له أن يعطي ماله أو جزءاً منه لمن شاء من أهل الدراية على سبيل المضاربة، يجوز له أيضاً أن يشترك هو وآخر أو آخرون من أرباب الأموال في عمل من الأعمال صناعي أو خدمي أو تجاري أو غير ذلك. فمن الأعمال والمشروعات ما يحتاج إلى أكثر من عقل أو أكثر من يد وأكثر من رأس مال. والإسلام لا يبيح مثل هذه الأعمال المشتركة فحسب، بل هو يباركها ويعد عليها بالثواب في الدنيا والآخرة ما دامت في دائرة ما أحله الـلـه، بعيدة عن الربا والغرر والظلم والجشع والخيانة.

أما بالنسبة لشركات التأمين وهي صورة من صور المعاملات الجديدة ومنه ما يكون تأميناً على الحياة ومنه ما يكون تأميناً ضد الحوادث، فالإسلام يسأل عن طبيعة هذه الشركات وعلاقة الفرد المؤمن عليه بالشركة وهل يعتبر الفرد المؤمن عليه لدى مؤسسة التأمين شريكاً لأصحابها؟ فلو كانت كذلك لوجب أن يخضع كل مؤمن عليه فيها للربح والخسارة وفق تعاليم الإسلام. إن الإسلام يعارض شركات التأمين في صورتها الحاضرة ومعاملاتها الجارية. وهذا ليس معناه أن الإسلام يحارب فكرة التأمين نفسها، بل إنه يخالفها في المنهج والوسيلة. أما إذا تهيأت وسائل أخرى للتأمين لا تنافي صور المعاملات الإسلامية، فالإسلام يرحب بها.

إن نظام الإسلام قد آمن للمواطنين في ظل الدولة بطرقه الخاصة وتوجيهاته أما عن طريق تكافل أبناء المجتمع مع بعضهم مع بعض وإما عن طريق الحكومة وبيت المال فهو (أي بيت المال) شركة التأمين العامة لكل من يستظل بسلطان الإسلام. وفي الشريعة الإسلامية نجد تأمين الأفراد ضد الحوادث ومعاونتهم على التغلب على الكوارث التي تصيبهم بأن تبيح لهم التعويض عن المصائب أو التخفيف عنها عن طيق ولي الأمر. وأجاز بعض الفقهاء أن يعطي الأفراد من حصيلة الزكاة إلى المتضررين ما يعيدهم إلى حالتهم المالية السابقة.

وتعامل الإسلام مع الأرض وزراعتها وكره الإسلام تعطيل الأرض عن الزراعة لما فيه من إهدار للنعمة وإضاعة للمال وبحث في طرائق استغلالها. وبين أن يكون لصاحب الأرض طرقاً في استغلالها كان يقوم بزراعتها بنفسه، وإن لم يتمكن من زراعتها بنفسه فيعيرها إلى من يقدر على زراعتها بآلته وأعوانه وبذره وحيوانه ولا يأخذ من الزارع شيئاً، أو أن يعطيها لمن يزرعها بآلته وبذره وحيوانه على أن يكون له نسبة مئوية محددة مما يخرج من الأرض. وحرم الإسلام المزارعة الفاسدة التي اشترط فيها أصحاب الأرض على الزارع

العامل فيها أن يكون لهم ربع مساحة معينة منها يحددها أو مقدار معين من الغلة بالكيل أو الوزن والباقي للعامل وحده أو لهما مناصفة. وهناك طريقة إيجار الأرض بالنقود أي أن يعطي أرضه لمن يزرعها على أن يكون للمالك أجر نقدي معلوم مثل الذهب والفضة.

٢,٢ مساهمة الحضارة الإسلامية في مجال الإدارة الحكومية

العرب كأي أمة لها علومها ولها نشاطها في إدارة شؤون الدولة. وبالرغم من أن تاريخ الإدارة المعاصرة يبدأ في أواخر القرن التاسع عشر، لكن ذلك تجاهلاً لدور الأمة الإسلامية وما وصلت إليه من نهضة أدبية وعلمية. وحاول بعض الكتاب في شؤون الإسلام أن يصوروا العرب كمقلدين في أعمالهم وأنهم لم يضيفوا على ما تعلموه من الروم والفرس في أساليب الحضارة.

والحقيقة أن الإسلام ابتكر وأبدع في الحرب والإدارة والسياسة وفي العلم والتشريع، وإن قلة المصادر العلمية التي تثبت التطور التاريخي للإدارة قبل القرن التاسع عشر وعدم اهتمام المؤرخين بالكتابة في موضوع الإدارة العامة وطغيان النشاط السياسي للدولة على النشاط الإداري لن يسهل علينا متابعة الممارسات والتطبيقات الإدارية الكافية لبلورة نماذج من السلوك الإداري العربي الإسلامي. والوقع أن عدة مناطق في أوروبا لا تزال إلى الآن تحمل آثار العلماء العرب ومفكريهم، فمنذ القرنين الحادي عشر والثاني وأوربا في احتكاك بالفكر العربي.

إن إقامة أول دولة إسلامية في المدينة كانت ناتجة عن عبقرية وجهود الرسول صلى الـلـه عليه وسلم بصفته قائداً ومؤسساً للأمة الإسلامية التي نشأت وترعرعت على أساس شرعي وسياسي في تنظيمها وإدارتها. وتميزت الوظائف الإدارية بالبساطة وعدم التعقيد نظراً لدور الدولة المحدود في ذلك الوقت. فوحد الرسول عليه الصلاة والسلام الأمة الإسلامية اجتماعياً وسياسياً وأقام نظاماً شاملاً لعلاقات الأفراد والجماعات، وحمل المسؤولية الحكم والسلطة على أساس العدل والمساواة والكفاءة واستشار أصحابه وأفراد ومجموعات الأمة في كثير من الأمور الدنيوية المتعلقة بحياتهم.وكان الرسول صلى الـلـه عليه وسلم يقوم بدوره الروحي بالإضافة إلى مقامه كإمام المسلمين في التوجيه والإرشاد ويمثل رئيس الدولة في الحكم والإدارة. كان الرسول عليه الصلاة والسلام يعين الولاة والقضاة وعمال الخراج والمال ويجمع الزكاة والغنائم ويوزعها على مستحقيها ويرسل الجيوش والوفود ويعقد العهود ويقيم الحدود.

إذا نظرنا إلى التركيب العام للدولة في الإسلام وجدنا تطبيق العديد من المبادئ والأسس الإدارية(٥). فهناك ممارسة وظائف التخطيط والتنظيم والمراقبة والإشراف. فكان الهدف من إقامة الدولة في الإسلام هو حماية العقيدة ونشر المبادئ الإسلامية وتحرير الإنسان من العبودية بشكلها الإنساني والمادي. فالتخطيط للهدف يستمد خطوطه العريضة من مفهوم الشريعة الإسلامية، والتنظيم يقوم على أساس تنسيق الطاقات البشرية والموارد المادية المتوفرة لديهم، والمراقبة يقوم بها موظفوا الدولة من رجال القضاء ومجلس الشورى. أما الإشراف والتنفيذ فهما من اختصاص ومسؤولية الرئيس الإداري أو القائد الأعلى والموظفون الرسميون.

وفي مجال التوجيه يكون القائد على اتصال بالرعية ويشرف على الجهاز الإداري بالدولة ونشاطاته التنفيذية والتشريعية والقضائية. ويتصل الجهاز الإداري بالحاكم والمحكومين ويتصل الشعب بكل من الخليفة والجهاز الإداري العامل بالدولة. وأن هذه العلاقات جميعها مترابطة وموجهة وخاضعة لسلطة الشريعة الإسلامية ويمكن توضيحها بالشكل التالي :

شكل (١٥) نموذج إدارة الدولة في الإسلام

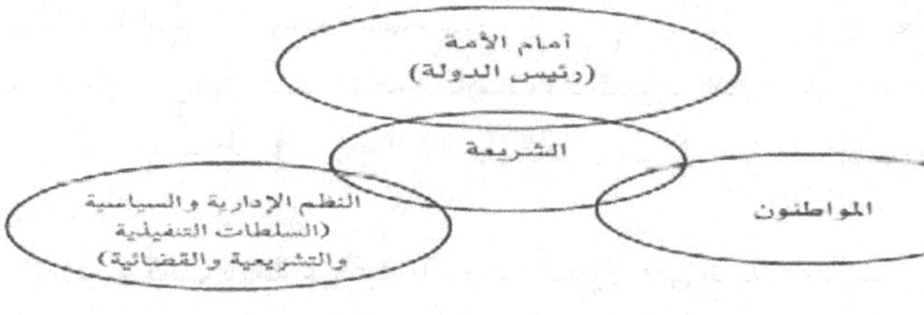

وكان على قمة الجهاز الإداري الإسلامي الخليفة ويأتي بعده ثلاث مراتب من الأجهزة الإدارية هم الولاة والعمال والقضاة. ويصدر تعيينهم من الرسول صلى الـلـه عليه وسلم ومن بعده الخلفاء ويتم اختيارهم بناء على معايير الصلاحية والتمسك بالشريعة والقيم الإسلامية. واستمر التنظيم الإداري خلال فترة الخليفة أبو بكر] كما كان عليه في عهد الرسول [. فبقي مرتباً على منصب الخلافة وأربعة مناصب أخرى وهي النظام المالي، والشؤون الداخلية والخارجية، والنظام التشريعي والقضائي، نظام الجند. وفي عهد الخليفة عمر] حصلت إصلاحات مالية وإدارية وأدخلت نظم جديدة وكان يساعده ويشاركه في ا تخاذ القرارات المهمة مجلساً استشارياً (مجلس الشورى) لدراسة أحوال الدولة وعمل القرارات اللازمة حسب تعاليم القرآن الكريم. وأسس الخليفة عمر نظاماً مستقلاً للقضاء وأعاد تنظيم الشؤون المالية في الدولة وأوجد ديوان المال وديوان الجند وقسم الدولة الإسلامية إلى إدارات تنظيم الشؤون المالية في الدولة وأوجد ديوان المال وديوان الجند وقسم الدولة الإسلامية إلى إدارات إقليمية ليسهل حكمها والإشراف على مواردها وعرفت هذه الإدارات الإقليمية بالولايات، وعين أمراء أو عمالاً أو ولاة على هذه الولايات، وكانوا يستمدون سلطتهم من الخليفة ويكونوا مسؤولين أمامه مباشرة. وجمع الخليفة عمر رضي الـلـه عنه في يده السلطات التنفيذية والتشريعية وأشرف على السلطة القضائية، وعين لكل ولاية عاصمة وجيشاً. فكان حاكم الإقليم مسؤولا عن إدارة الشؤون المدنية والعسكرية والمالية وكان لكل إقليم قاضياً ذو سمعة وكفاءة وله سلطة حسم

الخلافات الدينية والمدينة. كما عين لكل إقليم جابياً للأموال وأوجد قوة شرطة لحفظ أمن ونظام الدولة، وجهاز يقدم له تقارير عن سلوك الإداريين ف الأقاليم. فازدهر التنظيم الإداري في العصر الإسلامي وأصبح شاملاً للكثير من المبادئ التنظيم الإداري والمسؤولية، ونطاق الإشراف، وتفويض السلطة، والمرونة، والكفاية، والعلاقات الإنسانية، والإصلاح الإداري وتطوير الأجهزة الإدارية، وكتابة التقارير.

وقد حصل في عهد الخليفة عثمان بن عفان رضي اللـه عنهم بعض الركود في التطورات السريعة التي حصلت في عهد الرسول صلى اللـه عليه وسلم وأبو بكر] وعمر]. فكان الخليفة عثمان] يختلف في ميزة القيادة الحازمة وقوة الرأي التي كان يتصف بها الخليفة عمر]، فكان تجاوبه مع متطلبات الحكم والتطوير والظروف السياسية السائدة في ذلك الوقت تسير ببطء فتمسك بجهاز الدولة المدنية الذي لم يكن كافياً لإدارة الإمبراطورية الإسلامية في عهده. وكان قد استبدل بعض عمال الخليفة عمر] الأكفاء وعين الموظفين من أهله وأقاربه نظرا للقلاقيل السياسية والثقة الشخصية مما أدى هذا إلى جعل المناصب الرئيسية الحساسة (المدنية والعسكرية) تتأثر باعتبارات الولاء أكثر من الجدارة.

ثم جاء بعده الإمام علي] واستمر حكم الدولة مبيناً على أسس الشريعة المستمدة من القرآن الكريم والسنة وتوجيهات ووصايا الرسول صلى اللـه عليه وسلم وممارسات الخلفاء الراشدون رضي اللـه عنهم (٦). وبعد نهاية خلافة الإمام علي] انتقلت السلطة إلى البيت الأموي وقيام الدولة الأموية بأعباء الحكم والسلطة لمدة تسعون عاماً ثم تلتها إمبراطورية إسلامية في بغداد ثم الإمبراطورية العثمانية.

وخلال الفترات الثلاثة حصلت تغييرات وتطورات على السلطة والمناصب الحكومية والمراتب الإدارية. فأصبح الخليفة يترأس جهاز الدولة السياسي وهو الحاكم المطلق بسلطته الدينية والدنيوية، وأتى بعده (بمفهوم التدرج الهرمي للتنظيم) الوزراء فكان وزير الدولة (رئيس الوزراء) يليه الوزراء الآخرون ثم المراكز الحكومية الثانوية مثل المسؤولين عن الحجابة ومكاتب الشرطة والبريد.

لقد وضع الإسلام قواعد التعامل في التجارة ونظم أمور البيع والشراء والتعاقد بما يتلاءم مع مبادئ القانون والحقوق الشخصية وظروف المجتمع الإسلامي. ونظم الإسلام الأمور المالية للدولة وحدد مصادر دخلها في الزكاة والغنائم والجزية. كذلك التفت الإسلام إلى الجوانب الاجتماعية فحرم الخمر والقتل والزنا والميسر. واعتبر الإسلام الوظيفة الحكومية خدمة تعتمد على الجدارة وحسن الاختيار وطور الإسلام مفهوم التنظيم الإداري عن طريق إنشاء الدواوين والأجهزة المتخصصة لتنفيذ أوامر الخليفة وتسير أمور المواطنين اليومية ووضع الإسلام مبادئ العدالة والمساواة والرقابة وطبقها في مفهوم مسؤولية الحاكم نحو ولاته والمواطنين، وربط أجزاء الدولة ببعضها عن طريق المركزية بينما استخدم اللامركزية للتعامل مع الأقاليم والولايات، واتبع مبدأ تدرج السلطة واستعان بالمساعدين وتعددت المستويات الإدارية العليا والوسيطة والتنفيذية في المنظمات الخاصة والعامة.

(٣) الفكر الإداري الحديث خلال القرن العشرين ١٩٠٠م-٢٠٠٠م

يعتبر تطور الإدارة كحقل من حقول المعرفة حديثاً بالنسبة للحقول الأخرى، وأن معظم المحاولات الجدية والعلمية لتطوير نظريات ومبادئ إدارية نتجت عن الثورة الصناعية التي تسببت في انتشار ونمو المصانع في القرن الثامن عشر. ومع نمو وتكاثر المصانع جاءت الحاجة الماسة لتنسيق جهود المجموعات البشرية الكبيرة التي تعمل في تلك المنظمات الصناعية واستمراريتها في إنتاج البضائع وإدارة المكاتب.

وقد جلب هذا التحدي عدد من الباحثين وأصحاب التجارب والخبرة للتوصل إلى طرق ابتكارية لإدارة المصانع والمكاتب بأساليب أكثر فاعلية، وركزت على تقنيات معينة تستعمل لحل مشكلات محددة. ثم تطورت الأوضاع لكي يقوم أصحاب النظريات والتجارب بوضع مبادئ ونظريات تحولت إلى أسس لوجهات نظر رئيسية في تطوير كل وجهة نظر رئيسية . وفي الرسم التالي نوضح التطور التاريخي للفكر الإداري الحديث خلال القرن العشرين:

شكل(١١) تاريخ الفكر الإداري الحديث

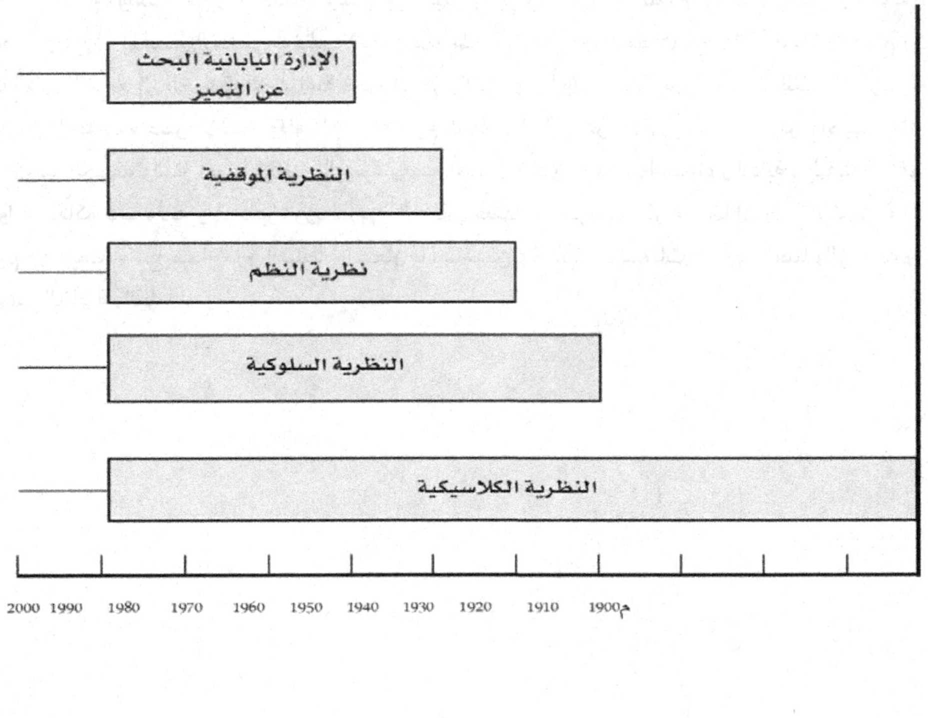

أما المدارس الرئيسية التي ظهرت في القرن العشرين فساعدت على جعل الإدارة حقلاً .

شكل (١٦) تاريخ الفكر الإداري الحديث

مستقلا برزت فيه نظريات ومداخل عديدة ترمي إلى إيجاد طرق وأساليب واستراتيجيات لإدارة الأعمال والمنظمات بكفاءة وفاعلية. وتشمل أربعة مداخل للإدارة وهي المدخل الكلاسيكي (التقليدي) والمدخل السلوكي والمدخل الكمي والمدخل المعاصر. وفيما يلي خريطة توضح تلك المداخل وفروعها والعلماء الذين أسهموا في تطوير تلك المداخل:

شكل (١٧) النظريات الإدارية الرئيسية الحديثة ومؤسسيها

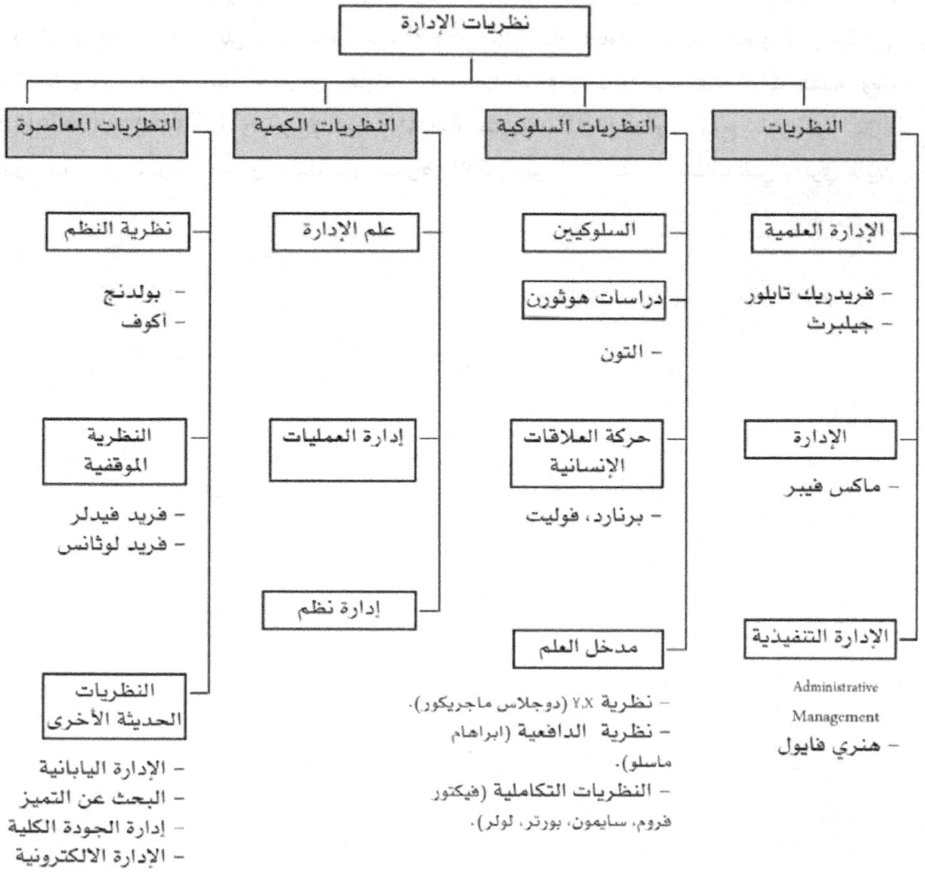

١,٣ المدخل الكلاسيكي (التقليدي) للإدارة :

ساعدت الثورة الصناعية على ظهور ثلاثة أنواع من نظريات الإدارة الأولى تسمى الإدارة العلمية Scientific management والتي تركز على الكفاءة في الإنتاج. والثانية تسمى النظرية البيروقراطية Bureaucratic theory وتركز على بناء المنظمة. أما المنظمة الثالثة فيطلق عليها إن جميع النظريات تشكل المدخل الكلاسيكي للإدارة .

١,١,٣ الإدارة العلمية :

بدأت أساليب العمل Techniques of work تتطور منذ أن نادى آدم سميث Adam Smith بفكرة التخصص Specialization في أطروحته المشهورة ثروة الأممthewealth of nations في سنة ١٧٧٦م. ونتج عن التخصص مبدأ تقسيم العمل Divistion of labor حيث تجزأ المهام Tasks إلى أعمال Jobs محددة بدقة. ومن العلماء الذين ساهموا في وضع المبادئ لهذا المدخل " فردريك ونسلو تيلر" وهنري جانت.

وأصبحت الإدارة العلمية طريقة لتعظيم الكفاءة بواسطة دراسة كل عمل من الأعمال ووضع مستويات مثالية للأداء. وشعر تيلور بأن المكافآت المالية تحفز العاملين ليعملوا بشكل أفضل وقام بتطوير فكرة العمل على أساس القطعة Piece-rate work. وغدت الإدارة العلمية تركز على طرق العمل المنمطة والاختيار الرشيد للعاملين مع تدريبهم وتطوير وظائفهم. ومن مساهمات تيلر أنه وضع مبادئ لتحليل العمل أو الوظيفة، وكذلك دراسات والوقت والحركة، والعمليات المقننة، وتقنيات الكفاءة Efficiency techniques، وقياس الإنتاجية، والمتابعة المنتظمة لكلفة العاملين. واقترح تيلور فكرة استراحة العاملين، وتدريب كل من المدراء والعاملين. وفيما يلي استعراض لأفكار تيلور الرئيسية والنشاطات التي تحتوي عليها:

جدول (١٠) مبادئ الإدارة العلمية عند تيلر

مبدأ تيلر	النشاط الإداري
1- ضع طريقة علمية لكل عمل وضع نمط معين لإنجازه.	1- اعمل دراسة الوقت والحركة لتحديد احسن طريقة لانجاز كل عمل.
2- استخدام الطريقة العلمية في اختيار العاملين الذين يمتلكون المهارات والقدرات المناسبة لكل عمل، وتدريبهم بطرق تتميز بالكفاءة العالية من أجل إنجاز المهام.	2- استخدم توصيف الاعمال لاختيار العاملين، ضع نظم تدريب رسمية، ضع مستويات عمل مثالية لكي يتم اتباعها.
3- ضمان التعاون من خلال الحوافز وتوفير البيئة التي تعزز النتائج المثالية بطريقة علمية.	3- ضع نظام الحوافز والمكافآت مثل نظام الدفع على أساس القطعة، ومكافأة الانتاجية، وتشجيع ظروف السلامة.
4- توزيع المسؤولية للإدارة والمسؤولية للعمل، وتشجيع العمل في المجموعة.	4- ترقية القياديين الذين يرشدون إلى العمل، وتوفير شعور بالمسؤولية من أجل النتائج بواسطة عمل الجماعة عن طريق تخطيط المهام ومساعدة العاملين لانجاز تلك النتائج.

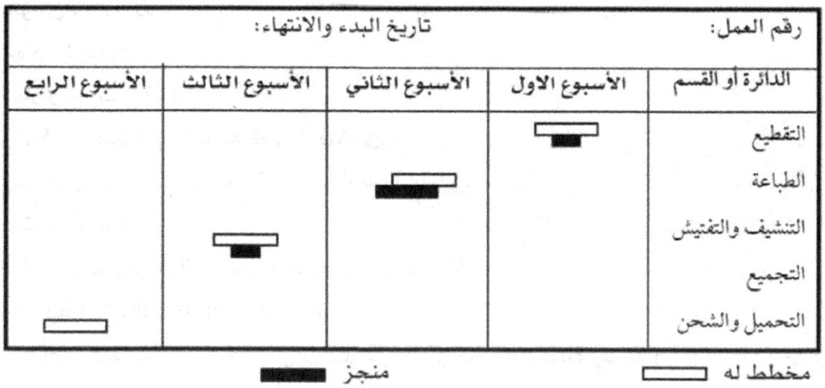

رقم العمل:
تاريخ البدء والانتهاء:
الدائرة أو القسم
الأسبوع الاول
الأسبوع الثاني
الأسبوع الثالث
الأسبوع الرابع
التقطيع
الطباعة
التنشيف والتفتيش
التجميع
التحميل والشحن
مخطط له
منجز

أما هنري جانت وهو مهندس صناعي فقد ركز على نظم الرقابة control systems و في جدولة الإنتاج في المصنع. إن خرائط جانت لا تزال شائعة في الوقت الحاضر وقد قام الباحثون بتكييفها للتطبيق في الجدولة المحوسبة فالخارطة عبارة عن جدول لتنسيق تدفق العمل coordinating the flow of work وهي تمثل تشخيص مراحل العمل وتواريخ بدء وانتهاء العمليات و تبين توزيع الوقت على العمليات المتتابعة والمتزامنة وتتابع التقدم وخط سير العمل والمهام في أزمنة متقطعة، وفيما يلي توضيح لتلك الخارطة :

جدول (١٩) خارطة جانت

وفي تقييم للنظرية العلمية نلاحظ بأن هناك مدخلا عاماً له مساهمات حقيقية في تطوير الفكر الإداري وممارساته ولكن لا تخلو النظرية من الانتقادات .

فمن صفات المدرسة العلمية (٧):

- طورت طرق نمطية لإنجاز العمل.
- اختارت العاملين الذين لهم القدرات اللازمة لكل عمل.
- دربت العاملين على الطرق النمطية .
- ساعدت العاملين من خلال تخطيط أعمالهم وتجنب التداخل.
- قدمت أجور تحفيزية إلى العاملين من أجل زيادة الإنتاج.

ومن مساهمات المدرسة العلمية:

- أبرزت أهمية التعويض مقابل الأداء.
- بادرت بدراسة المهام والوظائف.
- أبرزت أهمية اختيار وتدريب الأفراد.

أما الانتقادات التي يمكن توجيهها إلى المدرسة العلمية فتشمل:

- لم تعطي أهمية للمحتوى الاجتماعي للعمل والحاجات العليا للعاملين.
- لم تعترف بالفروقات بين الأفراد
- تميل إلى اعتبار العاملين متساوين في الإمكانات وتجاهلت أفكارهم واقتراحاتهم.

٢,١,٣ الإدارة البيروقراطية Bureaucratic management

يعني مصطلح البيروقراطية النموذج التنظيمي الذي يعتمد على مراكز محددة وسلطة رسمية وبيئة منظمة تحتوي على القواعد والإجراءات والسياسات الموثقة. لقد أصبح إدارة المنظمات التي تحتوي على آلاف الأشخاص في عشرات المواقع مستحيلاً دون استخدام نظام عقلاني rational system ويفضل معظم الناس وجود أهداف واضحة وسلطة متسلسلة وتعليمات رسمية. ويعتبر ماكس فيبر مؤسس نظرية البيروقراطية. فبالإضافة إلى المبادئ أعلاه فإن فيبر يعتقد بأن قرارات التوظيف يجب أن تستند على الجدارة merit لكي يرتقي الأشخاص الأكثر انتاجية ومهارة إلى المراكز العليا. إن حتمية البيروقراطية ومزاياها تستند على تحديد المراكز ملئها بالأفراد المؤهلين. وفيما يلي جدول بين الصفات والمتطلبات الرئيسية للنموذج المثالي للتنظيم البيروقراطي عند فيبر.

جدول (١٢) الصفات الرئيسية لنموذج البيروقراطية المثالية عند فيبر

الصفة	التفاصيل
- التخصص في العمل	- يجزء العمل إلى مهام روتينية ومحددة لكي يعرف أفراد التنظيم بما هو متوقع منهم وليكسبوا الكفاءة في جزيئات وظائفهم .
- القواعد والاجراءات الرسمية	- إن القواعد والاجراءات المكتوبة تحدد السلوك المرغوب من الأفراد وتسهل التنسيق وتضمن النمطية Uniformity
- الرسمية Impersonality	- تطبق القواعد والاجراءات والعقوبات بالتساوي بغض النظر عن شخصية الأفراد والاعتبارات الشخصية .
- هيراركية واضحة - الترقية معتمدة على الجدارة	- مراكز وظيفية في مستويات متعددة مع علاقات محددة بين هذه المستويات مما تسهل عمليات الأشراف التي تقوم بها المستويات العليا على المستويات الدنيا ولكي تساعد على ممارسة المسائلة عن التصرفات الوظيفية .
- الترقية معتمدة على الجدارة	- الاختبار والترقية المستندة على المؤهلات وأداء الموظفين .

(@) المصدر:

Kathryn Bartol and David Martin, Management, 2nd ed., New York, Mc Graw-Hill, Inc., .1994, P.44

ولا تزال المنظمات الكبيرة تعتمد على التنظيم الرسمي الذي يستند على البناء والسلطة التي يصدر منها تسلسل الأوامر وتعتمد على القواعد والإجراءات التي تتطلب اتباعها من قبل العاملين. فالمنظمات الكبيرة والمعقدة سواء كانت منظمات أعمال خاصة أو منظمات حكومية- لا تتمكن من الاستمرار في العمل دون التعليمات البيروقراطية(٨). وحتى الشركات التي تنادي بأسلوب الإدارة بالمشاركة participative management تحتاج إلى تطويع العاملين لقبول السلطة والالتزام بالنماذج السلوكية المرغوبة standards of behavior .

٣,١,٣ التنظيم الإداري administrative management

قد تكون هذه النظرية من أكثر النظريات الكلاسيكية تأثيراً على الإدارة، وهي تؤكد على المبادئ الإدارية من الناحية الوظيفية. إن مدخل نظرية التنظيم الإداري يشرح مسؤوليات ونشاطات المدير حسب مبادئ إدارية عامة في التخطيط والتنظيم والقيادة والرقابة. إن المساهمة المهمة لهذه النظرية هي تحديد الواجبات العامة أو وظائف المديرين ضمن إطار يحتوي على تعليمات واضحة أو مبادئ .

ويعتبر هنري فايول وهو مهندس فرنسي أصبح مديراً لأكبر شركة استخراج الفحم في فرنسا وكان الأول في زمانه ليقترح قائمة شاملة من مبادئ الإدارة التنفيذية Adminstrative management principles إن المبادئ التي وضعها فايول والبالغة أربعة عشر مبدأ لها تطبيقاتها العمومية Universal ونشرها في كتابه الإدارة العامة والصناعية General and industrial management في سنة ١٩١٦م وفيما يلي قائمة لهذه المبادئ وأبعادها:(٩)

١- تقسيم العمل : وينتج منه الكفاءة في الوظائف الإدارية والفنية، ولكن يوجد حدود لتقسيم العمل.

٢- السلطة : وتعني حق إصدار الأوامر والقوة للحصول على الطاعة، وتستمد من السلطة الرسمية للمكتب ومن السلطة المستندة على عوامل مثل الذكاء والخبرة. وتأتي المسؤولية مع السلطة.

٣- الانضباط Diseipline وهو ضروري لسير المنظمة وتعتمد حالة الانضباط على نوعية القيادة .

٤- وحدة الأوامر unity of command : استلام الأوامر من رئيس واحد.

٥- وحدة التوجيه unity of direction : تنظيم النشاطات الموجهة نحو هدف معين حيث تكون الخطة تحت إشراف شخص واحد.

٦- خضوع المصلحة الخاصة للمصلحة العامة: أي أن لا تسود المصلحة الخاصة لشخص أو مجموعة على أهداف ومصالح المنظمة.

٧- المكافآت remuneration أن تكون التعويضات عادلة للعاملين وللمالكين.

٨- المركزية : أن تعتمد المركزية واللامركزية على الحالة، وأن يكون الهدف هو الاستخدام الأمثل لإمكانات الأفراد.

٩- خط السلطة Scalar chain: سلسلة هرمية السلطة تمتد من أعلى إلى أسفل المنظمة وتحدد طريق الاتصالات وكذلك توجد الاتصالات الأفقية لتجهيز المديرين بالمعلومات.

١٠- النظام order: وضع المواد في أماكن يسهل متناولها، وبنفس الطريقة وحسب تطبيق مبادئ التنظيم والاختيار الجيدين يوضع الشخص المناسب في المكان المناسب.

١١- المساواة Equity: معاملة العاملين بلطف وعدالة.

١٢- الاستقرار الوظيفي Stability of tenure : وذلك لمنع تسريح العاملين.

١٣- المبادرة Initiative : تشجيع المديرين وتطوير مبادرات المرؤوسين.

١٤- الروح المعنوية Esprit de corps : ضرورة توفر الانسجام وروح الفريق في المنظمة لأن في الوحدة قوة.

وقد أبرز فايول وظيفة القيادة التي اكتسبت أهمية كبيرة في نهاية الخمسينات وبداية الستينات ١٩٥٥م-١٩٦٥م. وفي الثمانيات ١٩٨٠م اهتم العلماء والباحثون بوظيفة التخطيط، كما أصبحت وظيفة الرقابة مهمة عندما بدأ المديرون يدركون أهمية مواجهة المنافسة الدولية من خلال المنتجات والخدمات ذات الجودة العالية. والجدول التالي يعطي مقارنة بين صفات النظريات الإدارية الكلاسيكية (العملية والبيروقراطية، والتنظيمية):

جدول (١٣) مقارنة النظريات الكلاسيكية

	. النظرية العلمية[1] Scientific Management	. النظرية البيروقراطية[2] Bureaucratic Management	. النظرية الإدارية[1] Administratve Management
1	**الصفات** - التخصص تدريب على الروتين والقواعد - وجود أسلوب واحد صحيح . - حوافز مالية . - الكلفة الانتاجية	**الصفات** - القواعد - الرسمية Impersonality - تقسيم العمل - الهيراركية Hieratachy - هرمية السلطة Authority structure - الوظيفية الدائمة - العقلانية Rationality	**الصفات** - تحديد الوظائف الإدارية - تقسيم العمل - هيراركية : الهرم الوظيفي، التسلسل الاداري - سلطة - مساواة
2	**التركيز** - العامل	**التركيز** - المنظمة كلها	**التركيز** - المدير
3	**المزايا** - انتاجية - كفاءة	**المزايا** - استمرارية وثبات Consistency - كفاءة	**المزايا** - بنية واضحة - قواعد
4	**العيوب** - تتجاهل الحاجات الاجتماعية	**العيوب** - الجمود - البطء	**العيوب** - تتجاهل البيئة - المبالغة في التركيز على السلوك الاقتصادي العقلاني للمدير

٢,٣ المدخل السلوكي للإدارة The behavioral approach to management

وهو المدخل الذي يشرح كيف يستطيع المدراء من التأثير على الآخرين لإنجاز الأهداف التنظيمية من خلال العلاقات الإنسانية والدافعية. وقد ظهر المدخل السلوكي نتيجة بحوث علماء الاجتماع وعلم النفس وعلم الإنسان وكلهم حاولوا البحث عن طق لتحسين فاعلية المنظمة من خلال تعديل سلوك الفرد والجماعة modifying individual and group behavior ورافق الفكر السلوكي ثلاث فترات:(١) العشرينات من القرن العشرين وتسمى بحركة العلاقات الإنسانية Human Relations Movement (2) ما بعد الحرب العالمية الثانية والتي ركز العلماء خلالها على الحاجات الإنسانية والدافعية Human needs and motivation . (3) الفترة المعاصرة والتي تؤكد على الأفكار التكاملية integrative concepts التي تشبع حاجات العاملين Employee needs وتعمل على تحسين الإنتاجية Improving productivity .

في الفترة الأولى، يعتبر شستر برنارد Chester Barnard أحد الممارسين للإدارة لفترة طويلة وكان رئيساً لشركة تلفونات نيورجرسي بيل New Jersey Bell وقد قام بنشر كتاب له بعنوان وظائف المدير the functions of the executive في سنة ١٩٣٨م والذي نادى فيه إلى تدريب العاملين وتكوين الجماعات وإدارة العلاقات التوفيقية التي تنمي التعاون بين العاملين والمشرفين عليهم. ومن الأفكار البارزة التي يناقشها برنارد ويركز عليها: الدافعية، القيادة، والتغير التنظيمي. أما مرآي باركر فوليت Mary parker follett فهي أحد مؤسسي حركة العلاقات الإنسانية. وقد شعرت بأنه يجب على المدراء تحفيز العاملين لتنفيذ الأهداف التنظيمية برغبة عالية وليس فقط لطاعة الأوامر. وقد وضعت فوليت الأسس الدولية لدراسة ديناميكية الجماعة وإدارة النزاعات والتطورات السياسية في المنظمة.وأبدع العالم جورج التون مايو George Elton Mayo في بحوث حول السلوك في العمل حيث قام هو وفريق عمل من جامعة هارفارد بسلسلة من التجارب في شركة ويسترن اليكتريك Western Electric Company في مصنع هوثورن Hawthorne في ولاية الينوي Illinois وقد لاحظ مايو Mayo بأن عمال مصنع هوثورن لا يتأثرون بدرجات الإضاءة المختلفة أو بالأجور التحفيزية Incentive Pay لكن يتأثرون بعامل الاهتمام والتقدير attention and recognition (10). وبعد تجارب عديدة استنتج مايو بأن العلاقات الإنسانية الجيدة Improved human relations والمعارف الاجتماعية Soeial contacts والمكافآت السلوكية Behavioral rewards مثل التقدير Recognition مهمين من أجل تحفيز العاملين(١١) وقد بينت الدراسات هورثون بأن أكثر العاملين اندفاعاً كانوا هؤلاء الذين يعملون مع المدير الذي يمتلك المهارات الشخصية والاجتماعية interpersonal skills. فمنذ تلك الدراسات صار ينظر إلى المنظمات بأنها نظم اجتماعية مع وجود طراز pattern رسمي وغير رسمي للسلطة والاتصال مع ضرورة تشخيص المدراء للحاجات الفردية والجماعية

والتوفيق بين الاحتياجات الفنية **Technical** لغرض الإنتاجية والاحتياجات الإنسانية **Human needs** لغرض الرضا الوظيفي **job satisfaction**.

أما الفترة الثانية للبحوث السلوكية فتؤكد على الدافعية **motivation** ويعني مفهوم الدافعية بأنه " التغير السلوكي الناتج من التأثير الذي يغير من اداء الفرد"(١٢). وركزت البحوث على الاحتياجات الشخصية للعامل وكيف تؤثر هذه الحاجات على الأداء وساعدت هذه المساهمات لفهم سلوك الفرد في بيئات العمل، ويعتبر دوجلاس ماكرجر مسؤولين ومقتدرين ومبتكرين حسب نظرية Y وليس حب نظرية X.

وتشتمل افتراضات نظرية X ونظرية Y على الصفات التالية: (١٣)

إفتراضات نظرية X:

١- الفرد الاعتيادي لا يرغب في العمل ويتجنبه إذا تمكن من ذلك.

٢- يحتاج معظم الناس إلى الإجبار **coercion** والرقابة والتوجيه والتهديد بالعقاب من أجل دفعهم لتحقيق أهداف المنظمة.

٣- يرغب الفرد العادي بالتوجيه ويتجنب المسؤولية ولديه قليل من الطموح ويبحث عن الضمان **Security** قبل الأمور الأخرى.

افتراضات نظرية Y:

١- معظم الناس يرغبون في العمل ويبذلون الجهد الجسمي والعقلي تلقائياً كرغبتهم في اللعب والراحة.

٢- يمارس الفرد التوجيه الذاتي والرقابة الذاتية من أجل الوصول إلى الأهداف التي يلتزمون بإنجازها، وأن الرقابة الخارجية والتهديد بالعقاب لا تشكل الوسائل الوحيدة لتوجيه الجهود نحو الأهداف.

٣- يعتبر الالتزام بالأهداف وظيفة لنظام المكافآت التي تساعد على إشباع حاجات التقدير وتحقيق الذات.

٤- تحت الظروف الملائمة يميل الفرد العادي للبحث عن المسؤولية وليس فقط قبولها.

٥- يمارس أعداد كثيرة من الأفراد درجة عالية من الابتكارية والإبداع في حل المشاكل التنظيمية.

٦- استغلال الإمكانات الفكرية لتحسين وتطوير الأداء المنظمة.

ويمكن إيجاز صفات مدخل العلوم السلوكية كالتالي: (١٤)

١- المدخل العام :

- تطبيق علم الاجتماع في المحيط التنظيمي.
- تعتمد في البحث على الاقتصاد وعلم النفس وعلم الاجتماع.

٢- المساهمات

- ساعدت على تطوير فهمنا وتطبيقاتنا للعمليات التنظيمية مثل الدافعية، الاتصالات، القيادة، المجموعات.
- تعتبر الأفراد بشر وليس أدوات.

٣- الانتقادات :

- لأن الاستنتاجات كانت معقدة فإن التطبيق أصبح صعباً أو حتى خاطئ.
- تتناقض بعض المفاهيم مع المنطق لذلك يرفضها المدراء.

٣,٣ الأفكار التكاملية المعاصرة للسلوك التنظيمي

لقد أهملت النظريات الكلاسيكية بشكل عام الجانب الإنساني للمشروع. أما العلماء السلوكيين الذين جاؤوا بعد ماكرجر وماسلو فقد توسعوا في دمج الأفكار التي تؤكد على السلوك الإنساني مع الحاجات العملية لإدارة المنظمات ومنهم فيكتور فروم وليمان بورتر الذين أخذوا بأفكار مارجر وطبقوا أفكار حاجات ماسلو ثم درسوا كيف يستخدم المدراء الوسائل الفنية العلمية للوصول إلى النتائج.

فاقترحوا طرقاً لإجراء تغيير في المنظمات وحل النزاعات وإنجاز الأهداف من خلال تحفيز العاملين وتحسين ديناميكية الجماعة من أجل إنتاجية أكثر. فالفكرة الأساسية للتوحيد (أو الدمج) هو فهم السلوك الإنساني الذي يشكل المفتاح للإدارة الفاعلة. لقد ركزت المداخل التوحيدية على معدلات الإنتاجية وكيفية تحسين أداء المنظمات، وهذا شجع إلى إجراء البحوث في موضوعات مثل بناء الفريق Team building والتطوير التنظيمي وعمل الجماعة والعلاقة التبادلية بين التكنولوجيا والجهد الإنساني (١٥) Human endeavor

وسرعان ما اكتشف المدراء بان التغيير السريع في مجتمعاتنا يتطلب نظرة أوسع حول السلوك التنظيمي من نظرة مقيدة بمجموعات عمل أو منظمات منفردة. لقد أدى هذا إلى ظهور أفكار إدارية أوسع تحتوي على نظرية النظم System theory والإدارة الموقفية Contingency management . فالقرارات التي تصنع في مجموعة عمل معينة تؤثر على المجموعات الأخرى، والمنظمات يؤثر كل منها على الأخرى، والمجتمع ككل يكون مجموعة من المنظمات. فالنظرة الواسعة تغير كيف ينظر المدراء إلى مسؤولياتهم وكيف يصنعون القرارات. وهنا يحتاج المدراء إلى تبني مدخل المنظم.

يعني مدخل النظم بأن المنظمة تتكون من إدارات وأقسام ونشاطات متخصصة متداخلة ومترابطة في نظام كبير. ويقدم مدخل النظم إطار مرجعي للمدراء إلى مسؤولياتهم وكيف يصنعوا القرارات في بيئة متغيرة

دائمية. وعند صنع القرارات يجب الأخذ بنظر الاعتبار المنظمة ككل وكيف تنسجم مع مجتمع المنظمات الأخرى. ويمكن توضيح نظرة النظم في الرسمين التاليين:

شكل (١٣) وجهة نظر النظم في المنظمات

المدخلا/الموارد	القدرات الإدارية والفنية	المخرجات/النتائج
-البشرية	-التخطيط	-السلع والخدمات
-المادية	- التنظيم	- الأرباح والخسائر
-الأجهزة	-القيادة	-تطور العاملين ورضاهم
-المالية	- الرقابة	
-المعلومات	- التكنولوجيا	

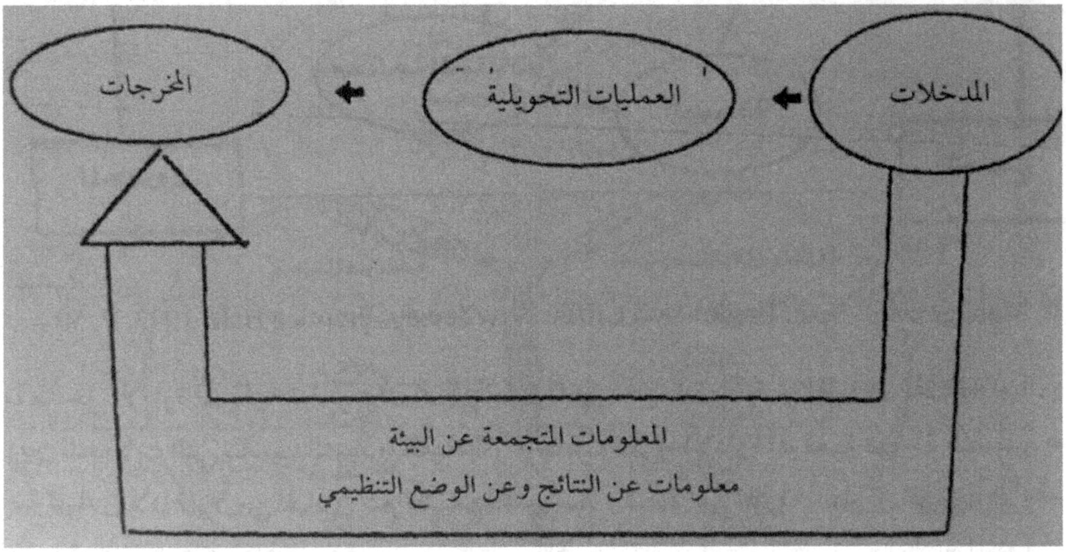

وفي توضيح آخر للنظرة الكلية نقدم التوضيح التالي:

شكل (14) نظرة عامة للنظم

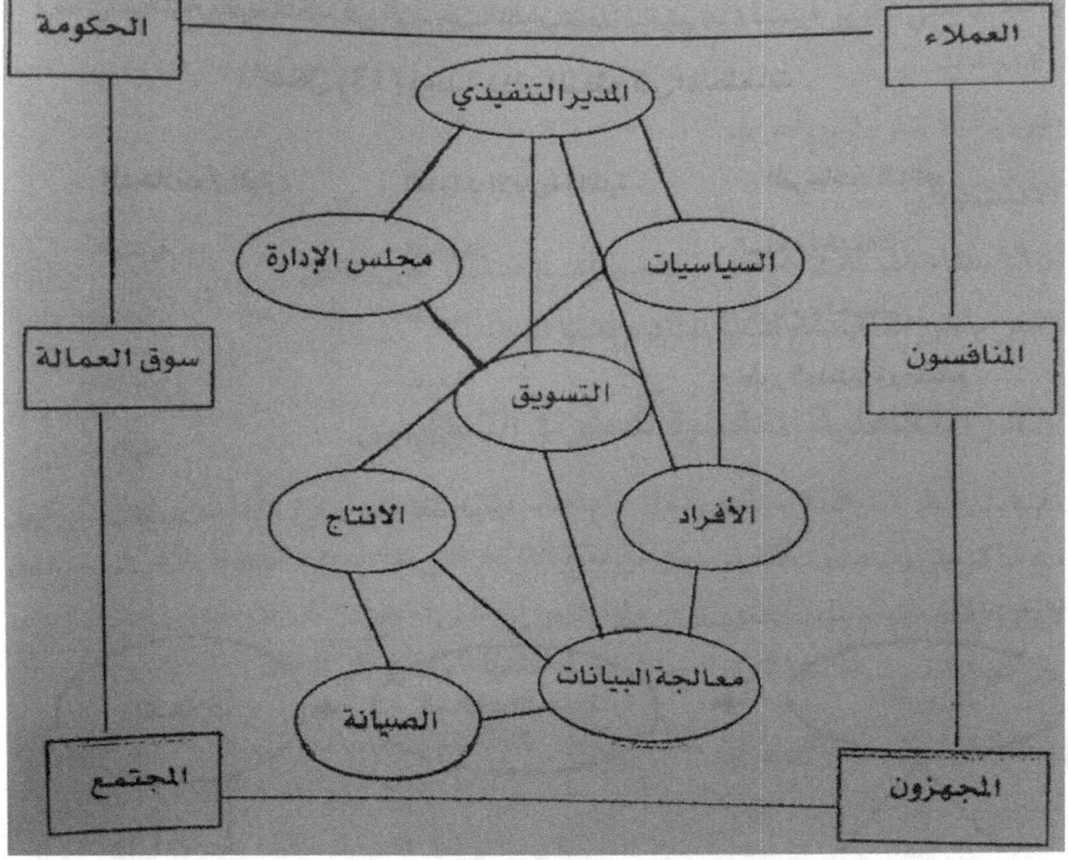

(@) المصدر:

David Holt, Management, 3ed., Englewood Cliffs: New Jersey, Prentice Hall, 1993, P. 50

.

أما مدخل الإدارة الموقفية فيقترح أن السلوك القيادي يجب أن يتكيف للظروف المختلفة أو ان يعين القادة الإداريين للحالات التي تناسب النماذج القيادية. وجاءت نظرية الإدارة الموقفية لمعالجة التقصير عند مدخل مدرسة المبادئ لأن قليلاً من المبادئ يتم تطبيقها عموماً فبدلاً من اقتراح الطريق الوحيد الأفضل للإدارة فإن المدخل الموقفي يعترف ضمناً بوجود عدد من الطرق الفاعلة للسلوك كمديرين وكل منهم يعتمد على حالات وبيئات عمل وتوثق البحوث عن الإدارة الموقفية بأن طرق الإدارة في حالة واحدة نادراً منا تنطبق على الحالات الأخرى(١٦). ومن الباحثين الأوائل في مجال الإدارة الموقفية العالم الإداري فريد فيدلر الذي يفيد بأن على المدير تشخيص ردود الأفعال لمشاكل محددة في حالات معينة وأن أي مشكلة وحلها أو ردود فعلها يكون فريداً لمشاكل محددة في حالات معينة وأن أي مشكلة وحلها أو ردود فعلها يكون فريداً في كل مـــوقف (١٧). ويفيد المتخصص في السلوك التنظيمي والنظرية التنظيمية(فريد لوثانس) Fred Luthans بوجود أربع مواقف Four contingencies التي جيب التعامل معها من قبل المديرين (١٨):

(١) مطابقة البناء التنظيم Organizations structure للسلطة الإدارية Management authority مع بيئتها Enviornment .

(٢) ملاءمة البناء التنظيمي للسلطة الإدارية لنظام التكنولوجيا System of technology.

(٣) مطابق النظم الفردية (الجزئية) مثل الأقسام وجماعات العمل لبيئاتهم الخاصة، وكذلك تطابق السلطة الإدارية مع الحاجات التكنولوجية Tehnical requirements لتلك النظم الفرعية Subsystems .

(٤) ملاءمة السلوك القيادي للمدراء في المنظمة مع الأنظمة الفرعية وملاءمة ذلك للمطالب الموقفية Situational demands .

وفي الرسم التالي نوضح التغير التاريخي التدريجي من النظريات الكلاسيكية والسلوكية والنظم إلى النظرية الموقفية:

شكل (15) اندماج النظريات الإدارية

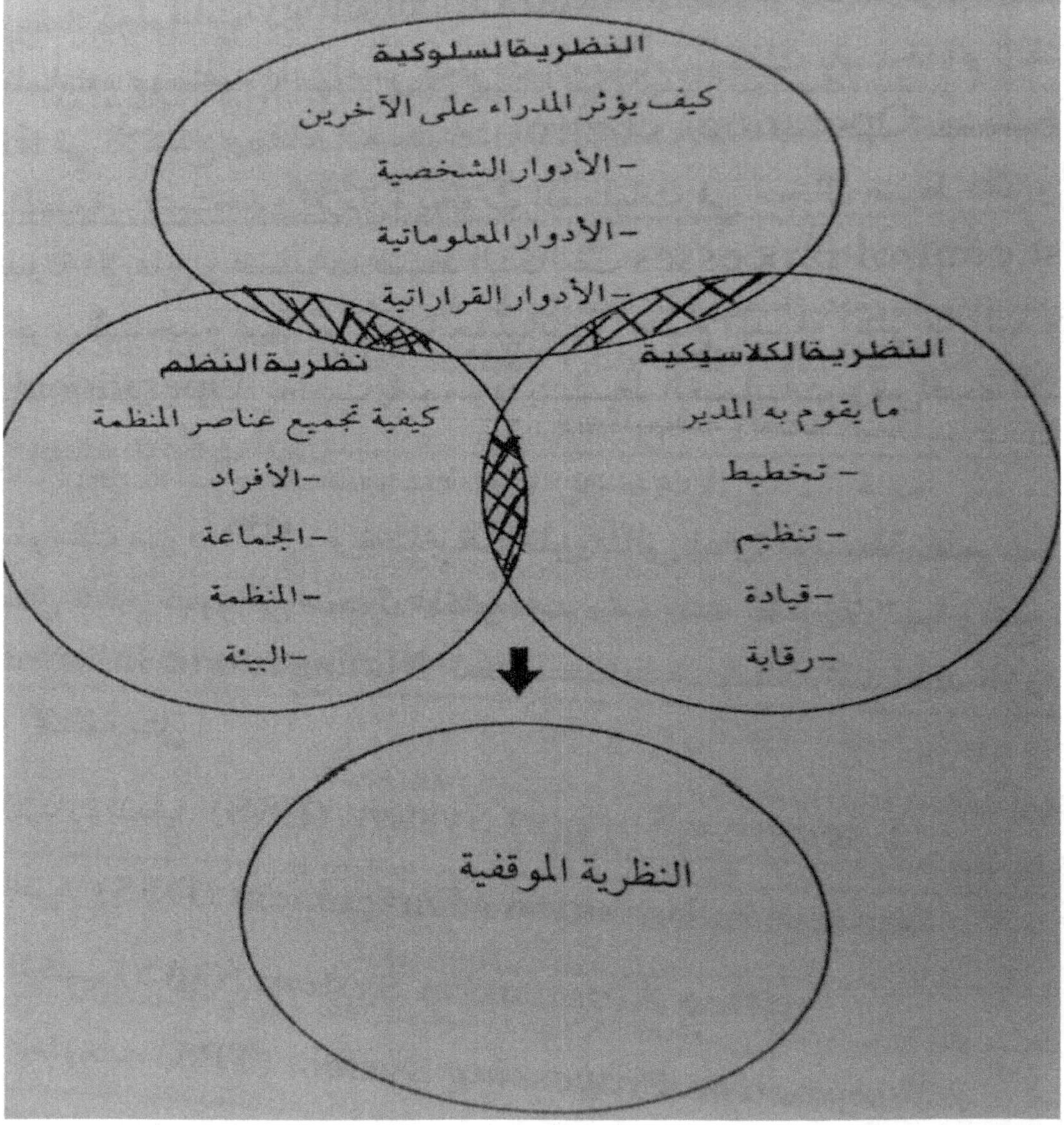

٤,٣ المدرسة الكمية للإدارة Quantitative Management

إن الاتجاه نحو مجتمع المعلومات information society قد أدت إلى تغيرات مهمة في تقنيات Techniques الإدارة الكمية. ويعتمد هذا المدخل على نظرية القرار واستخدام التقنيات والدراسات الإحصائية والتحليلات الرقمية للمشاكل التنظيمية وبناء النماذج الرياضية لتحسين القرارات الإدارية Management decisions والعمليات التنظيمية Organizations processes ومن أحد الحقول المتخصصة في مجال الإدارة الكمية ما يسمى ب (علم الإدارة) management science الذي تختلف عن " الإدارة العلمية" للعالم الإداري فردريك تيلور Fredrick Taylor ويطلق عليها عنوان بديل لها هو المدرسة الكمية أو بحوث العمليات المستهلكين في الحصول على بضاعة أو خدمة معينة وتبني على أساس تلك المعلومات نموذجاً للاحتمالات الكمية الطلب على تلك البضاعة أو الخدمة، وتستند إليها في تحديد كمية الإنتاج أو العرض لتلك البضاعة أو الخدمة. إن هذه التقديرات الاحتمالية سوف تحدد قرارات التوظيف وعدد مكاتب المبيعات وكمية العقود مع المجهزين للمواد الأولية وهكذا. وقد ساعد هذا المدخل المدراء للتركيز على استعمال تكنولوجيا المعلومات information technology والكمبيوتر وبذلك تحسنت جودة العمل والإنتاجية في المنظمات. ويستفيد المدراء من بحوث العمليات وذلك باستخدام التقنيات الكمية Quantitative techniques في الإنتاج ورقابة العمليات Operations control مستخدمين النماذج التحليلية لتحسين نشاطات المنظمة. فتستخدم الإدارة بحوث العمليات في مجال ضبط المخزون وإجراءات مناولة المواد ونظم الشراء وجدولة الإنتاج وعمليات ضبط التكاليف Cost control processes . وفي الواقع توجد مجالات عديدة أخرى تستخدم فيها بحوث العمليات وأصبح المدراء أكثر فاعلية وإلماما بالفاعلية التشغيلية Operational effectiveness بحيث يقومون بتنشيط العمليات ومراقبة النتائج وتخفيض الأخطاء بصورة أكثر فاعلية وصنع قرارات أفضل.

و أصبحت المعلومات مورداً (٢٠)، ويحتاج هذا المورد إلى إدارة بواسطة نظم مساندة متعددة. وفي خلال العقد الماضي حصل تقدم كبير في مجال المعلومات وتنوعت نظم إدارتها ونتج عن إدارة نظم المعلومات Management Information Systems تخصصات متعددة تساعد الإدارة على صنع قرارها في المستويات الإدارية المختلفة مثل:

- نظام إسناد الإدارة العليا Executive Support System (ESS)
- نظام إسناد القرار Management (DSS) information system
- نظام ميكنة المكتب office Automation System (OAS)
- نظام انتقال المعلومات Transaction Processing System (TPS)

ومن وجهة نظر الإدارة فإن التكامل السريع Integration لنظم المعلومات نتج عنه تغيرات عديدة في المنظمات. إن جميع نظم المعلومات تحتوي على أدوات الكمبيوتر المعدينة Hardware والبرمجيات Software والبيانات Data والعمليات Processes والأفراد Human beings. أما العناصر غير البشرية في هذه النظم فقد تغيرت وتطورت بصورة مذهلة مع التقدم الذي حصل في مجال الإلكترونيات وتكنولوجيا الشبكات Network technology والابتكارات في البرمجيات. ويحتم هذا التطور حصول تغيير في الإنسان لكي يتمكن استعمال النظم الحديثة، وهذا يستدعي الإلمام باستخدام الكمبيوتر والخدمات التي يقدمها في العمليات الإدارة اليومية. كذلك يستدعي هذا التطور حتمية التكيف لعلاقات جديدة بين عناصر المنظمة تملية تقنية النظم. فأصبحت المعلومات والتقارير تظهر على شاشات الكمبيوتر في جميع أنحاء العالم بحيث يطلع عليها المدراء في المركز والفروع في نفس الوقت مما يؤثر على علاقات المدراء مع بعض وكيفية تحكمهم بتنظيم وضبط الموارد. كذلك يؤثر استخدام تكنولوجيا المعلومات على العلاقات الإنسانية والاتصالات. إن نظم المعلومات تعطينا معلومات كافية ودقيقة لأعضاء التنظيم في جميع المستويات في الوقت والطريقة المناسبة.

وفي مقارنة موجزة لمساهمات المدارس الإدارية الحديثة يمكن اختصارها في الجدول التالي :

جدول (١٤) المساهمات الإبتكارية للمدارس الإدارية الرئيسية

المدرسة الإدارية	المساهمات الابتكارية
الكلاسيكية	- أبرزت الحاجة إلى المدخل العلمي للإدارة . - أكدت على أن طرق العمل يمكن تحسينها عن طريق دراستها . - وضعت عدداً من المبادئ المفيدة لإدارة المنظمات بكفاءة . - أكدت على أهمية المكافأة كدافع للعمل .
السلوكية	- تؤكد على أهمية العوامل الإدارية مثل الاتصالات وديناميكية الجماعة والدفاعية والقيادة . - عرّفت وبينت التطبيقات العملية للدراسات السلوكية . - تأخذ من بقية العلوم مثل علم النفس وعلم الاجتماع وعلم الاجناس الاقتصاد . - إبراز أهمية أفراد المنظمة كموارد بشرية نشطة Active بدلاً من كونها زدوات خاملة Passive .
الكمية	- تقدم وسائل كمية تساعد في صنع القرار . - تطور أدوات كمية تساعد على انتاج السلع والخدمات . - تبتكر نظم معلومات محوسبة تخدم الإدارة .
المعاصرة (نظريات النظم والموقفية)	- تؤكد بأن المنظمة عبارة عن أجزاء مترابطة ومتكاملة . - تبين أهمية البيئة والمعلومات المسترجعة لنجاح المنظمة . - توضح بأنه لا يوجد طريق واحد للإدارة وتشخيص الظروف أو الاحتمالات التي تؤدي إلى اختيار مدخل فريد وفاعل بل تعتمد على المواقف المعينة .

(٤)الاتجاهات المعاصرة للإدارة

لقد قدم المؤلف ويليام أوشي في كتابه نظرية Z(21) والتي تشير إلى طريقة الإدارة اليابانية في صنع القرار بإجماع الآراء Consensus decision making واستخدم مراكز الجودة Quality circles ومشاركة العاملين في تطوير الإنتاجية Employee participation to enhance productivity .

وتدور نظرية أوشي حول مقارنة الإدارة في المنظمات اليابانية مع الإدارة في المنظمات الأمريكية وفي الجدول التالي نبين الصفات المهمة للأساليب الإدارية المطبقة في اليابان وأمريكا ونظرية Z المعدلة :

جدول (٣٦) صفات نظرية Z للإدارة والمشتقة من نظرية Y الأمريكية ونظرية J اليابانية(@)

نموذج الامريكية (A)	الامريكيةZنظرية المعداة(A+J)	نظرية اليابانية (J)
1- توظيف قصير المدى.	1- توظيف طويل المدى.	1- توظيف مدى الحياة.
2- صنع قرار فردي.	2- صنع قرار بالاجماع.	2- صنع قرار بالاجماع.
3- مسؤولية فردية.	3- مسؤولية فردية.	3- مسؤولية جماعية.
4- تقييم وترقية سريعة.	4- تقييم وترقية بطيئة.	4- تقييم وترقية بطيئة.
5- رقابة رسمية وواضحة.	5- رقابة ضمنية وغير رسمية مع معايير واضحة ورسمية.	5- رقابة ضمنية وغير رسمية.
6- مسار وظيفي متخصص .	6- مسار وظيفي متخصص إلى حد ما .	6- مسار وظيفي غير متخصص .
7- اهتمام جزئي وتركيز على الفرد.	7- اهتمام جماعي يشمل العائلة.	7- اهتمام جماعي.

ويواجه المديرون في الوقت الحاضر بيئة يتسارع فيها التغيير بصورة كبيرة. ولم يعد عالم المنظمات التي وجدت في زمن تيلر وفايول وفيبر وماسلو يواجه نفس الظروف التي تمر بها المنظمات في الوقت الحاضر.

فالإبداعات التي تحصل في مجالات الكمبيوتر ونظم الاتصالات وعولمة الإنتاج واسواق المال قد تسبب بحدوث عالم تسوده الفوضى. ونتيجة للأوضاع وعولمة الإنتاج وأسواق المال قد تسبب حدوث عالم تسوده الفوضى. ونتيجة للأوضاع المستجدة لم تعد المبادئ والتعليمات الإدارية في الماضي والتي كانت صالحة لعالم مستقر وظروف قابلة للتنبؤ لم تعد تلك المبادئ والتعليمات صالحة للاستخدام في الوقت الحاضر.

فالمنظمات الناجحة في القرن الواحد والعشرين تكون مرنة ولديها القابلية للتعلم والاستجابة السريعة ويقودها مدراء يستطيعون استخدام الطرق غير التقليدية والانتفاع من قاعدة المعلومات في المنظمة وتشريع تغيرات كبيرة بفاعلية.

وتعني المنظمة المتعلمة ويوجد اليوم ما يسمى بالمنظمات المتكيفة والمتعلمة تلك التي طورت طاقتها للتكيف المستمر والإبداع يتطلب من المنظمات إعادة اكتشاف نفسها وقد يواجه المدراء إعادة بناء منظماتهم عن طريق تقليل المستويات الإدارية العمودية وإعادة تصميم الوظائف في فرق عمل وإعادة هندسة العمليات Reengineering processes ويتوقع من إعادة هندسة العمليات تحسين الإنتاجية والأداء المالي (٢٢). وتشير عملية إعادة الهندسة إلى إعادة التصميم الجذري لجميع أو جزء من النشاطات في المنظمة حيث تثار التساؤلات عن المداخل التقليدية وعن تصميم البناء والعمليات Structure and processes في المنظمة واقتراح إجراء إعادة البناء ابتداءً من نقطة الصفر. وينتج عن هذا المدخل وإجراءاته أن يتحول المدراء من رؤساء متسلطين إلى قادة فرق يقومون بالإصغاء والتحفيز والتدريب بدلاً من إعطاء الأوامر للمرؤوسين.

وهناك مدخل إدارة الجودة الكلية (TQM) وهو فلسفة إدارية تستند إلى حاجات العملاء وتوقعاتهم وتركز على التطوير المستمر في عمليات النشاط(٢٣).

وتركز إدارة الجودة الشاملة على عدد من الاستراتيجيات يمكن إيجازها بما يلي:

(أ) التركيز العالي على العميل

(ب) الاهتمام بالتحسين المستمر

(ت) تحسين جودة كل شيء تمارسه المنظمة

(ث) وضع مقاييس دقيقة وذلك باستخدام الوسائل الإحصائية لقياس جميع المتغيرات المهمة في عمليات المنظمة ومقارنتها بالمعدلات المطلوبة وتشخيص المشاكل واكتشاف جذورها وإزالة أسبابها.

(ج) تمكين العاملين Empowerment of employees وذلك بإشراك العاملين في خط الإنتاج في عملية التطوير والتحسين. وتستخدم فرق العمل في برامج إدارة الجودة الكلية كآلية لتمكين العاملين من العثور على المشكلة ومعالجتها.

وقامت عدد من الشركات الكبرى بإعادة النظر في بناءها التنظيمي من أجل تقليص عدد من العاملين فيها وتخفيض الكلفة واستمرت هذه العمليات خلال الثمانينات والتسعينات ويطلق عليها تفكيك الهيراركية (٢٤) Dismantling the hierarchy وفي بعض الأحيان تسمى بعملية تحجيم البيروقراطية أو إعادة اكتشاف البيروقراطية Reinventing bureaucracy أو إعادة بناء restructuring أو إعادة هندسة Reengineering . وقد قامت الشركات الكبرى بجني الثمار من خلال إعادة النظر في بناءها التنظيمي وترشيق حجمها Downsizing وتقليل مستوياتها من أجل تحقيق مزايا مثل تخفيض الكلفة وتحسين الكفاءة والمنافسة وزيادة مشاركة العاملين وزيادة المرونة والتركيز على النشاطات التي يجيدونها.

هوامش الفصل الثالث

١- David Rosenbloom, public administration: understanding management politics, and law in the public sector, 3rd ed., new york, Mc Graw- Hill, Inc.1993,pp.39-40.

٢- ابراهيم زيد الكيلاني، همام سعيد، صالح هندي، دراسات ف الفكر العربي الإسلامي، عمان- الأردن، مطابع الشركة الجديدة للطباعة والتجليد، ١٩٨٩، ص٢٧٧.

٣- المصدر السابق، ص ٢٧٨.

٤- يوسف القرضاوي: الحلال والحرام في الإسلام، بيروت، المكتب الإسلامي، ١٩٩٤،ص٢٣٤.

٥- لمزيد من التفاصيل عن الإدارة في الإسلام انظر المراجع التالية:

- أبو الحسن علي بن محمد الماوردي، الأحكام السلطانية والولايات الدينية، مصر، المكتبة المحمودية التجارية، بدون تاريخ نشر.

- قوانين الوزارة وسياسة الملك، بيروت، دار الطليعة للطباعة والنشر،١٩٧٩م.

- مينر العلجلاني، عبقرية الإسلام في أصول الحكم، بيروت، دار النفائس،١٩٨٥م.

- ظافر القاسمي، نظام الحكم في الشريعة والتاريخ الإسلامي، بيروت، دار النفائس،١٩٨٥م.

- عبد العزيز الدوري، تاريخ العراق الاقتصادي في القرن الرابع الهجري، بيروت، دار الشرق،١٩٧٤م.

- حسن باشا، دراسات في الحضارة الإسلامية، القاهرة، النهضة العربية،١٩٧٥م.

- محمد عبد الـلـه الشباني، نظام الحكم والإدارة في الدولة الإسلامية منذ صدر الإسلام إلى سقوط الدولة العباسية، الرياض، دار عالم الكتب، ١٩٨٥م.

- خير الـلـه طلفاح، أبو بكر: الصديق الأول وصاحب الرفقة في الغار، بغداد، دار الحرية، ١٩٨٢م.

- عبد العزيز إبراهيم العمري، الولاية على البلدان في عصر الخلفاء الراشدين، الجزء الأول، الرياض، مطبعة جامعة الإمام محمد بن سعود الإسلامية، ١٤٠٩هـ.

- فاضل عباس الحسب، الماوردي في نظرية الإدارة الإسلامية العامة، املنظمة العربية للعلوم الإدارية، عمان ١٩٨٤م.

- أحمد ماهر البقري، القيادة وفعاليتها في ضوء الإسلام، الإسكندرية، المكتب الجامعي الحديث،١٩٨٤م.

- عبد المتعال محمد الجبري، نظم الحكم ف الإسلام، القاهرة، مكتبة وهبة،١٩٨٤م.

- سيد جعفر شهيدي، نهج البلاغة، طهران، جاب سوم، شركة سهامي عام ١٣٧١هـ(١٩٥٠)م.

- سيد جعفر شهيدي، نهج البلاغة، طهران، جاب سوم، شركة سهامي عام ١٣٧١هـ (١٩٥٠)م، ص ص ٣٢٥-٣٤١.

6 -Richard daft, management,2nd ed., new york, the Dryden press, 1991.p.39.

7 -David holt, management principles and practices, 3rd ed., Englewood cliffs: new fersey, 1993.p.41.

8 -Kathryn bartol and david martin, management, 2nd ed., new york, Mc graw- Hill. Inc., 1994.p.46.

9 -Holt, Op.Cit.,p.43.

10 -Ibid.,p.44.

11 -Ibid.

12 -Batrol and Martin, Op.Cit.,p.52.

13 -Daft, op.cit.46.

14 -Holt, op.cit.p46.

15 Ibid.,p.51.

16 -Ibid.,p.53.

17 -Ibid.

18 -Samuel certo and Paul peter, strategic management: a focus process new york mc Graw-hill.1990.pp.231-52.

19 -See:

-charles savage, fifth generation management burlingtion mass digital press 1990.

4

الفصل الرابع

البيئة والإدارة
The environment and management

1- البيئة الداخلية
2- البيئة الخاصة
3- البيئة العامة
4- البيئة الدولية
5- البيئة والإدارة

البيئة والإدارة

تعتمد المنظمات على البيئات التي تعمل فيها كمصدر لمدخلاتها من الموارد الطبيعية و البشرية وكمستهلك لمخرجاتها من السلع والخدمات. وتضع العوامل البيئية قيوداً على الخيارات المطروحة أمام المديرين. ويمكن تعريف البيئة بأنها" القوى أو المؤسسات التي توجد خارج المنظمة وتؤثر على أداء المنظمة"(1)

ويمكن تقسيم البيئة التي تؤثر وتتأثر بالمنظمات إلى أربعة أنواع رئيسية:

1) البيئة الداخلية internal environment

2) البيئة الخاصة specific task environment

3) البيئة العامة General environment

4) البيئة الدولية global (international) environment

وتعتبر البيئة مهمة بالنسبة للمديرين لأن ليس كل البيئات متشابهة بل يختلفوا بالنسبة لدرجة الاستقرار أو التقلب الذي تتمتع به تلك البيئات. فإذا كانت مكونات بيئة المنظمة كثيرة التقلب نطلق عليها البيئة الديناميكية. وإذا كان التغيير نادراً نسميها البيئة الثابتة أو المستقرة. فالبيئة المستقرة لا يوجد فيها منافسون ولا استخدام تكنولوجيا جديدة من قبل المنافسون في الإنتاج ولا ينشط جماعات الضغط بالتأثير على المنظمة. أما البيئة المركبة Complex environment فتشير إلى مقدار وحجم مكونات بيئة المنظمة والمعرفة التي تتوفر عن تلك المكونات. وينتج عن العلاقة بين درجة التغيير ودرجة التعقيد في بيئة المنظمة والمعرفة التي تتوفر عن تلك المكونات. وينتج عن العلاقة بين درجة التغيير ودرجة التعقيد في بيئة المنظمة أربعة نماذج هي:

1) البيئة المستقرة البسيطة

2) البيئة الديناميكية البسيطة

3) البيئة المستقرة المعقدة

4) البيئة الديناميكية المعقدة

والجدول التالي يبين العلاقة بين درجة التغيير ودرجة التعقيد (التخصص والتركيب) Complexity في المنظمة:

جدول (16) درجات الاستقرار والتعقيد في البيئة(@)

درجة التعقيد		درجة التغيير: البيئة مستقرة	البيئة غير مستقرة (ديناميكية)
	البيئة بسيطة	**(1) بسيطة مستقرة** - بيئة معروفة ومستقرة - مكونات محدودة - لا تحتاج إلى معلومات معقدة مثال: مطاعم الوجبات السريعة	**(2) بسيطة ديناميكية** - بيئة متقلبة وغير مؤكدة - مكونات بيئية محدودة. - حاجة إلى معلومات محددة مثال: شركة المشروبات الغازية
	البيئة معقدة	**(3) معقدة مستقرة** - بيئة مستقرة ومعروفة - مكونات كثيرة للبيئة - مكونات غير متشابهة لدرجة بسيطة - حاجة إلى معلومات كثيرة ومتخصصة **مثال**: شركات المنتجات الغذائية، جامعات، مستشفيات، الدوائر الحكومية.	**(4) معقدة ديناميكية** - بيئة متقلبة وغير معروفة - متغيرات بيئية كثيرة - مكونات غير متشابهة ومتغيرة دائماً. - الحاجة إلى معلومات كثيرة ومتخصصة. **مثال**: شركات الطيران التجارية، شركات التلفونات، المحلات التجارية الكبيرة، وكالة الفضاء الأمريكية.

(❖) المصدر:

. Kathryn Bartol and David Martin, Management, 2nd ed., New York, Mc Graw Hill, Inc., 1994. P. 83

(1) البيئة الداخلية (بيئة المنظمة) Corporate Culture) Internal Environment)

وتتمثل بالبيئة داخل حدود المنظمة وتؤثر مباشرة على العمليات اليومية في المنظمة(2) وتشتمل على العاملين والموظفين وتكنولوجيا الإنتاج والبناء التنظيمي والتسهيلات الطبيعية Physical facilities والثقافة المؤسسية والعلاقات الوظيفية وظروف العمل السائدة داخل المنظمة.

(2) البيئة الخاصة (Specific environment (Task environment

تواجه المنظمات المختلفة بيئات خاصة متنوعة، وأن معظم تلك المنظمات تواجه ضغوطاً تفرضها البيئات التي تعمل فيها العملاء والمجهزون والمنافسون والحكومة وجماعات المصالح. وفيما يلي تفصيل لكل من هذه القوى(3):

أ- العملاء: توجد المنظمات لإشباع حاجات العملاء. فالعميل هو الذي يستهلك ما تنتجه المنظمة من سلع وخدمات. ويشكل العملاء حالة من عدم التأكد بالنسبة للمنظمة من حيث التقلبات التي تحصل لأذواقهم أو مدى رضاهم عن السلعة أو نوع الخدمة التي تقدمها المنظمة لهم.

ب- المجهزون : وهم الجهات التي تجهز المنظمة بالمواد والأجهزة والمعدات والمال والعمال. وتحتاج المنظمة إلى مساهمين وبنوك وشركات تأمين وصناديق تقاعد وغيرها من المؤسسات لضمان التدفق المستمر لرأس المال. ويحتاج المديرون تأمين الحصول على المدخلات باستمرار وبأقل الأسعار. ولأن هذه المدخلات غير ثابتة(من حيث توفرها أو وصولها إلى المنظمة أو كلفتها) لذلك تؤثر على فاعلية المنظمة. إن هذه الظروف تجعل من الضروري أ يتوفر في المنظمات إدارات الشراء والتمويل والموارد البشرية لتأمين حاجات المنظمة من مكائن وأجهزة ورأس مال وغيرها من المدخلات من أجل استمرار المنظمة في العمل.

جـ- المنافسون : معظم المنظمات تواجه منافسة سواء كانت صغيرة أم كبيرة، ولا يستطيع المديرون من تجاهل المنافسة من حيث الأسعار أو نوعية الخدمات التي يقدمها أو السلع الجديدة التي تطورها المنظمات الأخرى وهذا يستدعي مبادرة المدير للقيام بمراقبة البيئة والاستعداد للاستجابة للظروف التي تستجد فيها حتى لا تفاجأ المنظمة وتصبح في موقف ضعيف.

د. جماعات الضغط: يمارس أصحاب المصالح ضغوطاً على المنظمات مما يؤثر على أعمالها. ومن الأمثلة على جماعات الضغط جمعية حماية المستهلك وجماعات البيئة وأولياء أمور الطلبة وغيرهم من الذين يهددون مدراء المنظمات بالمقاطعة والملاحقة القانونية مما يضطر المديرون إلى إجراء بعض التغييرات في سياسات المنظمة نتيجة لتلك الضغوط.

هـ- الحكومة: تستطيع الحكومة من تحديد ما تستطيع المنظمات عمله أو عدم عمله عن طريق التشريعات والقوانين والأنظمة. وتنفق المنظمات وقتاً وأموالاً طائلة لاتباع التعليمات الحكومية. وتساعد هذه التعليمات الحكومية على تقييد المديرين في الخيارات المتوفرة لديهم في المنظمة وتقوم بتقريب أساليب سلوكهم مثل عدم التفرقة في التوظيف على أساس الجنس أو العنصر أو اللون، وكذلك الابتعاد عن الفصل القسري للعمال أو الموظفين، بالإضافة إلى مسؤوليات أخلاقية واجتماعية تعمل بمنطق الأعراف والمثل السائدة في المجتمع.

(3) البيئة العامة General Enviornment

تمثل البيئة العامة المجالات الخارجية والمحيطة بالبيئة الخاصة أو الداخلية كما يوضحه الشكل في الصفحة التالية. وهذه القوى التي تشكل البيئة العامة تؤثر على المنظمة بمرور الزمن ولكن غالباً ما يكون تأثيرها على العمليات اليومية محدوداً وتشتمل مكوناتها على العوامل التكنولوجية والاجتماعية والثقافية والاقتصادية والقانونية والسياسية والدولية. وفيما يلي شرح لهذه القوى.

أ- الأبعاد التكنولوجية Technological Dimension: وتشمل التقدم العلمي والتكنولوجي الذي يحصل في صناعة معينة أو في المجتمع ككل. وفي الوقت المعاصر نشاهد أنه قد طرأ تقدم كبير في مجال الكمبيوتر وتكنولوجيا المعلومات نتج عنه تغييرات كبيرة في وسائل الإنتاج وأداء المكاتب مثل المكتب الآلي Automated offices والرجل الآلي Robotics وتشغيل الآلات عن بعد Computer- controlled machines وغير ذلك من الصناعات الإلكترونية. كل هذه التطورات تستدعي تغيير قواعد اللعبة وتتطلب من المنظمة أن تستعد للتكيف للظروف الجديدة التي تظهر في البيئة المحيطة.

ب- الظروف الاقتصادية: وتمثل الظروف الاقتصادية السائدة في المجتمع الذي تعمل فيه المنظمة وتشمل أموراً مثل القوة الشرائية للمستهلك، معدل البطالة، معدلات الفائدة والتضخم، دورة الأعمال العامة وغيرها من العوامل التي تؤثر على ممارسات المدير في منظمته.

ج- الظروف الاجتماعية والثقافية: يتكيف المديرون في سلوكهم الإداري للتغيرات التي تحصل في توقعات أفراد المجتمع. فالمديرون يتغيرون في ممارساتهم كلما تغيرت القيم والعادات والأذواق وهذه التغيرات تؤثر على السلع والخدمات التي يقدمونها والسياسات الداخلية التي يعملون بها.

د- الظروف السياسية: وتشمل ظروف الاستقرار في البلد الذي تعمل فيه المنظمة وآراء السياسيون ورجال الحكومة نحو قطاع الأعمال. وتوجد على الساحة الدولية بلدان مستقرة وأخرى غير مستقرة تسودها المشاكل السياسية والاضطرابات. لذلك يتوجب على المدير أن يلم ويتنبأ بالتغيرات السياسية الرئيسية التي يمكن أن تهز البلدان التي تتعامل معها منظمته وما تتحمله من آثار سلبية مثل تخفيض قيمة العملة المحلية وإفلاس الحكومة المحلية في ذلك البلد وإجراءات قسرية أخرى مثل تأمين الشركات الأجنبية أو حتى مصادرة أملاك الأجانب

هـ- الأبعاد القانونية: وتشمل الأنظمة والتعليمات الحكومية على جميع المستويات المركزية والمحلية التي تتحكم وتؤثر على تصرفات المنظمة مثل قوانين الصحة والسلامة وقوانين حماية المستهلك وحماية البيئة وعدم التمييز في التوظيف وقوانين قيود التصدير والاستيراد والجمارك وقوانين سلامة السلعة ووضع المعلومات الأساسية عن تكوين السلعة وتاريخ الإنتاج وصلاحية الاستعمال وغيرها من التعليمات والأنظمة التي يجب أن تتبعها المنظمات.

وفي الشكل التالي نوضح العلاقة بين البيئات الداخلية والخاصة والخارجية والدولية التي تعمل فيها المنظمات:

شكل (16) البيئة الخارجية والبيئة الداخلية للمنظمة

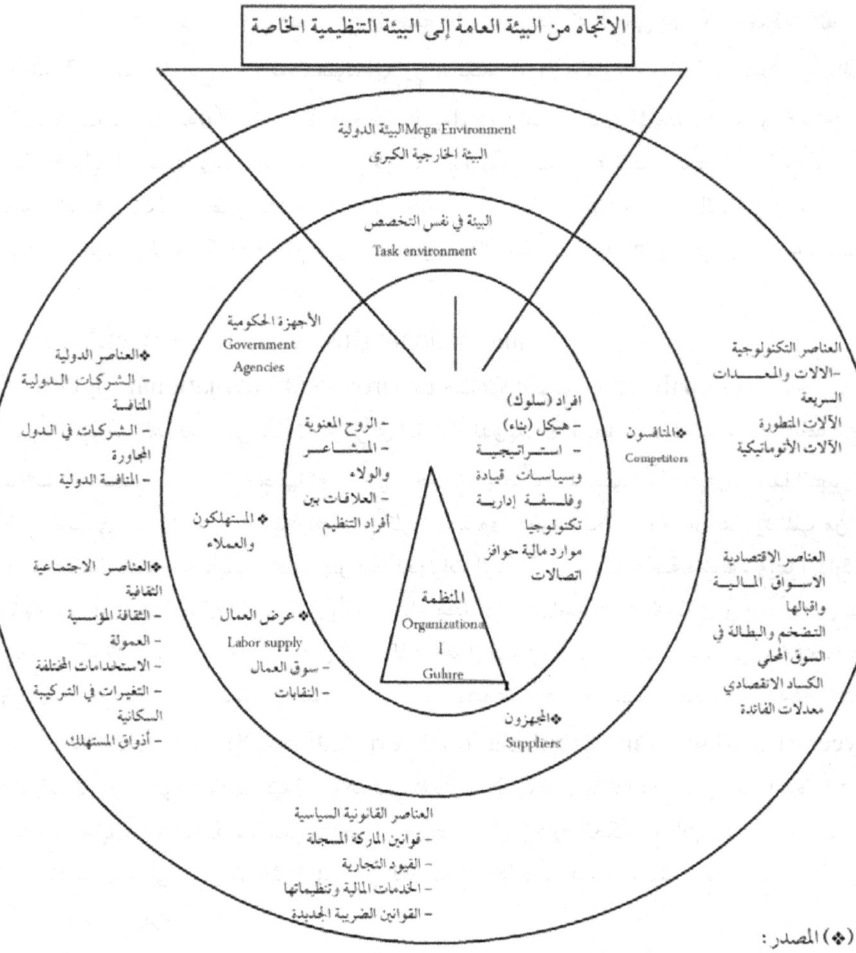

(❖) المصدر :

Kathryn Bartol and David Martin, Management, 2 nd ed., New York, Mc Graw Hill Inc., 1994, pp, 71-76 .

Alsi, see :

Richard Daft, Management, 2 nd ed., New York., The Dryden Press, 1991, P. 70

إن كل مجتمع هو ناتج التفاعلات السياسية والاجتماعية والاقتصادية والحضارية والظروف والأزمات التي تعمل على تطور نوع من السلوك والقيم عد الأفراد لها انعكاسها على الإدارة وتساعدنا على فهم خصائص الإدارة في مجتمع معين. لذلك يمكن القول بأن بيئة الإدارة ما هي إلا امتداد للبيئة الاجتماعية الكبرى التي تعمل فيها مثل صفات القوة أو الضعف، الكفاية وعدم الكفاية، التسلط أو الديمقراطية، السيطرة أو التسيب، النزاهة أو الفساد، الالتزام أو الإهمال، النشاط أو الكسل، الصدق أو الكذب، الالتزام بالقانون أو الخروج عن القانون.. وهكذا. ولهذه الصفات الحميدة أو السيئة أبعاد تنعكس على تكوين شخصية الموظف حين تعمل الظروف المحلية في المجتمع على صقل سلوكه اليومي وتتحكم بتصرفاته العامة. وتأتي أهمية العوامل البيئة لدراسة النماذج المختلفة للسلوك الإداري للحكومات(4) وإدارة الأعمال الخاصة(5) والمنظمات الدولية والشركات متعددة الجنسية(6) لتساعد في فهم كيفية عمل هذه المنظمات في المجتمعات المتنوعة ولمواجهة الظروف المحلية والدولية المختلفة. وعلى هذا الأساس يمكن تقديم البرامج التدريبية لإجراء التعديلات السلوكية اللازمة ومواجهة العوامل البيئية المؤثرة في تطور وتقدم الإدارة. ونلاحظ أنه من الناحية التطبيقية بأن القيام بالإصلاحات الإدارية وإعادة تنظيم الجهاز الإداري لأية حكومة لا يتم بمعزل عن التيارات العامة السياسية والاجتماعية والإدارية والثقافية لذلك المجتمع.

(4) بيئة الإدارة الدولية **international Business Environment**

تزداد أهمية البيئة الدولية **Environment international** وظاهرة العولمة **Globalization** في المجالات الإدارية والاقتصادية نتيجة للتغيرات السريعة التي طرأت مؤخراً في الساحة الدولية مما يجعل ذلك قضية مهمة تواجه جميع المديرين في مختلف المنظمات مهما كان حجمها أو موقعها الجغرافي أو طبيعة عـملها (7) . ويفرض هذا التغيير على المديرين التعلم للعمل في اقتصاد دولي وفي بيئة تعمل في ظروف السوق الحرة بشكل واضح. إن هذا يتطلب من المدير المعاصر الإلمام ليس فقط للقيام بتخطيط وتنظيم وتوجيه العمليات الإدارية في بيئات ثقافية مختلفة وإنما الإدارة في أوضاع متقلبة سياسياً واقتصادياً. فمثلاً يحتاج المدير الذي يأتي من بلد معين ويعمل لحساب شركة كبرى في بلد آخر أن ينسق ويدمج سياسات الشركة الأم مع ممارسات الإدارة في البلد الذي يعمل فيه كالقوانين المحلية والسياسية والاقتصاد وسوق العمل والتمويل والتوزيع المحلي والعادات الاجتماعية والثقافات المتنوعة، وهذا ما تتطلبه المنظمات الدولية والشركات المتعددة الجنسيات والشركات العالمية (8) **Polycentric and geocentric multinational corporations** .

وتؤكد بعض الدراسات على وجود فروقات كبيرة في الأساليب الإدارية لإدارة المنظمات الدولة منها عملية ومنها فنية وهذا الأنشطة والعمليات مترابطة ومتداخلة مع حقول وتخصصات أخرى مثل الإدارة الحكومية والأبعاد الاقتصادية والسياسية والقانونية والاجتماعية . ويعطي بعض الباحثين للنواحي العلمية في الإدارة صفة عالمية بينما تحتاج النواحي الفنية في إدارة الموارد البشرية تفسيرات وتبريرات تعتمد على

أسلوب القيادة ومهارات التعامل مع الآخرين والإلمام بالبيئة الثقافية والسياسية وحتى الدينية (9). فالاختلاف في النظم السياسية يؤثر على سلوك المدير مما يستوجب التقيد ببعض القيم والاعتبارات. ففي بعض الدول يكون وضع المنظمة غير قانوني إذا لم تكن إدارتها العليا معينة من قبل السلطة الحاكمة، وفي دول أخرى يكون تحديد بعض أشكال الإدارة في المنظمة من حق الدولة فقط كما وتكون الموارد الطبيعية ملكا تاماً للدولة، وف حالات أخرى تفرض الدولة شراكتها في المنظمة حتى تستطيع التدخل في أهداف وسياسات تلك المنظمة عند الحاجة أو لغرض مساعدة مشاريعها المحلية.

إن هذا يستدعي قيام تخصص يسمى بإدارة الأعمال الدولية يعتمد بشكل أساسي على مجال دراسة الأعمال الدولية وبيئة الإدارة الدولية ويعني الحاجة بالإلمام بمعاملات وإجراءات المنظمات الخاصة والحكومية التي تحصل بين منظمات وشركات أعمال ربحية أو غير ربحية بين بلد أو أكثر. ويمثل هذا النوع من النشاطات النسبة الأكبر أو الأكثر نمواً في التجارة والمال والأعمال في العالم ف الوقت الحاضر ومن الطبيعي أن تختلف بيئة ووظائف المنظمات الدولية من هذا النوع مع منظمات الأعمال على المستوى المحلي، ويزداد هذا التباين كلما ازداد اندماج منظمات الأعمال مع البيئة الدولية وهذا يفرض وظائف وأدوار ومهام جديدة للإدارة، ولكن تبقى الإدارة الدولية جزءاً من علم إدارة الأعمال تتبع مبادئ وقواعد علم الإدارة وافتراضاته كأسس مهمة لممارسة الإدارة والتنظيم. وتطوراً وتؤثر وتتأثر بالبيئة الدولية ومتغيراتها وفرصها وتهديداتها مما يجعلها حقلاً متخصصاً و منهجاً مستقلاً يقوم بتحليل وظائف منظمة الأعمال من منظور دولي كالتسويق الدولي والإنتاج والتصنيع الدولي والتمويل الدولي وإدارة دولية للموارد البشرية. وفيما يلي نوضح العلاقة والتباين بين البيئة المحلية والبيئة الدولية :

شكل (17) شركة متعددة الجنسيات المحلية والدولية

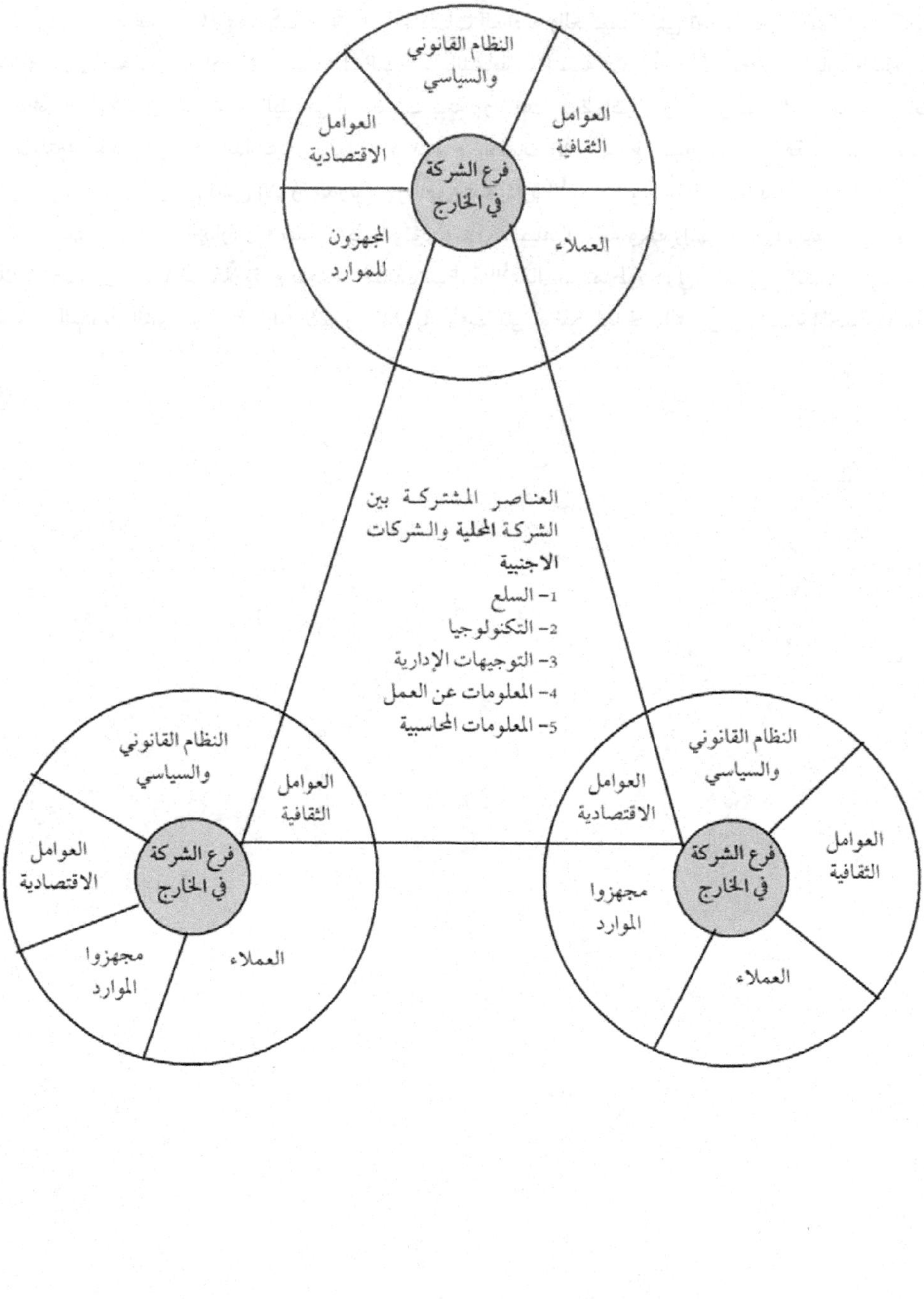

وتوجد الفرو قات الكبيرة في مستويات المهارات الإدارية والتكنولوجية بين العاملين من دول مختلفة. وقياساً بالدول الغربية التي تنتشر فيها الشركات والمنظمات الدولية، فإن مستوى المعلومات الصناعية والتكنولوجية والتعليم ومصادر الطاقة والإدارة يهبط إلى درجة كبيرة في الدول النامية مما يجعل منها عقبة حقيقية تتحدى نجاح المدير في إدارة مشروع أو منظمة متعددة الجنسيات. ويحد المديرون أنفسهم في صعوبات الإلمام بالجوانب المختلفة للمشروع الدولي مثل أسعار العملات المحلية المتقلبة والنقابات واختلاف الأسعار ومعدلات التضخم وتعويضات العاملين ومستويات الأجور وتأرجح طلب المستهلك وتغيير القرارات السياسية ونظام الضرائب والإجراءات المصرفية ومتطلبات السلامة(10).

فالنظرة الدولية للإدارة أصبحت ضرورة أساسية لمعظم المنظمات، وبنفس الوقت تزداد الإدارة الدولية تعقيداً نتيجة تحول بعض الدول الحديثة إلى دول صناعية ولتغير بعض النظم السياسية بالإضافة إلى ازدياد عدد الشركات متعددة الجنسيات. والذي ينظر إلى التاريخ الحديث يجد التغيرات غير الطبيعية التي حصلت في دول أوربا وآسيا وأفريقيا. ومن هذه التغيرات غير المنتظمة تتشكل نظم سياسية واقتصادية جديدة تتطلب تأسيس بنية تحتية حكومية وصناعية لكي تسمح لهم المشاركة في التجارة والشؤون الدولية مثل الوحدة الأوروبية والدول الصناعية الحديثة في جنوب شرقي آسيا ودورهم في الاستثمار والتجارة الدولية، بالإضافة إلى التكتلات الاستراتيجية التي تحصل بين الدول النامية مع بعض البلدان الصناعية.

إن المبادئ الأساسية لإدارة المنظمات الناجحة تختلف قليلاً بين الدول الصناعية. وبالرغم من كل هذا يبقى عدد غير قليل من الاختلافات بين أكثر الدول المتقدمة اقتصاديا والتي تتطلب حذراً في التكيف ولها والإلمام بها في المجالات الثقافية والتربوية والتكنولوجية والقانونية والاقتصادية والسياسية. لذلك سوف يبقى دور البيئة ودور الإدارة كفن مهم جداً لقيادة المنظمات والمشاريع الدولية وتبقى العوامل البيئية تشكل تحدياً كبيراً لمدراء المستقبل. وهنا يمكن مقارنة السياسات الإدارية المحلية والدولية للشركات الكبرى في صناعة السيارات مثل مرسيدس بينز وفورد وميتسوبيشي وبي أم ي في إدارة مشاريعها المحلية وفروعها الدولية وسياساتها في فتح مصانع لها في دول خارج نطاقها المحلي مثل البرازيل وإيران وتركيا وإسرائيل ومصر.

(5) البيئة والإدارة

إن العمل مع الناس في المؤسسات الخاصة والحكومية يتطلب الإلمام بالظروف البيئية سواء كانت سياسية أو اجتماعية أو اقتصادية لأنها تجتمع كلها كمدخلات للتأثير على نوعية القرارات التي يتخذها المدير في مؤسسته لتوجيه الأفراد والنشاطات والمحافظة على استمرارية المنظمة فالأفراد في المنظمة لهم قيم وعادات وتقاليد مختلفة وكذلك رجال الأعمال والسياسيون والمستهلكون والمراجعون وكلهم يشكلون العنصر البشري في المؤسسات الخاصة والعامة للمجتمع تتفاعل وتدير وتناقش وتساوم مع أشخاص ومؤسسات

أخرى لهم ثقافات مختلفة. ومن المعروف أن السلوك الاجتماعي للأفراد يكون متأثراً بالبيئة أو المحيط الذي يأتي منه أو يعمل فيه هؤلاء الأفراد وهو يبلور قيمهم ومعتقداتهم، وهذا يعني أن المخاطرة كبيرة في حالة عدم الالتفات إلى الفرو قات الثقافية والبيئية في المنظمة. إن تجاهل أو عدم التمكن من إدارة التباين الثقافي والبيئي للمجموعات العاملة داخل المنظمة يقود إلى عدم استطاعة الإدارة من الاحتفاظ بالموظفين وعدم إمكانيتها من تحفيزهم لتحقيق الهدف المشترك للإضافة إلى الفشل في تأمين الموارد بصورة مستمرة لدعم مسيرة المنظمة وبذلك تؤدي إلى تحويل المدير الفاعل والمنظمة الناجحة إلى مدير ومنظمة يعانون من الفشل والإحباط في مثل تلك البيئة السلبية. بينما تساعد البيئة الملائمة للعمل على تحقيق الممارسات الابتكارية في الوظيفة وإمكانية التعلم الأسرع والأفضل داخل المنظمة، وتؤدي إلى تحسين إدارة الاجتماعات وصنع القرارات وكتابة التقرير واستخدام الألقاب الوظيفية الملائمة.

كما وتساعد عملية فهم المدراء للبيئة إلى وضع معايير لاختيار الموظفين وتطوير وظائفهم وتقويم أدائهم، وكل هذه العناصر تؤثر على إدارة الموارد البشرية في المنظمة وتشكل وظيفة مهمة للإدارة وذلك يؤثر على مدى تركيز أو عدم تركيز إدارة الموارد البشرية على استخدام مراكز التقييم **Assessment centers** وامتحانات الذكاء **Intelligence tests** ولجان المقابلات **Panel interviews** والمعاهد التعليمية لكي يختاروا الموظف المناسب للوظيفة المناسبة.

هوامش الفصل الرابع

Stephen Robbins and mary coulter, management 6th ed., upper saddle river: N.J., frentice hall 1999.p.62 - 1

Richard Daft, management 2nd ed., new york. The Dryden press 1991.p.64 -2

Ibid.,pp.60-4 -3

Fred Riggs, Administration in Develping Contries: the theory of prismatic society, Boston, Houghton- Mifflin -4
.company, 1965

:Also see

Hoecklin, lisa, managing cultural differences strategies for competitive advantage workingham England Addison- -
.Wesley publishing co., 1995

Hickson, david the Derek pugh management worldwide the impact of societal culture on organizations around the -
.globe London penhuin books 1995

Calori roland and philippe de woot a European management model beyond Deiversity new york prentice hall 4 1994 -

.Fred luthans, Organizatinal behavior 7th ed., new york mc graw hill inc., 1995,P.478 -

Don hellriegel and hohn slocum management 6th ed., reading mass Addison Wesley publishing company 1991 -5

Anant sundaram and j. stewart back the international business environment Englewood cliffs new jersey prentice hall -6
1995.PP.266-79

:Also see

hari bedi understanding the asian manager north Sydney allen and unwin ltd 1991 -

.HeinzWeihrich and Harold koontz management Aglobal perspective 10th ed., N.Y., Mc Graw- Hill, Inc 1993 -

- نادية الهادي، الإدارة الدولية، بيروت، دار النهضة العربية، 1989، ص ص 267-282.

7- Lynda mc Dermott, Nolan brawley and William waite world class teams: working across borders, New York, john wiley sons inc., 1998,PP.3-12

- Hair bedi understanding the Asian manager Sydney Allen and unwin 1991.PP.162-72

8- David holt management principles and practices, 3rd ed., Englewood Cliffs: New Jersey, 1993,P.72-4.

9- David Hickson and Derek Pugh, management Worldwide: the Impact of Societal Culture on Organization Around the Globe, London, Penguin Books, 1995,PP.39-45.

10- Roland Calori and Philippe De Woot, A European management Model: Beyond Diversity, New York, Prentice Hall, PP.56-7.

5

الفصل الخامس

العملية الإدارية

The Management Process

1- تبلور مفهوم العملية الإدارية

2- عناصر العملية الإدارية

1.2 التخطيط

2.2 التنظيم

3.2 التوجيه

4.2 الرقابة

3- تقييم العملية الإدارية

4- وظائف إدارية أم أدوار أم نشاطات يمارسها المدير؟

تتكون العملية الإدارية من النشاطات التي يمارسها المدير والتي تعرف بالوظائف الإدارية. وبالرغم من أن هذه الوظائف متداخلة لكن دراستها بشكل فردي يساعد على فهمها بصورة أفضل من دارسة كل الأنشطة في عملية مشتركة ومتداخلة. إن العملية الإدارية وتشمل على (1) التخطيط الذي يحتوي على وضع الأهداف والاستراتيجيات وتخطيط القرارات(2) التنظيم والاتصال وحل النزاع(3) القيادة وتشمل التوجيه والتحفيز والاتصال وحل النزاعات(4) الرقابة وتعني رقابة النشاطات ومستوى الخدمة. إن العملية الإدارية أيضاً تعني مجموعة القرارات وأنشطة الأعمال المستمرة التي تقوم بها الإدارة. ومن غير المحتمل الفصل التام بين نشاطات المدير في ممارسته لوظائف التخطيط والتنظيم والتوجيه والرقابة حيث تتداخل جزيئات هذه الوظائف مع بعضها، ولكن من المحتمل أن لا تتم بصورة متتابعة. لذلك يمكن دراسة العملية الإدارية على شكل أدوار ينجزها المدير في العمل تشتمل على نشاطات إنسانية ومعلوماتية وقراريته، والرسم التالي يوضح نشاطات المدير:

شكل رقم (18) نشاطات المدير

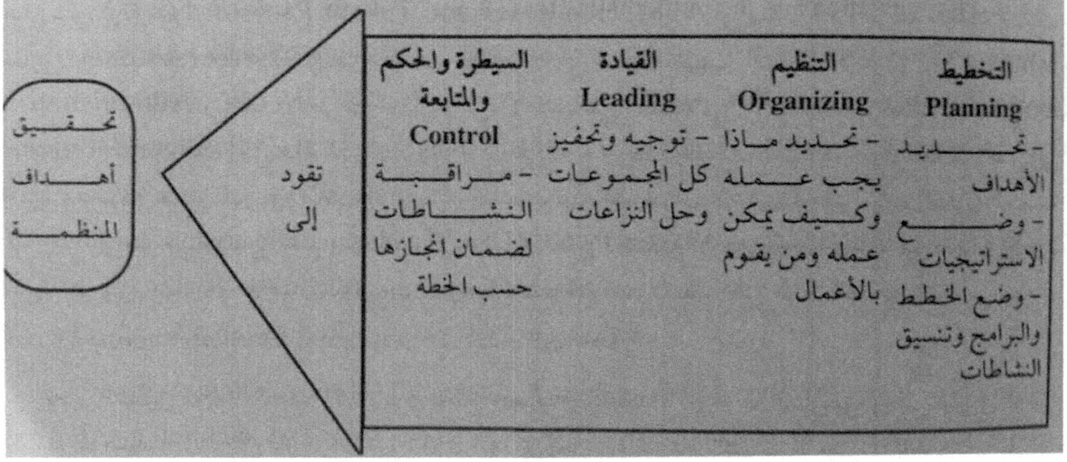

(1) تبلور مفهوم العملية الإدارية

أدت الكتابات التي ظهرت منذ نهاية الحرب العالمية الثانية إلى الربط بين الإدارة كعلم وفن، كما أن التطور الذي حدث في التعليم الإداري والبحوث السلوكية أدت إلى إعادة التذكير بالعمل الإداري أو الوظائف الإدارية. وكان فايول قد وضع فلسفته الإدارية بواسطة تشخيصه المبادئ الإدارية وتقسيماته لنشاطات المشروع في كتابه " الإدارة العامة والصناعية (1 General and industrial management ثم تشخيص الأسس الإدارية لكل من لوثر جوليك وأورويك Luther culick andL.Urwick في كتابهما بحوث في علم الإدارية (2) Papers on the Science of Administration ودراسة أرويك عن صنع الإدارة العلمية (3) في كتابه مع بريك Breck بعنوان the making of scientificManagement. كذلك مساهمة جيمس موني James Mooney في كتابه مبادئ التنظيم (4) thc Principles of Organization . أراد هؤلاء الباحثون ربط الإدارة كعلم وفن عن طريق دمجها بالطرق العملية التي قدما فريدريك نيلور في نظريته الإدارية العلمية (5) Scientific Management. وزاد من تقوية الحركة الجديدة جهود شستر برنارد Chester Barnard في كتابه الشهير وظائف المدير(6) the functions of the Executive الذي أكد فيه على مفهوم التعاون وكتب رايت باكي E.Wright Bakke في دراسته عن المنظمة والفرد(7) Organization and the individual وركز فيه على مفهوم عملية التداخل والتوفيق بين أهداف المنظمة وأهداف الفرد، بالإضافة إلى نظرية ألتون مايو Elton mayo وتجاربه في المجال الإنساني والاجتماعي للإدارة حيث قدم كتابه المشاكل الاجتماعية في الحضارة الصناعية (8) the social problems of an industrial Civilization . وكذلك ظهور نظرية البيروقراطية للعالم الألماني ماكس فيبر max Weber في كتابه الشهير نظرية المقدمة الاجتماعية والاقتصادية (9) the theory of social and economic organization وقد ترجمه غلى الإنكليزية الأستاذان هندرسون وبارسونز A. M. Henderson and Talcott Parsons في سنة 1947م. ثم جاءت كتابات سايمون Herberts simon لتؤكد الجوانب السلوكية في كتابه الشهير السلوك الإداري (10) behavior Administrative وكتابه الأخر نماذج الإنساني الاجتماعي والعقلاني(11) models of man : social and Rational كان لكل هذه الدراسات أثر كبير في دمج وربط الجوانب العلمية والسلوكية للتوصل إلى تحديد ومعرفة عمل الدير ووظائف الإدارة. وقد أدت هذه الدراسات في النهاية إلى ظهور نظرية العملية الإدارية التي شرحت عمل المدير ووظائف الإدارة. إن تطور العملية الإدارية كان انطلاقاً من فلسفة الإدارة التي تدعو إلى تحقيق الأهداف بتنسيق جهود وإمكانات وقدرات الإنسان عن طريق الهيكل التنظيمي الفعال الذي يؤدي إلى تحقيق التوجيه السليم والرقابة الجيدة على السلوك.

ويعتبر التنسيق محور العملية الإدارية ويتخلل جميع الوظائف الإدارة. فالتنسيق يؤدي إلى تسهيل العمل المشترك للوظائف الإدارية وللإجراء التي تتكون فيها المنظمة لذلك فإن التنسيق لا يعتبر بوظيفة إدارية بل هو محور العملية الإدارية يرتكز عليها المديرون عند تنفيذهم للوظائف التي يمارسونها.

وتعددت الدراسات التي اهتمت بنظرية العملية الإدارية، ويمكن عرضها تاريخاً وظيفياً كما يبينه الجدول التالي:

جدول (17) عناصر العملية الإدارية حسب أبحاث العلماء والممارسون في مجال الإدارة

فايول (A) Fayol 1937	اورويك (B) Urwick 1943	AMA جمعية الإدارة الامريكية 1954	AAf سلاح الجو الامريكي 1954	بيتر دركر (C) Drucker 1954	كونتز (D) Koontz 1955	بروان Brown 1955	الن Brown 1955	جوردن (E) Gordon 1990	دافت (F) Daft 1991	هولت (G) Holt 1993
	التنبؤ									
التخطيط	التخطيط	التخطيط	التخطيط		التخطيط	التخطيط	التخطيط	التخطيط	التخطيط	التخطيط
				الأداء		الأداء				
التنظيم	التنظيم	التنظيم	التنظيم		التنظيم	التنظيم	التنظيم	التنظيم	التنظيم	التنظيم
				الإدارة بالاهداف						
الأمر	الأمر				توظيف		تحفيز	دافعية		
			التوجيه		القيادة			القيادة	القيادة	القيادة
التنسيق	التنسيق		التنسيق				التنسيق			
				اللامركزية						
الرقابة	الرقابة		الرقابة		الرقابة		الرقابة	الرقابة		
				فهم المواقف				اتصالات	الرقابة	الرقابة
		التنفيذ				نتائج				
					تكوين العملاء					

ويلاحظ القارئ بأن معظم الدراسات التي ساهمت في تحديد مكونات العملية الإدارية تتفق بأن التخطيط والتنظيم والرقابة مهمة جداً. أما التوجيه فهو أيضا يعتبر من العناصر المهمة، وأحياناً يستخدم الباحثون مفهوم التعاون والتنسيق بدلاً منه. فالمديرون يتولون تخطيط ووضع أهداف أنشطة المشروع وتحديد السياسات وإجراءات العمل، كما يتولون تحديد الواجبات وتفويض السلطات للمستويات المختلفة وتوجيه جهود العاملين وقيادتهم وحفزهم وفر الرقابة عليهم. أي أن المدير يقوم بوظائف التخطيط والتنظيم والتوجيه والرقابة في ميادين النشاطات المختلفة. أما مدخل النظم فيعتمد على ثلاثة عناصر رئيسية هي المدخلات والنشاطات التحويلية والمخرجات(12). وترتبط العمليات الإدارية بالعناصر الثلاثة لمدخل النظم وخصوصا بمرحلة النشاطات التي يمارسها الإدارة لتحويل المدخلات إلى مخرجات. ويلاحظ أن الإدارة ليست نشاطاً بحد ذاته بل يمكن أن ننظر إليها كمجموعة من النشاطات يبذلها أعضاء في المنظمات يقومون بدور المدير الذي تقع عليه المسؤولية الرسمية لأعمال الآخرين وأن هذه النشاطات تصف أعمال المدير باعتبارها مدخلات. ويمكن توضيح هذا التصور بالشكل رقم 19 في الصفحة التالية:

شكل (19) عمل المدير حسب استخدام مدخل النظم والوظائف المتخصصة

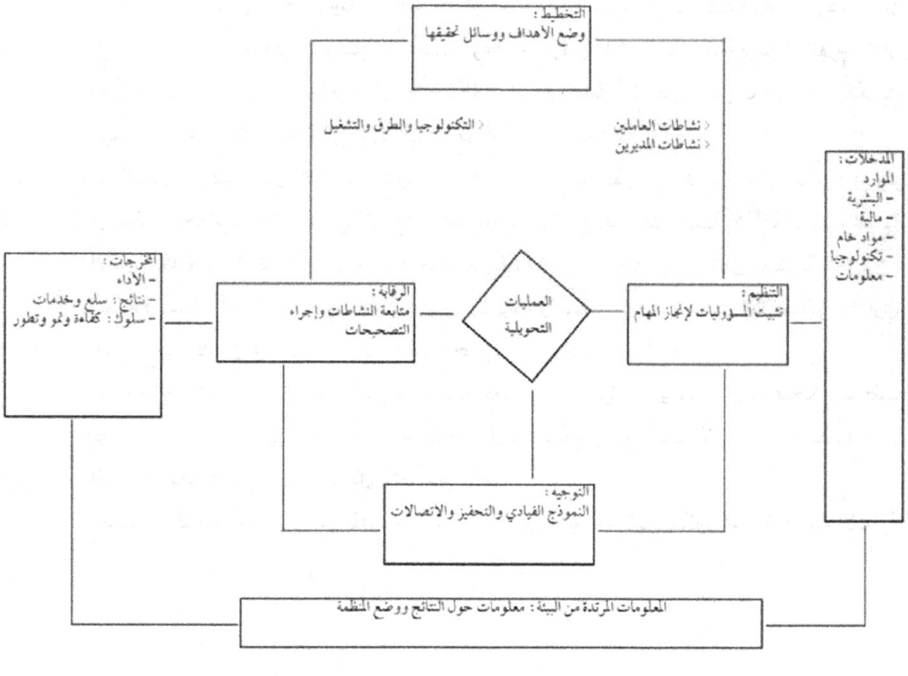

إن هذا النموذج لا يتضمن الوظائف الأساسية للإدارة فقط بل يوضح العلاقات بينهم ويصف الأنشطة الإدارية القائمة في كل أنواع المنظمات. فإذا ما تم تعلمها وفهمها جيداً، فإنه يمكن تطبيقها إلى حد كبير في أي نوع من المنظمات الخاصة أو الحكومية، الإنتاجية والخدمة، العسكرية و المدنية.وتتصف العملية الإدارية بثلاث صفات عامة وهي العمومية **universality** والشمولية **Comprehensiveness** والتداخل **Overlapping**.

وتعني العمومية أن الوظائف الإدارية مشتركة يمارسها كل مدير مهما كان مجال عمله ومهما كان طبيعة عمل المنظمة التي يعمل فيها صناعية أو تجارية أو خدمية. ولا تقتصر الوظائف الإدارية على المستوى الإداري الأعلى بل تشتمل كافة المستويات الإدارية إذ يساهم كل مدير في المنظمة في إدارة وتنسيق الموارد لتحقيق الأهداف، فعمل المدير يتضمن شقيه: الأول يمثل الجانب الفني الذي يعبر عن تخصصه ومجال عمله والثاني يمثل الجانب الإداري والإنساني ويعبر عن وظائف الإدارة لأن أي مدير ينفذ عمله بواسطة الآخرين وهم مرءوسيه لذلك يحتاج إلى تخطيط وتنظيم وقيادة ومتابعة أعمال المرؤوسين. ومن الملاحظ أنه كلما نزلنا في الهرم الإداري إلى المستويات الإدارية الدنيا كلما احتاج المدير إلى مهارات الإنسانية والفنية أكثر من المهارات الإدارية الفكرية، وكلما صعدنا في الهرم الإداري زادت الحاجة إلى المهارات الفكرية والإبداعية.

أما الشمولية فتعني أن وظائف الإدارة تستخدم وتمارس من قبل أي مدير أيا كان مستواه ومركزه داخل المنظمة. فوظيفة التخطيط مثلاً لا يمكن لأي مدير أيا كان مستواه أن يستغني عنها وكذلك الحال بالنسبة لباقي الوظائف الإدارية فالإدارة العليا تمارس وظيفة التخطيط على نطاق واسع وعلى مستوى المنظمة ككل، في حين أن الإدارة المباشرة بشكل أضيق. ويؤدي اختلاف نطاق ممارسة وظائف الإدارة بالنسبة لكل مستوى إداري إلى اختلاف الزمن الذي تستغرقه كل وظيفة من وقت المدير حسب مستواه الإداري.

أما التداخل فيعني أن المدير يمارس الوظائف الإدارية دون ترتيب أو تسلسل بل يتحكم به طبيعة الموقف الذي يواجهه المدير. وهذا يدل على عدم استقلالية كل وظيفة من الوظائف الأربعة(تخطيط، تنظيم،توجيه،رقابة) بل إنها متشابكة ومترابطة يعتمد كل منها على الآخر.

وفيما يلي نقدم شرحاً مختصراً لمفهوم وأبعاد العناصر الرئيسية التي تتكون منها العملية الإدارية..

(2) عناصر العملية الإدارية

1.2 التخطيط :

يحدد التخطيط مسار المنظمة في المستقبل وكيف يمكن تنفيذه. فالتخطيط يعني تحديد الأهداف للإنجاز المستقبلي واتخاذ القرارات المتعلقة بالنشاطات واستخدام الموارد المطلوبة لتحقيقها. وتختلف أهمية التخطيط باختلاف المستوى التنظيمي حيث تزداد أهمية التخطيط ف المستويات العليا وتنخفض كلما اتجهنا نحو المستويات الدنيا في التنظيم(13) وتوجد الخطط الاستراتيجية في المستويات الإدارية العليا والخطط التكتيكية في المستويات الإدارية الوسطى والخطط التشغيلية في المستويات الإدارية الدنيا. وترتبط وظيفة التخطيط بوظائف المدير الأخرى مثل الرقابة التي يعتمد عليها في قياس مدى نجاح الخطط وإنجازها، وتشتمل الخطة على عناصر لا بد من وجودها حتى تكون مكتملة وتشمل: الغاية، الأهداف، الاستراتيجيات، السياسات، الإجراءات، القواعد، البرامج، والميزانيات.

نقصد بالغاية أو المهمة (14) Purpose or Mission الغرض الأساسي الذي توجد المنظمة من أجله كإنتاج سلعة أو تقديم خدمة، فمثلاً الغاية من الجامعة هو التعليم والبحث، أما الأهداف فهي النتائج المطلوب تحقيقها. وعلى ضوء وطبيعة الهدف يتحدد كمية ونوعية الأعمال والأنشطة المطلوبة على شكل خطط وبرامج عمل تفصيلة. وتوضع في البداية الأهداف الأساسية وعلى مستوى قمة الهرم التنظيمي ثم نزولاً إلى الأهداف الثانوية والفرعية في المستويات الإدارية الدنيا في قاعدة الهرم الإداري.

أما الاستراتيجيات(15) Strategies فتعبر عن برامج عمل توزيع الموارد الضرورية لإنجاز أهداف محددة: فاستراتيجية الشركة قد تشمل التسويق المباشر بدلاً من الوسطاء من تجار الجملة ومفرق أو تمويل المشاريع الصغرى بدلا من المشاريع الكبرى. وتعبر السياسات عن تصريحات عامة ترشد التفكير في صنع القرار: مثلا الترقية من داخل المنظمة بدلاً من التوظيف من خارجها. والسياسات هي دستور عمل يضع الإطار العام الذي يوضح التفكر والعمل من أجل تحقيق الأهداف(16). والسياسات أنواع حسب المستوى الإداري مثل السياسات الاستراتيجية والتكتيكية والتشغيلية وحسب النشاط مثل سياسات الإنتاج والتوظيف والتسويق والمالية. وتعبر الإجراءات عن الطريقة المطلوبة للتعامل مع نشاطات مستقبلية فهي مرشد للعمل وليس للتفكير وهي خطوات عمل نمطية متكررة ومتسلسلة زمنياً لتنفيذ عمل واحد. وتكون الإجراءات أكثر عمومية من القواعد(17). وتعني القواعد ما يجب القيام به والامتناع عنه دون تمييز أو استثناء. وتختلف القواعد عن الإجراءات فهي- القواعد- مرشد عمل دون تسلسل زمني وتكون أولا تكون جزءاً من الإجراء. أما البرامج فهي مجموعة من الأهداف والسياسات والإجراءات والقواعد والمهام والخطوات التي

تتخذ والموارد التي توظف لإنجاز خطة عمل محددة. أما الميزانيات فهي برامج يعبر عنها بالأرقام المالية.

2.2 التنظيم :

إن وظيفة التنظيم ضرورية للمدير في جميع المستويات. فالتنظيم يعني وتجميع وتقسيم أعمال وأوجه نشاط المنظمة في وحدات إدارية وطبقاً لمبادئ وأسس معينة يتطلب وتحديد خطوط المسؤولية والسلطة والعلاقات الوظيفية بين الأقسام وذلك بهدف إيجاد هيكل ذو فاعلية وكفاءة يمكن من خلاله أن تؤدي الأنشطة بسهولة وسرعة ودقة(18). ففي المستويات العليا يتركز الاهتمام على الهيكل العام للتنظيم كتحديد العلاقات بين الإدارات الرئيسية، أما في المستويات الدنيا فيتركز الاهتمام على عملية إسناد الواجبات والتنسيق بينها.

فالتنظيم يعتبر أحد مكونات العملية الإدارية ويقوم به المدير أيا كان مستواه الإداري ومجال عمله. وبموجب التنظيم يتم تصميم وتحديد الوظائف والإدارات والأقسام والمجالس واللجان وعلاقة كل من هذه الرسمية Formalization التي ترسم العلاقات التكاملية التنظيمية بينها لتحقيق الهدف المطلوب.ويعمل أفراد المنظمة داخل هيكل تنظيمي يجعمهم ويوزعهم في نفس الوقت على مستويات إدارية متعددة ومتسلسلة متخذاً شكلاً هرمياً فيه رؤساء ومرؤوسين وتنساب من خلاله السلطة من قمة الهرم إلى قاعدته. وبالتالي تحقيق الأهداف.

إن معظم المنظمات تكون في حالة عدم استقرار أو تعمل في ظروف غير مؤكدة بسبب الحاجة المستمرة للتخصص والتكامل. لذلك تواجه المنظمات على اختلاف أشكالها وأحجامها عدد من المسائل الأساسية حول نوعية التصميم التنظيمي (الهيكلة) التي تناسب المنظمة وتحافظ على نجاحها. ومن أكثر القضايا التي تواجهها المنظمات نذكر ما يلي:

1- إلى أي مدى نستطيع تطبيق التخصص في الأدوار؟

2- إلى أي مدى نقوم بالتفنين في السلوك والوسائل أو درجة الحرية التي تعطى للموظف؟

3- إلى أي مدى نقوم بتشجيع الجوانب الرسمية؟

4- كم عدد المستويات الإدارية التي نقوم بتكوينها لممارسة السلطة؟

5- إلى أي مدى نقوم بتطبيق مركزية أو لا مركزية صنع القرار؟

لا يوجد جواب مثالي لأي من هذه الأسئلة، ولكن يوجد عدد من الخيارات أو البدائل المحتملة التي إذ أخذناها معاً بالحسبان يمكن أن تقدم لنا التصميم المثالي للمنظمة. ومن الموضوعات المهمة التي يعتني بها التنظيم هي كيفية تجميع وتقسيم أعمال أنشطة المنظمة وتحديد نطاق الإشراف المناسب أي العدد المناسب من المرؤوسين والمعاونين الذين يمكن أن يشرف عليهم مدير واحد بشكل مباشر وفعال، كذلك موضوع تحديد وتكافؤ السلطة والمسؤولية أي تحديد مراكز القوة والمسؤولية التي تستند إلى كل مركز في المنظمة، كذلك إنشاء نظام رسمي سليم للعلاقات والاتصالات والتنسيق بين المركز والوحدات الإدارية المختلفة.

وتأثرت وظيفة التنظيم بعدد من المبادئ والنظريات وعدد من المدارس والمناهج الإدارية ابتداءاً من المدرسة العلمية البيروقراطية والتقسيم الإداري ومروراً بمدارس العلاقات الإنسانية والعلوم السلوكية. هذا وبالرغم من أن التنظيم أو التدرج الهرمي هو الأساس الذي يقوم عليه بناء الهياكل التنظيمية والذي لا يزال يطبق في المنظمات المعاصرة إلا أنه حصل تطوير في أشكال وبناء الهياكل التنظيمية وخطوط المسؤوليات والسلطات وطبيعة العلاقات التنظيمية نتيجة للانعكاسات التي تركتها النظريات السلوكية والسياسية مما أدى إلى إضافة تعديلات جديدة مثل أشكال التنظيمات الشبكية **Matrix Organization** والتنظيم حسب المشاريع **Project Management** والتنظيم عن طريق فريق العمل (19) أو فرق المهام **Task force** والتكتلات التنظيمية **Conglomerates** والمنظمات الديناميكية 20) **Dynamic organization**) والشبكات البشرية **human networking** .

3.2 التوجيه :

يقوم بوظيفة التوجيه كل مدير في موقعه وذلك عن طريق إعطاء التوجيهات والإرشادات وإصدار التعليمات والأوامر الإدارية المناسبة، ثم حث العاملين على اتباعها وتوفير الاستجابة عندهم والتنفيذ من جانبهم وبذلك يتوفر الجو المناسب للعمل(21). وتختص وظيفة التوجيه بإصدار الأوامر والتعليمات التي تحدد الأعمال التفصيلية الضرورية للوصول إلى أهداف المنظمة. وللقيام بهذه الوظيفة يتولى المديرون عملية إرشاد العاملين وتحفيزهم وقيادتهم بطريقة تحقق لهم الرضا وتضمن الوصول إلى الأهداف. كما يتطلب التوجيه عملية توفير قنوات الاتصال بين المراكز المختلفة للتنظيم. وتتزايد أهمية التوجيه في المستويات الدنيا وتنخفض كلما اتجهنا إلى المستويات العليا في الهيكل التنظيمي. وترتبط وظيفة التوجيه بباقي الوظائف الإدارية الأخرى لأن التوجيه يحتاج إلى بيان الواجبات والمسؤوليات التي تقدمها وظيفة التنظيم كما يحتاج إلى وسائل الاتصال وتوضيح العلاقات ومعرفة المقاييس ومعايير الأداء لمكافئة العناصر الجيدة ومعرفة الانحرافات لتقويمها عن طريق وظيفة الرقابة. ويحتاج التوجيه إلى القدرات الفنية والسلوكية لممارسة الوظيفة بشكل فعال ومرضي. ويرتبط بوظيفة التوجيه وتحقيق أهدافه توفر القيادة والدافعية والاتصال.

فالقيادة الإدارية تمثل العنصر الإنساني الذي يقود التنظيم وتكون مسؤولة عن وضع البرامج وتنفيذها. وتعتبر القيادة إحدى ركائز التوجيه يمارسها المدير ليستطيع من إدارة وتوجيه عمل معاونيه ومرؤوسيه بالطرق والأساليب التي يحصل بواسطتها على إخلاصهم وتعاونهم والتزامهم. وتأتي القيادة الإدارية في الإدارة كتعبير عن ممارسة السلطة الإدارية لتؤدي دورها الوظيفي بما تملكه من قدرات لتوجيه التنظيم الإداري نحو تحقيق أهدافه وأحداث التنسيق الكامل بين اعضائه. والسلطة تمثل المنطلق الاساسي والجوهري في ممارسة الإدارة العامة لأنشطتها سواء كانت ظاهرة مجردة تعطي للتنظيم الإداري هيكله الرسمي أو قوة تمكن أعضاء المنظمة من صنع القرارات وتنفيذها أو نموذج سلوك معين داخل التنظيم الإداري. وترتبط عملية صنع القرارات بمفهوم السلطة وقدرات القائد الإداري. وتقع القيادة الإدارية في قمة الجهاز الإداري الذي ينقسم إلى عدة مستويات ويحتوي على الوحدات المكونة للجهاز الإداري حيث تقع القيادة الإدارية في قمة هذا النظام وتكون مسؤولياتها توجيه كافة المستويات الإدارية الأخرى. وتلعب القيادة دوراً أساسياً في ربط وحدات التنظيم بأعضائها وبالأهداف. وتعمل على تحقيق التنسيق بين وحدات المنظمة عن طريق تشخيص الاحتياجات والمشاكل ووضع الحلول المناسبة حسب الأولويات لمعالجة المواقف.

إن وظيفة القيادة لا يمكن تحديدها مسبقاً وفق نظرية أو نموذج معين. إن الذي يحدد وظائف القائد الإداري هي خصائص عامة وشخصية بالإضافة إلى طبيعة الموقع الإداري وهدف التنظيم والمتغيرات البيئية ووجهات النظر الإدارية والخبرة والفرص المتوفرة ونقاط الضعف والقوة في التنظيم(22). وقد يوجد حد أدنى من العموميات بخصوص وظائف القيادة مثل تحديد الأهداف وتحقيق التنسيق وإقامة الاتصالات واستشارة

الخبراء وإقامة العلاقات واتخاذ القرارات وممارسة الأسلوب القيادي التي يتمثل ما بين القيادة التسلطية أو الأبوية التوجيهية أو الاستشارية أو الديمقراطية أو الموقفية (23)، Authoritarian, Benevolent, Consultive, Democratic, and Contingencey models. كذلك هناك النماذج التي تجمع بين الأسلوب والهدف. وتصنف القيادي إلى نماذج الموجه والمشارك والعملي الذي يركز على الإنجاز والنوعية (24) Directive, Supportive, Participative and Achievement-oriented leadership أما الدافعية Motivation وتحفيز الأفراد فتكون عنصراً مهماً في وظيفة التوجيه حيث تتأثر إنتاجية وجهود المؤسسة في حالة إهمالها. وتغطي الدافعية الاهتمامات بظروف العمل المحيطة بالوظيفة واحتياجات الموظفين(25) التي يجب إشباعها وتأثير ذلك على الأداء ومستوى الرضا الوظيفي والتطور. ويلعب نشاط الاتصالات دوراً مهماً في توجيه الأفراد ونقل التعليمات والأوامر وطرق العمل والأهداف والسياسات والخطط والإجراءات وإيصال الأفكار وتعليم السلوك المرغوب فيه عن طريق عملية تعديل السلوك(26) Behavior modification . كما يقوم نظام الاتصالات الجيد بنقل المعلومات من الجهات الدنيا إلى الجهات العليا. ويقلل الاتصال الجيد من التضارب والتداخل والغموض والإزدواجية والاحتكاك وبالتالي تخفيض الكلفة الكلية ومظاهر الإعاقة والتأخير وهذا يقود إلى رضا العاملين وتحسين أدائهم وإحكام وظيفة الرقابة عليهم(27).

4.2 الرقابة :

هي الوظيفة الاخرى للمدير وتعمل لكي تأكد من ان أهداف والخطط والبرامج تتم حسب معايير محددة، وتقوم الرقابة باكتشاف الانحرافات عن هذه المعايير وتحديد المسؤولين عنها وتتخذ الإجراءات لتصحيحها وهي تتطلب وضه المعايير وطرق القياس وتقييم النتائج وتصحيح الانحرافات(28). ووظيفة الرقابة هي وظيفة المدراء والمشرفون في مختلف المستويات التنظيمية، حيث يقوم بها المدير العام والمشرف على العمال، وتزداد أهميتها كلما اتجهنا إلى المستويات الدنيا وتنخض هذه الأهمية باتجاه المستويات العليا، وتتم بشكل عام في المستويات العليا بينما تتم بطريقة تفصيلية في المستويات الدنيا.

أما أجزاء العملية الإدارية التي تضم وظائف المدير الأساسية وأجزائها فيمكن توضيحها في الشكل التالي:

شكل (20) العملية الإدارية

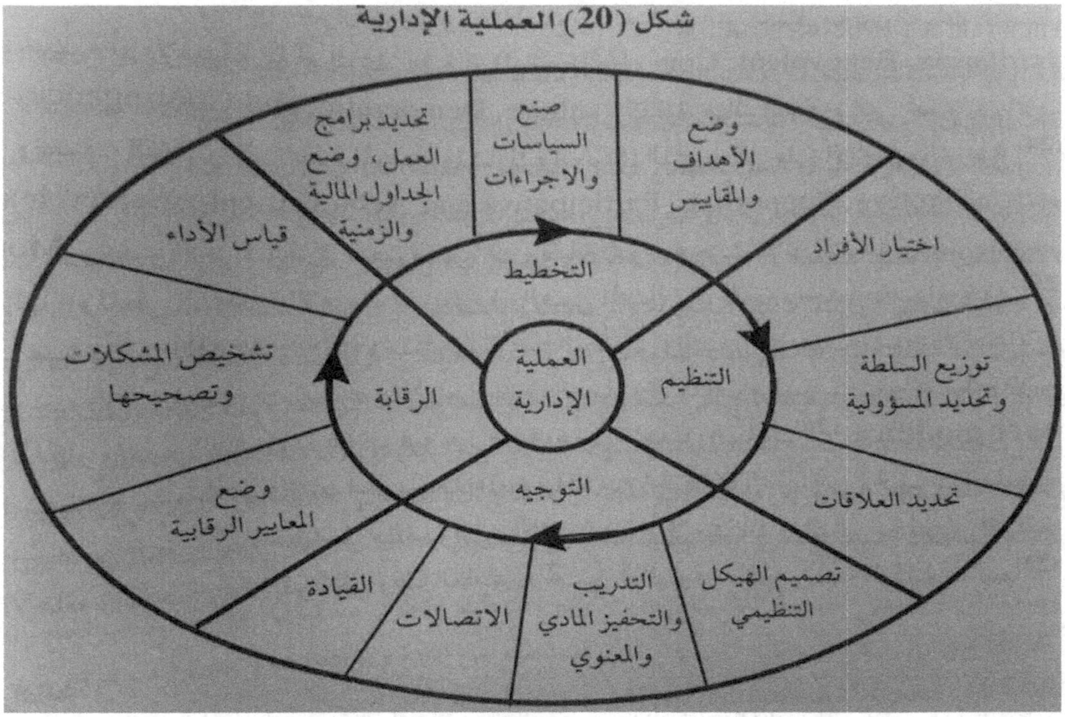

(3) تقييم العملية الإدارية :

بعد ان قام علماء الإدارة بتقديم تحليلات متنوعة للعمليات الأساسية التي تقوم بها الإدارة توصلوا إلى الاستنتاجات التالية:

1- إن الإدارة ليست قاصرة على كبار المسؤولين أو الأفراد الذين يحتلون المراكز المهمة في المؤسسة، بل أن الأنشطة الإدارية تنتشر في كافة المستويات ويشارك فيها كل موظف، ولكن تزداد أهمية نشاط الموظف الإداري كلما تدرج في الهرم الوظيفي إلى الأعلى منجهة، وكلما زادت قدراته ومهاراته الإدارية ومسؤولياته من جهة أخرى.

2- أن الأنشطة الإدارية تقوم بتحديد الإطار العام للأعمال المطلوبة والوسائل اللازمة لتنفيذها وتكوين الهيكل الرسمي للسلطة بهدف تنسيق مكونات العمل واختيار الأفراد الملائمين وتهيئة الظروف المناسبة لهم واتخاذ القرارات لمواجهة الظروف.

3- إن العمليات الإدارية متشابكة ومترابطة بحيث يؤثر كل منها على الآخر

4- إن ممارسة العملية الإدارية يشمل تحقيق المهام أو النتائج التي وجدت من أجلها المنظمة سواء كانت تجارية أم حكومية أم صناعية، وزارة أو شركة أو جمعية أو مستشفى أو مدرسة، ربحية أو غير ربحية.

وتحلل النظرية الكلاسيكية عمل المدير بأنه ذلك النشاط الذي يتمحور حول الأعمال التالية:

أ- تحديد أهداف الوحدة التنظيمية التي يديرها.

ب- توزيع عمل الوحدة التنظيمية على مجموعات العمل المتخصصة حتى تسهل إدارة تلك الوحدة التنظيمية.

ج- رسم وتصميم الخطط والسياسات والإجراءات والقواعد التي تتحكم بتنفيذ العمل.

د- تفويض الأعمال والسلطة إلى المرؤوسين.

هـ- الإشراف والمراقبة ومتابعة الجهود المتنوعة المبذولة من المرؤسين لتحقيق الأهداف.

هذا التقسيم للنشاطات الإدارية الذي تتبناه المدرسة الكلاسيكية يسمى عادة بالعملية الإدارية، والتي إذا ما استطعنا تطبيقها بصورة فعالة تعطينا نتائج جيدة متمثلة بوجود هيكل تنظيمي صحيح وتحقيق للأهداف بصورة مستمرة.

تعتبر هذه النظرية الإدارة عبارة عن عملية لإنجاز الأهداف بواسطة جهود الآخرين وبالتعاون معهم على شكل جماعات منظمة. ويهدف هذا المخل إلى تحليل العملية الإدارية وتقديم إطار نظري لها وتحديد المبادئ التي تتحكم فيها بالإضافة إلى تطوير النظرية الإدارية. فهذه المدرسة مدرسة العملية الإدارية تعتبر الإدارة عملية عمومية من حيث المبدأ والتطبيق ويمكن ممارستها دون الالتفات إلى نوع المشروع أو المستوى داخل ذلك المشروع بالرغم من أنه يوجد اختلاف واضح في بيئة الإدارة سواء من حيث طبيعة العمل أو المستويات. فهي تعتبر نظرية الإدارة كأسلوب لتنظيم الخبرة وتمكننا من تحسين التطبيق بواسطة إجراء البحوث والاختبار الميداني للمبادئ وتدريس الأسس التي تحتوي عليها العملية الإدارية، يسمى هذه المدرسة من قبل ناقديها المدرسة التقليدية أو المدرسة العلمية، وقد تأسست وتطورت منذ أن ظهرت أفكار وبحوث فايول واستمرت في تطوير فلسفتها الإدارية ولا تزال تعتبر من المدارس الأساسية في الإدارة. فهي تعتمد على مبادئ معينة في دراستها لنظرية الإدارة وتشمل:

1- أن الإدارة عملية يمكن دراستها نظرياً عن طريق تحليلها إلى وظائف معينة يقوم بها المدير.

2- أن الخبرة الطويلة في الإدارة وفي ظروف عملية متنوعة تعطي الأرضة الصلبة لاستخلاص حقائق أساسية أو قواعد مهمة يمكن اعتبارها مبادئ وهذه تحقق لنا فوائد معينة من حيث الوضوح وإمكانية التنبؤ والسيطرة على الموارد وتعديل سلوك العاملين وكلها تساعد على فهم وتطوير الإدارة.

3- يمكن أن تصبح هذه الحقائق الأساسية نقاط رئيسية في بحوث مفيدة تحاول إثبات صحتها وتطوير جانبها النظري والعملي.

4- هذه الحقائق قد تكون العناصر المهمة لنظرية الإدارة

5- إن الإدارة فن، ولكن مثل علوم الطب والهندسة يمكن تطويرها عن طريق فهم المبادئ والتعمق والتخصص في ممارستها.

6- إن مبادئ الإدارة حقيقة حتى وإن حاول بعض الممارسين تجاهل بعضها أو عدم الاعتراف بآثار ما يسببه أحدها.

7- يوجد واضح للظروف الطبيعية والاجتماعية على بيئة المدير العملية، لكن تتجاهل مدرسة العملية الإدارية هذه التأثيرات لأنها تدعي بعدم حاجة نظرية الإدارة العملية لتغطية جميع حقول المعرفة حتى تكتسب تلك المدرسة أسس نظرية وعملية مقبولة.

إن إحدى مداخل دراسة الإدارة هو عن طريق اعتبارها عملية مستمرة. إن هذه العملية تتكون من وظائف معينة يقوم بها المدير والتي عندما نقوم بتشخيصها وتحليلها فإنها سوف تزيد من فهمنا للموضوع. ولهذا المدخل فوائد عدة منها تركيز الانتباه على الأسس الضرورية للإدارة وتقديم إطار عام يشتمل على جميع الأساليب والعموميات الخاصة بالإدارة. ويستخدم معظم الكتاب الكلاسيكين ف الإدارة هذا المدخل الوظيفي أو المدخل العلمي في دراساتهم. ومن المعتاد أن يجد القارئ في مجال الإدارة أن مكونات العملية الإدارية تشتمل على سبعة وظائف هي التخطيط والتنظيم والتوجيه والتنسيق وكتابة التقارير والتمويل (Posdcorb)(29) وهنا يجب الانتباه إلى عدة مسائل:

أولاً : إن هذه التقسيمات السبعة تستعمل فقط لغرض التحليل والدراسة، وهي لا تعني بأن هذه الوظائف مستقلة ومنفصلة عن بعضها دون أي تداخل. فكل وظيفة تؤكد بعض مكونات مهمة المدير الكاملة وتكون مترابطة بشكل كبير مع باقي الوظائف.

ثانياً : يجب عدم اعتبار هذه الوظائف وكأنها قواعد مختصرة ومحددة تبين للمدير ما يجب أن ينجزه من أعمال يومية، فمثلاً يحب على المدير أن لا يعمل على إقناع حاله بأنه يؤدي وظيفة التنظيم في وقت معين، ثم وظيفة الرقابة وتتبعها وظيفة التوجيه وهكذا.

ثالثاً : أن الترتيب المذكور أعلاه للوظائف التي تحتوي عليها العملية الإدارية لا يعني تنفيذها الفعلي بنفس التسلسل الزمني، ولكن يجب النظر إلى جميع هذه الوظائف بأنها عمليات تتصف بالاستمرارية والتفاعل والتكامل.

(4) وظائف إدارة أم أدوار أم نشاطات يمارسها المدير؟

إن العملية الإدارية وظيفة اجتماعية مركبة قد يكتسبها بعض المدراء من خلال الممارسة دون أن يدرسوها بالطريقة النظرية التحليلية. وعندما نسألهم عن كيفية الاضطلاع بها، يكون جوابهم هو : أنهم يمارسونها تلقائياً ولكن لا يستطيعوا توضيح كيفية القيام بها. لذلك فإن الدراسة الأكاديمية للإدارة تضطر إلى استخدام

أسلوب نظامي في تحليل هذه الظاهرة المركبة وتقسيمها إلى أجزاءها من أجل فهم العملية الإدارية بصورة افضل وكذلك لغرض تدريسها للأشخاص الذين لم تتاح لهم فرصة ممارستها عن طريق التجربة والخطأ. إن استخدام هذا المدخل الوظيفي لدراسة العملية الإدارية مفيدا جداً بالنظر لتوفر الوضوح والبساطة فيه. وبالرغم من وجود مداخل أخرى تستخدم في دراسة الإدارة كالمدخل السلوكي ومدخل اتخاذ القرار ومدخل دراسة الحالات ومدخل بحوث العمليات وغيرها، فإن مدرسة العملية الإدارية استمرت مع بقية المدارس الحديثة بالنظر للتطور والتجديد الذي طرأ عليها. إن دراسة العملية الإدارية تتم على أساس تقسيمها إلى أجزائها المختلفة والمترابطة من جهة، ومن جهة أخرى نتوسع ف دراسة العملية الإدارية بواسطة النظر إليها بمنظار أوسع وذلك بسبب التفاعل والتأثير الذي يحصل من علاقة العملية الإدارية بالاقتصاد والمحاسبة والعلوم السلوكية والأساليب الكمية والتكنولوجيا التي يؤثر على أداء وإنجاز الوظائف الإدارية.

فما هو الإطار النظري المناسب للمدير؟ يؤكد علماء السلوك الإدارية على الوصف أكثر من الممارسة، وتؤكد المدرسة العلمية على الناحية الإنتاجية وتعطي لها أهمية كبيرة بينما تقلل من الأبعاد الإنسانيةوالاجتماعية للإدارة، كذلك يهتم أصحاب النموذج العقلاني بالحلول التي يقترحونها من حيث دراسة بعض أجزاء العملية الإدارية بدلاً من إعطائها النظرة الكلية. أما مدخل النظم(30) فيختار مهام معينة ويبحثها بشكل فلسفي. وهكذا نلاحظ بأننا نواجه مهمة إيجاد الترابط بين الأفكار المفيدة ومشروع ربطها في إطار عمل واقعي.

ولهذا السبب فإن التفكير بالعملية الإدارية على أنها التخطيط والتنظيم والتنسيق والرقابة والتوجيه له فوائد كثيرة لان هذا التفكير عملي ويعبر عن المفاهيم بواسطة عمليات ونشاطات يؤديها المدير، وهذا التفكير شامل لأنه يحتوي على الوظائف الرئيسية للمدير، وأنه قابل للتطبيق عموماً على أساس أن المدير يجب أن يعطي أهمية معينة لكل جزء من أجزاء العملية الإدارية.

وبالرغم من كل المزايا التي يتصف بها مدخل العملية الإدارية فإن التصنيف الذي يعتمد على الوظائف الأربعة (تخطيط، تنظيم، توجيه، رقابة) كأساس لعمل المدير وهو ما يسمى بالوظائف الإدارية يعاني من بعض العيوب مثل تركيزه على المدخلات أو النشاطات وليس على النتائج أو المخرجات. كما أن هذا المدخل يتجاهل عنصر الأدوار التي تحتوي عليها وظيفة المدير. ومن الباحثين من يؤكد على تقييم عمل المدير بالنتائج (أو المخرجات) وليس بالمدخلات وبالإنجاز بدلا من الأنشطة. كذلك يجب التمييز بين الكفاءة والفاعلية. فالكفاءة تعني نسبة الناتج إلى المدخلات اي إمكانية الاستغلال الأقصى للموارد المتوفرة في عمليات إنجاز الأهداف. أما الفاعلية فهي القدرة على اختيار الأهداف المنابة وتحقيقها، اي أنها القدرة على النجاح في غدارة المشروع(31). وفي مثال عن المدير الكفوء والمدير الفعال هو ان الأول يعمل على حل المشاكل وتخفيض التكاليف بينما المدير الفعال يقصد الحصول على بدائل إبداعية وزيادة الأرباح. وعلى هذا

الأساس فإن مدخل العملية الإدارية يهتم بالكفاءة أكثر من الفاعلية. والمدير هو الشخص المسؤول عن منظمة معينة أو جزءاً منها. وهذا التعريف يشمل- بالإضافة إلى الرؤساء التنفيذيين- كل من نواب الرئيس، ورجال الدين، رؤساء العمال، مدرين التنظيمات الحزبية، مديرو الفرق الرياضية، ورؤساء الوزراء وغيرهم. والسؤال الذي نطرحه هنا هو: هل كل هؤلاء الأشخاص لديهم اشياء مشتركة؟ والجواب نعم، إن لديهم كلهم السلطة الرسمية التي يمارسها كل واحد منهم في مؤسسته، ومن السلطة الرسمية يأتي المركز الرسمي الذي يقود إلى علاقات شخصية متنوعة، ومن هنا تاتي الحاجة إلى المعلومات. والمعلومات بدورها تمكن المدير من صنع القرارات والاستراتيجيات للمؤسسة التي يرأسها. إن عمل المدير يمكن ان يوصف على أساس الأدوار المختلفة أو مجموعات التصرف المنظمة والمرتبطة بالمركز او الوظيفة. وقد وجد مينتزبرغ Mintzberg في دراسته لسلوك المدير بأن هناك عشرة أدوار(32) يلعبها المدير، تقوم السلطة الرسمية بإحداث ثلاثة أدوار شخصية تؤدي بدورها إلى تكوين ثلاثة أدوار

(32) يلعبها المدير، تقوم السلطة الرسمية بإحداث ثلاثة أدوار شخصية تؤدي بدورها إلى تكوين ثلاثة أدوار
معلوماتية وهذين الدورين الأساسين يمكنان المدير من لعب أربعة أدوار قراراتية. وهذه الأدوار تمثل الجانب الديناميكي لعمل المدير الذي لا يظهر في العملية الإدارية بنفس الوضوح. ومن الضروري معرفته بالنسبة لهذه الأدوار العشرة هو أنه من الصعب تجزئتها حيث تشكل مجموعة واحدة متكاملة لا يمكن عزل أحد الأدوار عن الآخرين في الإطار المتكامل دون أن يؤثر على عمل المدير.

فالأدوار الشخصية Interpersonal للمدير تكون مهمة بالنسبة للإدارة العليا وتشمل:

1- رمزfigurehead : المدير يمثل المؤسسة في مجالات الشؤون العامة ويتابع الأعمال الرسمية للمؤسسة.

2- قائد Leader: يقوم المدير بتوجيه وتحفيز المرؤوسين ويكون قدوة سلوكية للعاملين في المؤسسة ويمارس وظائف التخطيط والتنظيم و التوجيه.

3- حلقة وصل Liason مع الآخرين: يتفاعل المدير مع الأفراد ويعمل كحلقة وصل بين الأفراد والمجموعات في داخل المنظمة وخارجها كالأجهزة الحكومية والمنافسون وأصحاب المصالح .

أما الأدوار المعلوماتية Informational: فيكون الاهتمام بها واضح من قبل الإدارة العليا والإدارة الوسطى وتشمل:

1- مراقب Monitor: فالمدير يخطط ويراقب النشاطات ويبحث عن المعلومات ويجمعها ويراقب السلوك من أجل صنع القرارات وتحسين السلوك لتطوير الأداء.

2- موزع Disseminator: يقوم المدير بتوجيه وتنسيق وإيصال المعلومات إلى الآخرين والحصول على المعلومات عن الخطط والأهداف ومستوى الأداء عند المدراء والمرؤوسين كتغذية عكسية لإجراء التعديلات .

3- ناطق رسمي Spokesperson: وتشمل الكلمات التي يلقيها المدير والتي يعبر فيا عن سياسات المنظمة وفلسفتها ف الاستثمار والمنافسة والموازنة وسلامة العاملين.

أما الأدوار القراراتية Decisional فتؤكد عليها الإدارة الوسطى والدنيا وتشمل:

1- مستحدث Entrepreneur: وتعني الإبداع في السلع والخدمات الجديدة والتكنولوجيا واستحداث المؤسسات الجديدة.

2- حل المشكلات والمعوقات Disturbance handler: إن إمكانية حل المشكلة والأزمات تؤثر على الانسجام والفاعلية داخل المنظمات.

3- موزع للموارد Resource allocator: وتتعلق بربط وظيفتي التخطيط والتنظيم وتوزيع الموارد المالية والمادية والبشرية.

4- مفاوض Negotiator: للقيام بالتفاوض داخل وخارج المنظمة وتتعلق بنشاطات شراء المواد الأولية وتحديد الأسعار والأجور وظروف العمل والعلاقات العمالية.

وفي دراسة استغرقت أربع سنوات للباحث لوثانز Luthans توصل فيها إلى أن المدراء يضعون أهمية كبيرة على التفاعل الإنساني human Interaction وعلى الاتصالات Communicating وتوصل إلى أن المدراء الحقيقيون real mangers هم الذين يواجهون ويبادرون نحو التحديات التنظيمية the Challenge of Organizational initiative يوصفون بالمبدعين والمنتجين وهاتين الصفتان تميزان المدراء الحقيقيون Real mangers من المدراء الناجحون Successful mangers . فالمدراء الناجحون يبقون Survive ويترقون في المنظمة لان سلوكهم غير متناقض Uncontro وكفاءتهم الإدارية واضحة ولكونهم يجمعون بين العلاقات الاجتماعية والسياسية Socializing and politicking. وبالمقارنة معهم، فغن المدراء الحقيقيون يتسابقون ويقودون منظماتهم نحو إنتاجية أعلى ويؤكدون على جودة السلع والخدمات التي يقدمونها ويكونوا قدوة في المحاولات الإبداعية. وفيما يلي توضيح لنشاط المدير الحقيقي في النموذج التالي:

جدول (18) نموذج الأنشطة الحقيقية للمدير

جدول (18) نموذج الأنشطة الحقيقية للمدير

نشاط المدير الحقيقي	تفاصيل الوظائف والنشاطات
1- الاتصال	تبادل المعلومات الأعمال الكتابية
2- الإدارة التنفيذية	التخطيط صنع القرار الرقابة
3- النشاطات الاجتماعية	التعامل مع القوى خارج المنظمة العلاقات الاجتماعية والتأثير على الآخرين
4- إدارة الموارد البشرية	الدافعية والتحفيز الضبط والعقوبات إدارة النزاع التوظيف التدريب والتطوير

تحتاج كل وظيفة من وظائف الإدارة إلى مهارات معينة يستخدمها المدير لممارسة نشاطاته بنجاح، وفيما يلي ربط بين كل وظيفة من وظائف الإدارة بالمهارات التي تتطلبها(33):

أ- التخطيط Planing

1- وضع الأهداف Setting goals

2- تطوير جداول الرقابة developing control charts

3- دراسة ومسح البيئة Scanning the environment

4- المقدرة على حل المشاكل solving problems

5- إدارة الوقت Time management

ب- التنظيم Organizaing

1- الحصول على السلطة Acquiring power

2- معالجة الفروقات الثقافية Culture diversity

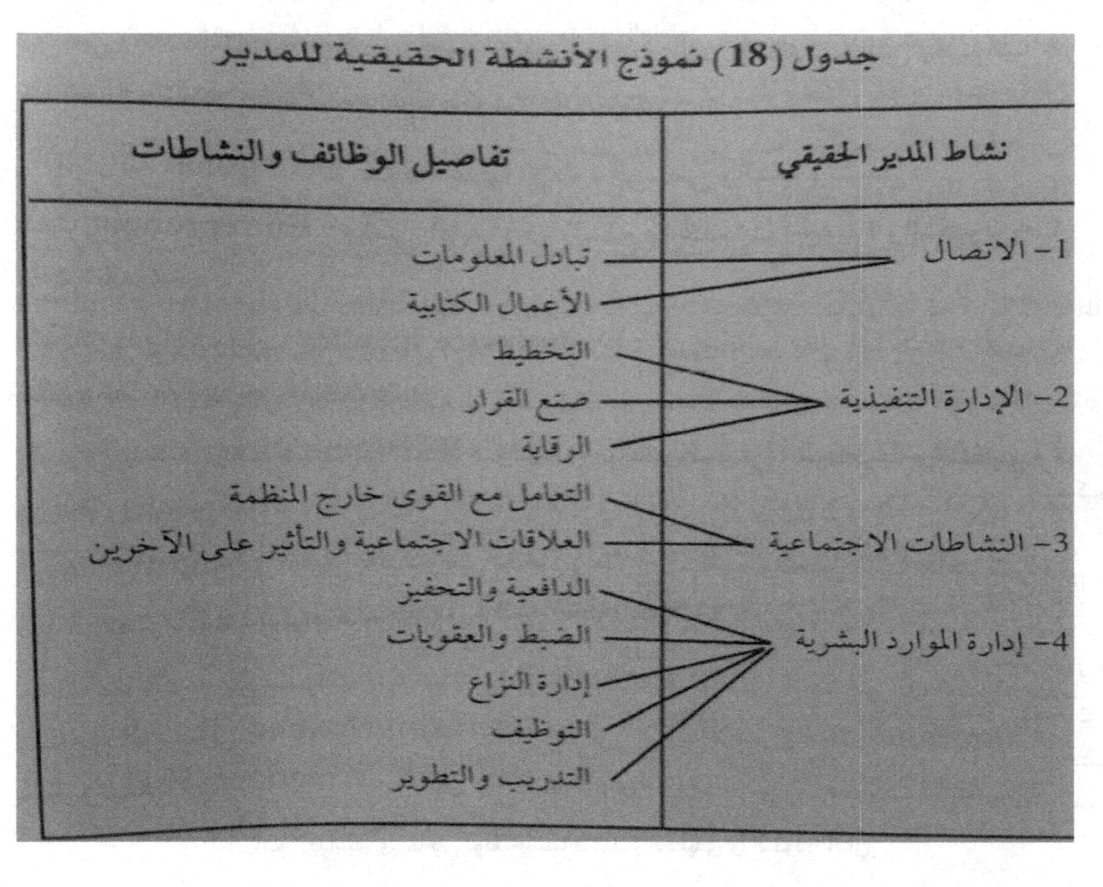

3- تكوين فرق العمل

4- التفويض والتمكين delegation and empowerment

5- تصميم الأعمال المحفزة Design motivating jobs

6- الإلمام بالثقافة التنظيمية Organizatioanl culture

7- تخفيض التوتر والإجهاد managing stress

ج- القيادة Leading

1- زيادة القوة Acquiring power

2- اختيار الأسلوب القيادي الفاعل

3- التدريب coaching

4- تشكيل فرق عمل فاعلة

5- تفويض وتمكين

6- تصميم الأعمال المحفزة

7- تعزيز الثقة Developing trust

8- التأديبDescipline

9- المقابلة interviewing

10- إدارة مقاومة التغيير Managing tesistance to change

11- الرقابة

12- تقديم المعلومات المرتدة Providing feedback

13- معرفة الثقافة التنظيمية

14- تخفيض التوتر Reducing stress

د- الرقابة Controlling

1- الموازنة Budgeting

2- جداول الرقابة Control charts

3- الانضباط Disciplining

4- إدارة مقاومة التغيير Resistacne to change

5- إدارة الوقت Time management

6- المعلومات المرتدة Feedback

7- مراقبة البيئة Scanning the environment

8- وضع الأهداف Goal setting

وفي مقارنة تفصيلية لوظائف المدير حسب دراسات كل من مينتزبيرغ mintzberg و جوليك Gulick سنة 1983و جارسون و افرمان Garson and Overman سنة 1983 يمكن التوصل إلى ملاحظات تبين الفروقات الرئيسية بين الوظائف والأدوار والعمليات الإدارية حسب الجدول التالي :

جدول (19) مقارنة وظائف المدير حسب الأدوار والوظائف والعمليات

جدول (19) مقارنة وظائف المدير حسب الأدوار والوظائف والعمليات

وظيفة المدير	Mintzberg 1975 الأدوار الشخصية والمعلوماتية والقرارتية	Gulick 1937 (POSDCORB) الوظائف : التخطيط والتنظيم والتوجيه والتنسيق والرقابة والتمويل	Garson and Overman 1983 (PAHRIER) تحليل السياسات وإدارة التمويل والموارد البشرية والمعلومات والعلاقات الخارجية
الأدوار الشخصية	– رمز : يقوم بالواجبات الاحتفالية	– لا يوجد نشاط ماقبل	– لا يوجد نشاط مقابل
	– قائد : يستخدم السلطة الرسمية	– تنظيم توظيف	– مجموعة التخطيط والتنظيم والرقابة والتوجيه والتمويل
	– حلقة الوصل : يجري اتصالات خارج نطاق تسلسلة السلطة	– لا يوجد نشاط مقابل	– لا يوجد نشاط مقابل
الأدوار المعلوماتية	– مراقب : يبحث عن المعلومات	– تخطيط وتقييم	– تحليل السياسة
	– موزع : يوصل معلومات	– توجيه وتنسيق	– إدارة المعلومات
	– ناطق باسم المنظمة : يعطي معلومات خارج المنظمة	– لا يوجد نشاط مقابل	– العلاقات الخارجية
الأدوار القراراتية	– مستحدث : يعمل على تنمية وتطوير المنظمة	– لا يوجد نشاط مقابل	– إدارة المواردالبشرية
	– معالجة الأزمات : يتجاول للضغوط	– لا يوجد نشاط مقابل	– لا يوجد نشاط مقابل
	– موزع للموارد : يقرر من يحصل على الموارد	– الموازنة	– الإدارة المالية
	– مفاوض : يدافع عن مصلحة المنظمة .	– لا يوجد نشاط مقابل	– لا يوجد نشاط مقابل

ويبقى أداء المدير يعتمد على كيفية فهمه وتجاوبه للضغوط والمشاكل التي تواجه عملنا. والجدير بالذكر أنه لا يوجد عمل اكثر أهمية لمجتمعنا من عمل المدير. فالمدير هو الذي يحدد ما إذا كانت مؤسساتنا الاجتماعية والاقتصادية تقوم بخدمتنا أو أنها تضيع قابلياتنا الفكرية ومواردنا المادية .

لقد زادت أهمية ونفوذ طبقة المديرين في المجتمع الصناعي منذ الحرب العالمية الثانية حيث يتواجدون في قمم الهياكل التنظيمية للمنظمات الحكومية والسياسية والاقتصادية والقوات المسلحة ووسائل الإعلام، ويتخذون القرارات المؤثرة في السياسات الاقتصادية والقوات المسلحة ووسائل الإعلام، ويتخذون القرارات المؤثرة في السياسات والاقتصاديات والعلاقات الدولية وشؤون الحرب والسلم، ويمارسون رقابتهم على وسائل الإنتاج ويمارسون سلطاتهم الواسعة داخل المنظمات التي يديرونها ويقومون بتحديد الأسعار والأجور لتحقيق مصالحهم إلى درجة سيطرتهم على الدولة لكي يصبح الدولة خاضعة لمصالح ورغبات هذه الطبقة الجديدة. وقد اكتسبت طبقة المديرين اعترافاً متزايداً بأهميتها بسبب نفوذها وقوتها في مواجهة التغيرات الجديدة كذلك أدى تطور التكنولوجيا المعاصرة إلى ظهور المنظمات الحكومية الكبيرة والشركات المساهمة المتعددة الجنسيات مما أدى إلى التركيز على الإدارة المتطورة والتعمق في المهارات والمواهب في مجال التجديد والابتكار والتطوير التنظيمي .

ولا تتوقف الإدارة في تحليلها لعملياتها عند المدخل الوظيفي أو مدخل الأدوار بل يقوم المديرون في الدول المتقدمة باختبار عدد من الحلول الجديدة للمشاكل الطارئة بسبب العوامل الداخلية والخارجية مثل ارتفاع مستوى التضخم واستخدام الكمبيوتر والإلكترونيات(عوامل بيئية)وتغيير أسعار البترول وشدة المنافسة الناتجة من الاستيراد والتي تؤثر على الجودة والسعر وحصة السوق (عوامل دولية) والسياسات العامة المتمثلة بالتشريعات والأنظمة التي يقصد بها تحسين البيئة الطبيعية وصحة وسلامة المستهلك والموظف العامل (عوامل اجتماعية وأخلاقية).

لذلك يحاول المديرون من هذا النوع تكييف العملية الإدارية لهذه الحقائق الجديدة. فالتغيير المستمر يعطي الإدارة بعداً ديناميكياً. إن نجاح المديرون ومنظماتهم يعتمد بدرجة كبيرة على مقدار إمكاناتهم واستعدادهم للتكيف للتغيرات المستجدة التي تؤثر على إدارة منظماتهم بشكل اقتصادي وفاعل.

هوامش الفصل الخامس

1 -Henri Fayol, General and industrial management, new york, Pitman Publishing corporation, 1949.

Also see:

-Stephen Carrol, Frank paine and john miner the management process 2nd ed., New york, Mc Millan publishing,1977.

2 -Luther Gulick and L. urwick, (eds), papers on the science of administration, New york,Augusturs Kelley Publishers, 1937.

3 -Lyndall Urwick and E.F.L brech the making of cientific management London, management publications trust, 1945.

4 -James Mooney, the principles of Organization, New York, Harper and Row, 1947.

5 -Frederick taylor, Scientific management new york Harper and Brothers 1947.

6 -Chester barnard the functions of the executive Cambridge mass Harvard university press 1938.

7 -E. wright bade, Organization and the individual new haven yale university press 1952.

8 -Elton mayo, the social problems of an industrial civilization new york the Viking press 1945

9 -max wever, the thwory of social and economic organization 1915. translated by A.M Henderson and talcott parsons new york oxford university press1947

10 -Herbert simon administrative behavior new york the Macmillan company 1957

11 -Herbert simon models of man social and rational new york john wiley and sons 1957.

12 -Kathryn bartol and david matrin management 2nd ed., new york Mc graw- Hill , Inc., 1994,p.55

13 -David Holt, management principles and practices, 3rd ed., Englewood Cliffs: New jJersey, Prentice Hall,1993,pp.171-3.

14 -batrol and martin op. cit pp.136-9

15 -don hellriegel and john slocum management 6th ed., reading mass Addison Wesley publishing company 1991.p.259

16 -Judith R. Gordon ed al., management and organizational behavior boston allyn and bacon 1990,pp.117-9

17 -Stephen robbins organization theory structure designs and applications 3rd ed., Englewood Cliffs: N.j., Prentice hall inc 1990 pp.100-2

18 -Judith r. Gordon , et al., op, cit ., pp.207-9

19 -Ibid., p. 239-259.

20 -Richard daft oranaization theory and design 4th ed., new york west publishing co., 1992.pp179-209

21 -Holt, Op.cit p440

22 -Hellriegel and slocum op cit pp 478-489

23 -Ibid pp478-489

24 -Holt op cit pp 447-9

25 -Robert kreitner and Angelo kinicki organizational behavior Homewood Il., Richard Irwin inc 1989.pp.149-155

26 -Ibid pp252-8

27 -Holt op cit pp 520-1

28 -Bartol and martin op cit pp 506-610

29 -Jefferey straussman public adminstraion 2nd ed., white plains N.Y., Longman, 1990pp.68-71.

Also see:

-brain fry mastering public administraion chatham n.j. chatham house publishers inc 1989,pp80-3

30 -David rosenbloom public administration understanding management politics and law in the public sector 3rd ed., new york mc grew - hill inc., 1993, pp. 159-67.

31 -Bartol adm manrtin op cit p 18

32 -Henry mintzberg the managers fob folklore and fact Harvard business review vol 53, No, 4, 1975,pp.49-61.

Also see bartol and martin op cit p 12

Holt (1993) op cit p 10

33 -Stephen Robbins and mary coulter management 6th ed., Upper saddle river new jersey, Prentice hall 1999,p,18.

6

الفصل السادس

التخطيط الأنواع والخطوات والأدوات
Planning: Types, Steps, and Tools

1- مفهوم التخطيط والخطة

2- التخطيط الرسمي وغير الرسمي

3- فوائد التخطيط الأهداف التنظيمية

4- الأهداف التنظيمية

5- هيراركية (هرمية) التخطيط وأنواع الخطط الاستراتيجية والتكتيكية والتشغيلية

6- الإدارة بالأهداف : الأهداف ، السياسات، الإجراءات، القواعد، البرامج، المشاريع، الميزانيات، الجدولة.

7- الخطوات الأساسية في التخطيط

8- مركزية ولا مركزية التخطيط

9- الوسائل والأدوات المساعدة في التخطيط

1.9 الأساليب الكمية والنوعية المستخدمة في التخطيط

2.9 الموازنات (الإيرادات، النفقات، الأرباح، النقدية، النفقات الرأسمالية)

3.9 أدوات التخطيط التشغيلي

1- الجدولة وخرائط الإنجاز

2- نقطة التعادل

3- البرمجة الخطية

4- خطوط الانتظار

5- التحليل الحدي

6- التماثيل

الخطوات للأنواع والخطات والأدوات

يعتبر التخطيط أكثر أهمية من باقي الوظائف الإدارية الأربعة الرئيسية. فالتخطيط يعطي إطاراً يحتوي على الأفكار والقواعد التي تساعد وترشد الأفراد على ما يستطيعون عمله والطرق المستخدمة لتحقيق الأهداف. ويكون التخطيط إطاراً لتنظيم الموارد وبناء المنظمة والسيطرة على النشاطات. ومن خلال عملية التخطيط يقوم المديرون بوضع الأهداف التي نستخدمها كمعايير لقياس الفاعلية التنظيمية.

ويطلق على التخطيط بعيد المدى بالتخطيط الاستراتيجي(1). وتعمل الشركات الكبيرة والصغيرة على ممارسة التخطيط الاستراتيجي لوضع الأهداف القابلة للتطبيق والنجاح Viable ورسم النشاطات التنظيمية. ويضع المديرون خطط قصيرة المدى تكون طبيعتها تكتيكية وتكون دورة حياتها سنة. وفي الفترة قصيرة المدى يمارس المديرون التخطيط التشغيلي الذي يشتمل على جدولة الأعمال وتوقعات الاحتياجات العمالية واحتياطات المواد ورأس المال والتكنولوجيا.

(1) مفهوم التخطيط والخطة:

يعرف العالم الإداري هولت Holt التخطيط بأنه أحد وظائف الإدارة الرئيسية الأربعة وأنه عملية تحديد أهداف المنظمة ورسم الاستراتيجيات والطرق والعمليات لإنجازها.(2)

ويعرف العالم جورج ستاينر George Steiner التخطيط بأنه وظيفة يقرر فيها المدراء ماذا ينجزون ومتى وكيف من ينجزها(3) أما الخطة فهي أداة الاسترشاد التي تحدد الهدف المقصود وترسم الطريق للوصول إلى ذلك الهدف. ويعني الهدف Objective النتيجة المرغوب الحصول عليها في نقطة زمنية في المستقبل وكلما كانت المنظمات اكبر واكثر تعقيداً كلما زادت صعوبة وضع الخطط العملية، ولكن من الملاحظ ف الوقت الحاضر أنه حتى المشاريع الصغيرة تعمل في بيئات معقدة. ويستفاد من التخطيط بأنه يقلل من عمليات التخمين التي يلجأ إليها المديرون في صنع القرار. والرسم التالي يبين العلاقة بين الأهداف والخطط:

شكل (21) العلاقة بين مستوى الأهداف ومستوى الخطط

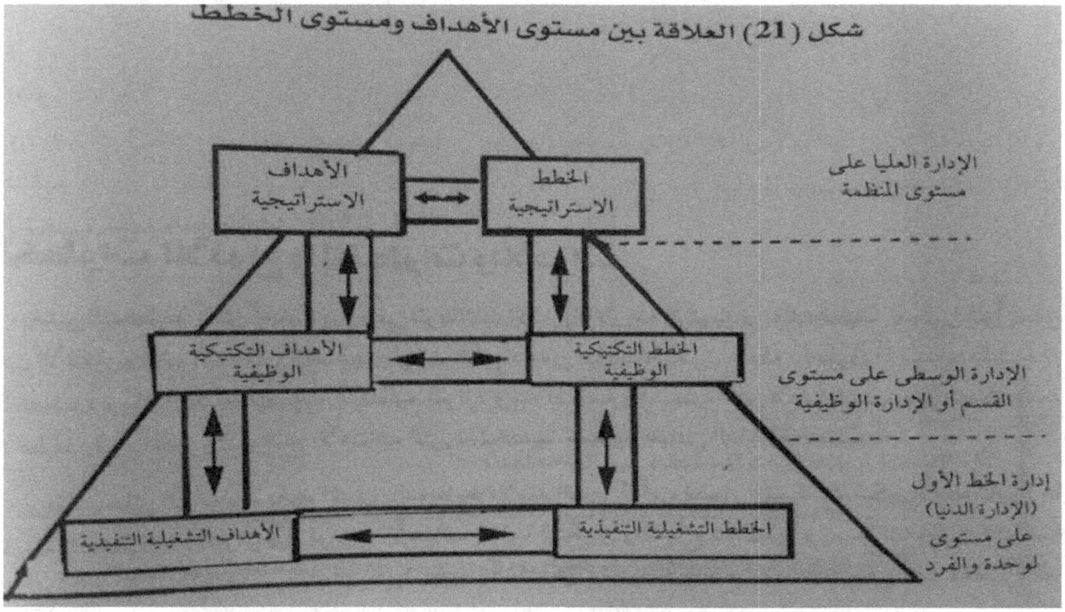

(2) التخطيط الرسمي وغير الرسمي formal and informal planning

يستخدم بعض المديرين الحدس Intuition كردة فعل للاجتهاد في معالجة المشاكل التي تواجههم، بينما يستخدم البعض الآخر عملية البحث المنتظمة Investigation قبل صنع القرارات. ويعني التخطيط غير الرسمي الاعتماد على البديهة والفطرة. أما التخطيط الرسمي فيعتمد على الطريقة الدقيقة في الاستقصاء وصنع القرار(4) based on a rigrous method of investigation and decision making.

يجد مينتزبيرج Mintzberg بأن كثيرا من المديرين يخططون رسمياً أو غير رسمي بوعي أو بواسطة الحدس والاجتهاد، ووجد مينتزبيرج بأن معظم المدراء التنفيذيون يؤيدون فكرة أن التخطيط الرسمي يساعد على تحسين صنع القرار ويقلل من الأخطاء(5)، وإضافة إلى ما سبق، فإن البيئة التخطيطية تزداد تعقيداً بسبب التغيرات الحاصلة في التجارة الدولية. ولكن تختلف وجهة نظر العالم السلوكي لوثنز luthans في دراسته الحديثة الذي وجد بأن المديرين في الوقت الحاضر ينشغلون بالنظم الرسمية عندما توجد لديهم تكنولوجيا المعلومات(6).والرسم التالي يبين الطريقة التقليدية لوضع الأهداف :

شكل (22) الطريقة التقليدية لوضع الأهداف

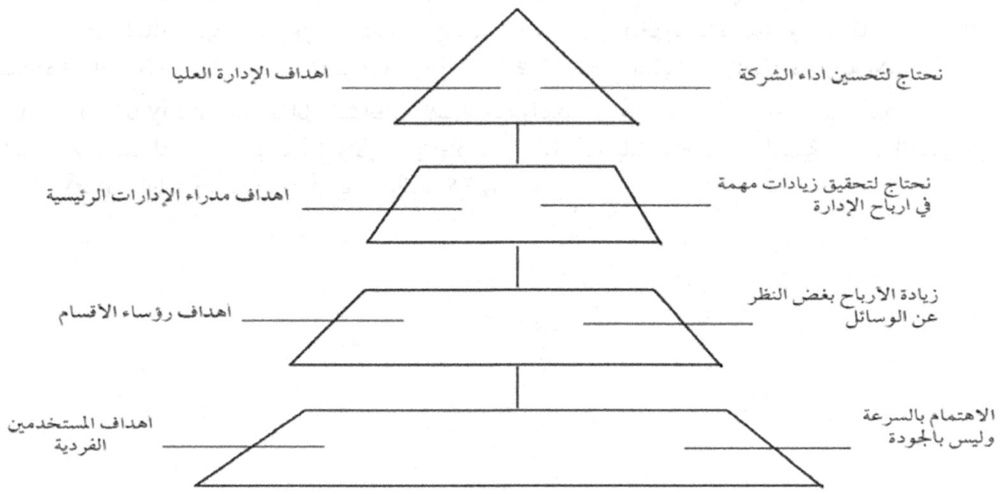

اهداف الإدارة العليا
نحتاج لتحسين اداء الشركة
اهداف مدراء الإدارات الرئيسية
نحتاج لتحقيق زيادات مهمة في ارباح الإدارة
أهداف رؤساء الاقسام
زيادة الأرباح بغض النظر عن الوسائل
اهداف المستخدمين الفردية
الاهتمام بالسرعة وليس بالجودة

(3) فوائد التخطيط

تعتبر النماذج التخطيطية أدوات مفيدة للإدارة. وهي تستخدم لتكملة أساليب الاعتماد على الحدس والاجتهاد في تحليل المشكلة ومعالجتها بطريقة منطقية. إن عملية التخطيط غالباً ما تساعد في اكتشاف الفرص والطرق الابتكارية لإنجاز المهام المحددة. ويوجد أربعة فوائد للتخطيط وهي :

1- الغرض Purpose: يساعد التخطيط على تحديد الغرض من المنظمة، والغرض يمثل السبب في وجود المنظمة وهو تبرير بقاء المشروع.

وتفقد بعض الشركات وجودها تدريجياً حين يتلاشى اعتبارها عند المستهلكين وأهدافهم ثم تنتهي بالإنحدار والإفلاس. لذلك فالغرض يعبر عن الأهداف الرئيسية للمنظمة.

2- يصف التخطيط الأهداف الخاصة لكل فرد في المنظمة ويثبت التخطيط أهداف واستراتيجيات محددة على مواجهة لإرشاد وتوجيه النشاطات المستقبلية بنجاح.

3- يساعد التخطيط الرسمي في زيادة المقدرة على مواجهة المقيدات البيئية **Environmental constraints**. يستطيع المديرون أن يدركوا المحددات البيئية بشكل افضل من حالة عدم وجود تخطيط. ومن المحددات أن يدركوا المحددات البيئية بشكل أفضل من حالة عدم وجود تخطيط. ومن المحددات التي تؤثر على المنظمة اكتشاف المنافسة ومعرفة التهديدات التي تساعد على اتخاذ الاحتياطات عند صنع القرارات المستقبلية. ومن الملاحظ أن كثيراً من العوامل تحدد نشاطاتنا مثل الظروف غير المؤكدة التي تؤثر على قدراتنا التخطيطية.

4- تقديم البدائل: يحدد التخطيط الجيد البدائل التي سبق دراساتها وتحليلها وتقييمها في الماضي حتى إذا ما تعثر سير الخطة الأساسية المعتمدة وأصبحت أهدافها صعبة المنال تحرك المديرون لاتخاذ خطوات جدية لمعالجة الموقف والاستعانة بالبديل الثاني من اجل تجنب الفشل وذلك عن طريق اكتشاف فرص جديدة والتكيف للظروف المستجدة.

إن الحاجة للتخطيط الرسمي مطلوبة في كل منظمة صغيرة وكبيرة بالرغم من اختلافها من منظمة إلى منظمة ومن مشروع إلى مشروع آخر. إن آثار التخطيط الضعيف معروفة، فالمنظمات التي تتجاهل حاجات المستهلكين وتخطأ في تقدير شدة المنافسة وتفشل في فهم المقيدات التي تحيط بها يكون مصيرها الضعف والخسارة والإفلاس .

(4) الأهداف التنظيمية :

تمتلك كل خطة هدف رئيسي يساعد على نجاح المنظمة من خلال الإدارة الفاعلة. ويقاس النجاح بمدى انجاز الأهداف التنظيمة وهي النتائج النهائية التي يرغب المديرون في تحقيقها عن طريق الجهود التنظيمية. وتمتلك كل شركة أهداف متعددة تختلف اختلافاً كبيراً حسب المستويات الإدارية في المنظمة، وبالتالي يتكون في المنظمة هيراركية للأهداف Hierarchy of objectives تقابل النشاطات الاستراتيجية والتكتيكية والتشغيلية(7) ويوجد أيضاً أنواعاً مختلفة من الأهداف مثل تلك التي تتعلق بالمبيعات والأرباح والمواد البشرية والمسؤوليات الاجتماعية والبيئية. والرسم التالي يعطي تصنيفاً للأهداف العامة والخاصة، الاستراتيجية والتكتيكية والتشغيلية:

شكل (23) تصنيف الاهداف

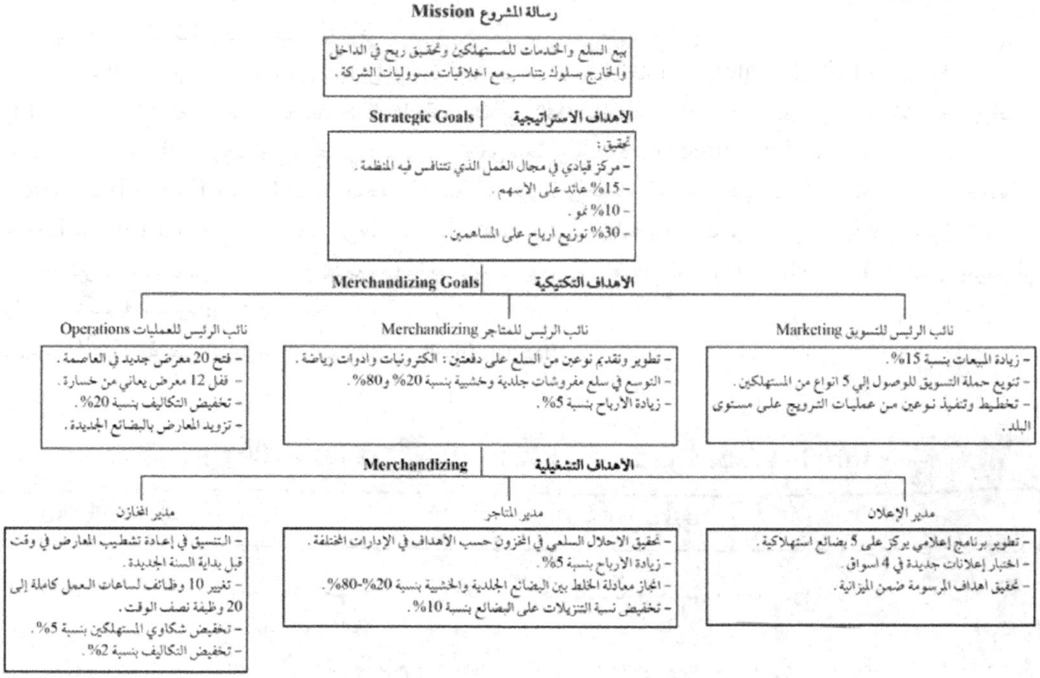

(5) هيراركية التخطيط

تختلف مسؤوليات التخطيط عند المديرين حسب مسؤوليات التخطيط عند المديرين حسب مستواهم التنظيمي، وهذا يوازي المستويات الثلاثة للأهداف. ويعتمد تأكيد المنظمة الذي تضعه على الأهداف بشكل أساسي على إستراتيجيتها، وتشتق هذه الاستراتيجية من الغرض أو الهدف العام Purpose. وتسمى هذه العلاقة بالإدارة الاستراتيجية وتشمل الخطط الاستراتيجية و التكتيكية والتشغيلية(8). وفيما يلي شرح لكل نوع من هذه الأنواع:

أ- المسؤولية الاستراتيجية على مستوى مجلس الإدارة (الغرض أو الهدف العام) Board- Level strategic responsibility. توضع هيراركية التخطيط علاقة دقيقة بين التخطيط وصنع القرار وبالرغم من وجود ثلاثة مستويات للخطط والأهداف فإنه يوجد نوع رابع من المسؤولية تخص مجلس الإدارة Board of Directors والمدير التنفيذي Chief Executive Officer اللذان يوجدان في مجلس الإدارة ويعملان كمراقبين على الغرض العام أو رسالة المنظمة Firms mission. ويعني هذا وجود أربعة مستويات عامة من المسؤولية وأن أعضاء مجلس الإدارة لا يعملون كمديرين بل كممثلين للمستثمرين في الشركة ومهتمين بمصالح المستثمرين ويأتي الغرض العام Misstion على قمة الهرم. وفيما يلي أمثلة على كيفية تحديد رسالة المنظمة:

جدول (20) أمثلة على رسالة المنظمات (الغرض العام) mission

جدول (20) أمثلة على رسالة المنظمات (الغرض العام) mission

المقصود بالغرض العام	الغاية التي تؤديها
1- العملاء	خدمة حاجات العملاء من خلال تجهيزهم بالسلع والخدمات ذات الجودة العالية وبأسعار معتدلة . شركة Motorola
2- السلع والخدمات	تجهيز العملاء بالسلع والخدمات ذات الجودة العالية والضمان وتزويدهم بخدمات مكملة مثل الخدمات البنكية والقروض والتأمين والصيانة . شركة (Sears)
3- الموقع	شركة رائدة في تسويق البضائع للمستهلكين محلياً ودولياً. (Sara Lee)
4- التكنولوجيا	شركة متنوعة الانتاج في المجال الكيميائي والطقاة مع التركيز على البحوث والاكتشافات الجديدة في المجال التكنولوجي والموارد المالية والبشرية لتحسين مستوى حياة البشر . (شركة Du Pont)
	خدمة الحاجة العالمية للمعرفة بأرباح معتدلة من خلال جمع وتقييم وإنتاج وتوزيع المعلومات القيمة بطريقة يستفيد منها العملاء والمستخدمون والمؤلفون والمستثمرون والمجتمع . شركة Mc Grqw-Hill للنشر .
5- الفلسفة	المشاركة والاهتمام في كل وقت يقوم الناس بتقديم الوقت والمعلومات والخبرة بسعادة . (شركة Mary Kay للتجميل).
6- السمعة العامة	التزام الشركة بعملها كمواطن جيد في جميع أماكن عملها . (شركة Eli Lilly)
7- الاهتمام بالعاملين	تعويض العاملين بالرواتب والأجور والامتيازات المنافسة في المكان والمجتمع الذي تعمل فيه الشركة والعمل من أجل الكفاءة في عمليات الشركة . (Texas Gas and Elelctricity Autority)

ب- التخطيط الاستراتيجي **Strategic Planning** : يقوم المدير التنفيذي الرئيسي **Chief Executive Officer** بالتعاون مع المديرين في الإدارة العليا **Top- Level executive** بوضع الأهداف الاستراتيجية بعيدة المدى لتعزيز رسالة المنظمة. ومن ناحية البعد الزمني فإن رسالة المنظمة تعمل لفترة غير محددة وترافق حياة المنظمة. وبالمقارنة، فإن الخطط الاستراتيجية تعمل لفترة محددة من السنين واعتيادياً تكون مدتها خمس سنوات.

ج- التخطيط التكتيكي **Tectical planning** : تقوم الإدارة الوسطى بترجمة الاستراتيجيات إلى خطط تكتيكية قصيرة المدى نسبياً. ويعمل في الإدارة الوسطى رؤساء الإدارات الوظيفية ورؤساء الأقسام مثل مديروا المبيعات والبحوث والتطوير والأفراد. وتسمى الأهداف التكتيكية أيضاً بالأهداف التسهيلية **Facilitaing objectives** لأنها تصاغ على شكل أهداف للأداء **performance targets** والتي تساعد (في حالة تنفيذها) على تعزيز استراتيجية الشركة. وتحدد الخطط التكتيكية بفترة زمنية سنوية ويعبر عنها بالموازنات. فالموازنات السنوية تمثل وثائق لخطط تكتيكية تستخدم للتعبير عن تقوقعات الأداء ومتابعة المبيعات والإنتاج والأرباح وتكاليف البحث وتطوير التكنولوجيا وغيرها من النشاطات الأخرى.

د- التخطيط التشغيلي التنفيذي **operational planning** : وينجز هذا النوع من التخطيط من قبل مديرو الخط الأول ويشمل هذا المستوى رؤساء الأقسام والمشرفون على الورديات **Shift supervisors** والأفراد المسؤولين عن مجموعات العمل. ويهتم النوع من التخطيط بالموازنات وكميات الانتاج وجداول العمل، وهي خطط تفصيلية للأهداف التكتيكية نتمكن بواسطتها قياس النتائج بمقاييس صغيرة ويكون البعد الزمني قصير مثل جداول الإنتاج الأسبوعية وحصص المبيعات الشهرية، وكل هذه تأتي تحت التخطيط التشغيلي. والرسم التالي يوضح الأنواع الأربعة الرئيسية للخطط والمستوى التنظيمي التي توجد فيه والمدى الزمني المناسب لتنفيذها:

شكل (24) هيراركية التخطيط والمدى الزمني

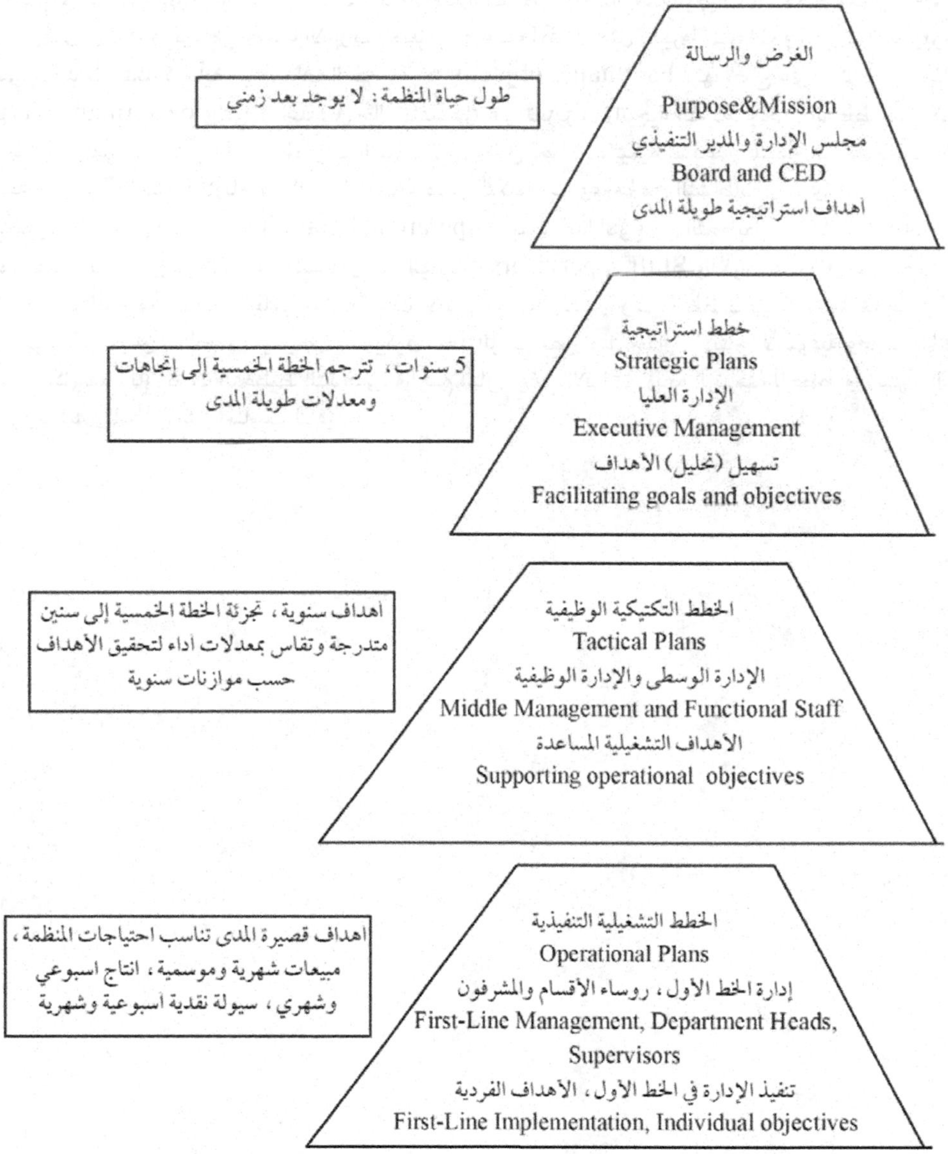

ومن الأمثلة الواقعية عن كيفية تحديد الأهداف في المستويات الإدارية المختلفة نقدم المثال التالي:

شكل رقم (25)العلاقة بين الأهداف والمستويات الإدارية في المنظمة (@)

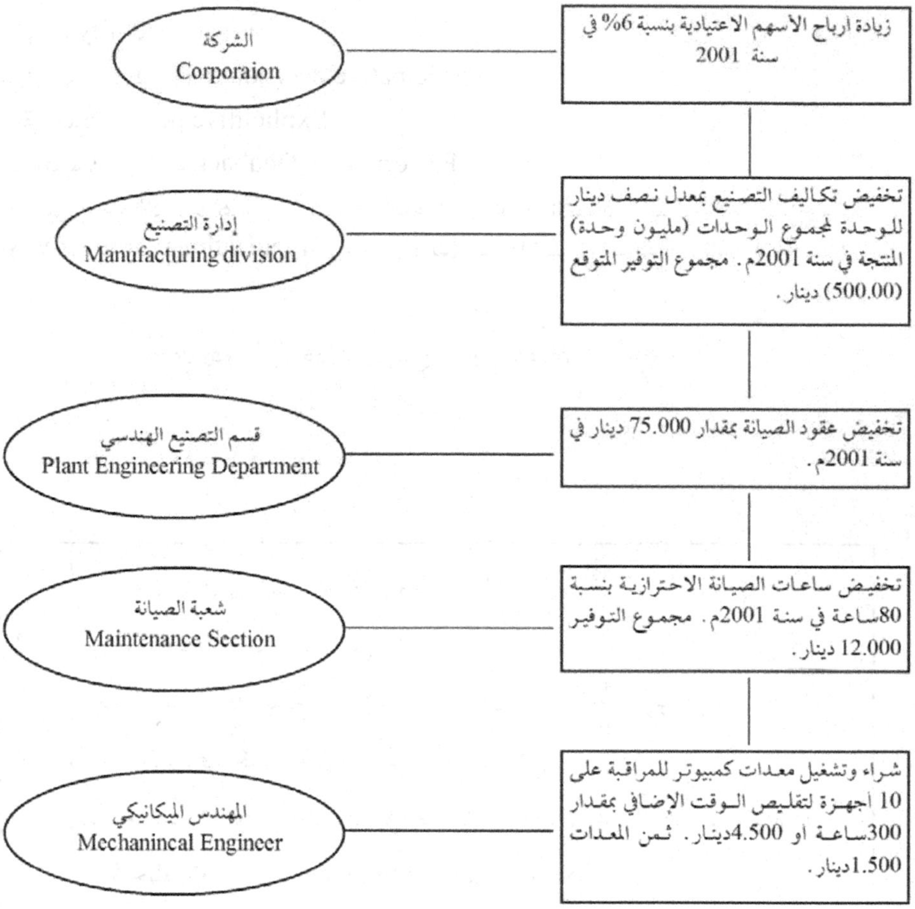

(6) الإدارة بالأهداف (Management by objectives (MBO :

تعني الإدارة بالأهداف نظام يوضع بمشاركة الرؤساء والمرؤوسين لتحديد أهداف معينة للأداء، ويجري تقييم دوري للتقدم نحو الأهداف، ويتم توزيع المكافآت على أساس هذا التقدم في الإنجاز. فبدلاً من أن يستعمل هذا النظام الأهداف كأداة للرقابة يقوم نظام الإدارة بالأهداف باستخدام الأهداف كأداة لتحفيز العاملين في المنظمة(9).

وكان العالم الإداري بيتر دركر Peter drucker أول من كتب في مجال الإدارة بالأهداف، وهي تحتوي على أربعة عناصر(10):

1- تحديد الهدف Goal Spectifity

2- صنع القرار بالمشاركة Participative decision making

3- فترة زمنية محددة Explicittive period

4- معلومات تقييمية عن الأداء Performance feedback

وفي دراسة لتطبيق برامج الإدارة بالأهداف (11) وجد الباحث أن الإدارة بالأهداف تزيد من أداء العاملين والإنتاجية التنظيمية Organizational productivity. والجدول التالي يبين الخطوات المتبعة في برنامج الإدارة بالأهداف:

جدول رقم (21) خطوات برنامج الإدارة بالأهداف

1	صياغة الأهداف والاستراتيجيات العامة للشركة .
2	توزيع الأهداف الرئيسية على الإدارات والأقسام
3	يتعاون مدير الوحدات مع رؤسائهم في وضع الأهداف الخاصة لوحداتهم
4	توضع الأهداف الخاصة لجميع افراد الدائرة الواحدة .
5	توضع خطط العمل التي تحدد كيفية إنجاز الأهداف ويتفق عليها من المديرين والمرؤوسين
6	تنفيذ خطط العمل Axtion plans are implemented
7	تقييم دوري لإنجاز الأهداف ومعلومات مسترجعة حول التقدم
8	تعزيز الأهداف الناجحة باستخدام طريقة المكافاة

لا يوجد شك بأن وضع الأهداف يشكل جزءاً مهماً من وظيفة التخطيط، ومن دون وجود الأهداف لإرشاد المديرين لا يتمكن هؤلاء المديرون من معرفة أين وكيف يبدءون التخطيط ولا يكون عندهم أي شيء ليخططوا له. لذلك حتى إذا اختارت المنظمة مدخلاً تقليدياً في الأهداف فهي تستعمل نوعاً من الإدارة بالأهداف وهذا يستدعي من المديرين أن يحددوا الأهداف من قبل إتمامهم بقية نشاطات التخطيط بكفاءة وفاعلية، وهنا تتدخل الإدارة الاستراتيجية واستخدام الأدوات والوسائل التخطيطية planning tools and technique لإنجاز رسالة المنظمة.

وتستخدم مصطلحات أساسية ومهمة في الخطط مثل السياسات Policies والإجراءات Procedure والقواعد Rules والبرامج programs والمشاريع Projects والميزانيات Budgets والجداول وفيما يلي تعريف لكل من هذه المصطلحات: السياسات Pilicy: تعني السياسة " الخطة التي تساعد على تقديم إطار عام لصنع القرار".(12) وتساعد السياسة على تقديم دلائل وإرشادات تحدد السلوك في المنظمة من أجل ضمان اتباع طريقة واحدة للسلوك والثبات على مبدأ واحد في المنظمة. وتعمل السياسات كآلية للتفويض وتنبه المسؤولين تجاه مسؤولياتهم. ويمكن التأكد من فاعلية سياسات المنظمة عن طريق فحص السجلات وتقييم سلوك المديرين. وفيما يلي أمثلة على سياسات المنظمة في المجالات المختلفة:

جدول (22) أمثلة على السياسات الإدارية في المنظمة

الأهداف الرئيسية Major Objective	- الأهداف الربحية والتوقعات عن فاعلية الاستثمار. - الاتجاهات الربحية بما فيها العائد على الموجودات والأرباح والفائدة على الأوراق المالية والمستندات. - توزيع الأرباح على مالكي الأسهم. - نمو الشركة عن طريق الإبداعات التكنولوجية والسوقية في المدى البعيد. - المسؤولية الاجتماعية نحو الصحة والسلامة. - المسؤولية الاجتماعية نحو البيئة والتلوث والتوظيف الاقتصاد. - اهتمامات العملاء وسمعة الشركة.
الأهداف التسهيلية (المساعدة) Facilitating objectives	- تطوير السلع والبحوث - عدالة فرص التوظيف - اختراق السوق، عملاء جدد، توسع خارج البلد. سياسات دعائية وترويجية، الاهتمام بالاسعار. - السيطرة على التكاليف، إدارة الموارد والمخزون والمشتريات - تقديم الائتمان للعملاء، تمويل المبيعات، تحصيل الديون معايير الانتاج ورقابة الجودة
عمليات مساعدة Supporting oper-ations	- إدارة الأجور والرواتب - إدارة الأفراد: التوظيف والتدريب والترقية والتسريح - التسريح والاقتصاد فيالتكاليف العلاقات العمالية الشكاوي - الاجازات، السفريات، الأمن. - تقييم الأداء، معدتلات وموصفات العمل، والغيابات.

وفيما يلي شرح مختصر لكل من ما ذكر :-

أ- الإجراءات **Procedures**: يمثل الإجراء خطوات عمل متسلسلة تؤدي إلى إنجاز نتيجة محددة(13) وتجهزنا الإجراءات الرسمية بالتعليمات المحددة والتفصيلية لتنفيذ الخطط، وتوصف الإجراءات التشغيلية القياسية **standard operating procedures** الطرق المفضلة لإنجاز الهام، ومن خلال تطبيق مثل هذه الإجراءات بصورة مستمرة فإنها تتحول إلى إرشادات لصنع القرارات المبرمجة.

ب - القواعد **Rules**: تعني القواعد تعليمات محددة تقيد طريقة العمل وتبين نشاطات معينة في العمل دون تمييز بين الأفراد(14)وتعمل القواعد على منع الأفراد من عمل شيء غير مرغوب فيه مثل القواعد ضد التدخين أو السرعة في قيادة السيارات وإرشادات السلامة في العمل.

ج - البرامج **programs**: يعني البرنامج خطة تحتوي على نشاطات متعددة لإنجاز هدف واحد مهم. والبرامج عبارة عن مراحل لها بدايات ونهايات واضحة. ويعطى مديرو البرامج خطط مكتوبة لاتباعها وتمثل الإنجاز المنظم للنشاطات التي ينتج عنها إنجاز أهداف البرنامج(15).

د- المشاريع **Projects** : خطة تستخدم مرة واحدة لغرض تنفيذ هدف معين ومحدد وغير معقد. وتشبه المشاريع البرامج لكن تختلف عنها في ثلاثة أمور(16): (1) يكون تخطيط المشروع واضح وغير غامض وله هدف واحد. (2) المشاريع التي لا تتكرر. (3) تنجز المشاريع في فترات زمنية قصيرة.

هـ- الميزانية**Budget** : الميزانية عبارة عن خطة تصف (بطريقة رقمية) توزيع الموارد على النـشاطات التنظيمية (17).

وتساعد الميزانية على وضع توقعات الأداء، وعن طريق إعداد الميزانية يستطيع المديرون من معرفة الموارد المطلوبة مثل الأموال والمواد والعناصر البشرية والمساعدات الثابتة **overhead support** المخصصة لكل نشاط. كذلك تعبر الميزانية عن النتائج المتوقعة بالوحدات المالية مثل الدينار أو بالوحدات الإنتاجية. وهناك ميزانيات لساعات العمل وساعات تشغيل الآلات ومستويات المخزون ووقت الكمبيوتر واعتمادات العملاء ونشاطات أخرى متعددة. وتساعد الميزانيات على تنسيق النشاطات عن طريق تقديم معلومات خاصة لمراقبة الأداء وتستخدم الميزانية لمراقبة ومتابعة النتائج وتقييد المديرين من إساءة توزيع الموارد.

الجدولة **Schedules**: تعني تخصيص الموارد والعمال لمهام معينة وخلال فترة زمنية محددة. لذلك تعمل الميزانيات والجداول على تعزيز كل منهما للآخر وذلك لمعرفة التوقعات بمعايير قابلة للقياس.

(7) الخطوات الأساسية في عملية التخطيط **the planning Process**

توجد عشر خطوات تمثل الطريقة المنطقية المتبعة في التخطيط، وهي عبارة عن سلوك متتابع في البيئة التخطيطية وتطبق في المنظمات الكبيرة والصغيرة ويمكن تمثيلها في المخطط التالي (19)

نموذج (26) خطوات التخطيط

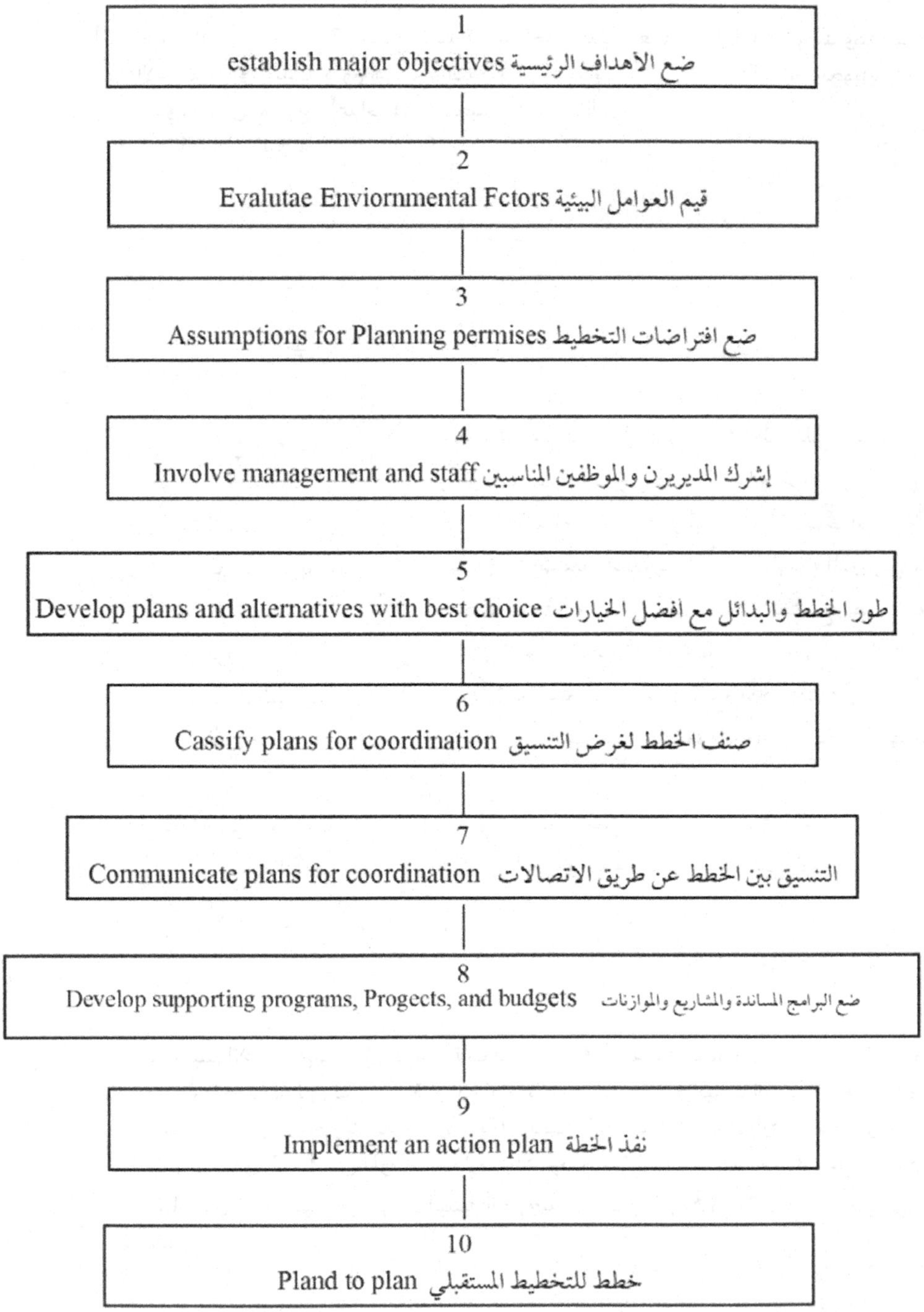

أ- صياغة الأهداف الرئيسية : توضع الأهداف من أجل تحديد العمليات في المدى البعيد وهذا هو عمل الإدارة الاستراتيجية في البداية يقوم هؤلاء المديرون بنقل الأهداف إلى المديرين التكتيكية وتحويلها إلى خطط قصيرة المدى. ويمكن توضيح الأهداف الاستراتيجية في الجدول التالي:

الأهداف الاستراتيجية

المجال	الوصف
وضع السوق	الحصة المرغوب بها في السوق مشتملة على السلع الجديدة المطلوبة والخدمات التي تهدف إلى كسب ولاء العملاء .
الابتكار	الابتكار في السلع والخدمات والمهارات والنشاطات المرغوبة .
الموارد البشرية	مصادر التوظيف والتطوير والتدريب واداء المديرين وافراد المنظمة . اتجاهات العاملين وتطوير المهارات . العلاقات مع النقابات العمالية
الموارد المالية	مصادر التمويل وكيفية استخدامها
الموارد الطبيعية	التسهيلات المستخدمة في إنتاج السلع والخدمات .
الانتاجية	الاستخدام المتميز بالكفاءة للموارد (المدخلات) التي لها علاقة بالمنتجات (المخرجات)
المسؤولية الاجتماعية	الاهتمام بالمجتمع المحلي والالتزام بالسلوك الاخلاقي .
متطلبات الربحية	مستوى الربحية وبقية مؤشرات المركز المالي القوي .

ب- تقييم الأعمال البيئية : إن صياغة الأهداف لا تتم في عزلة عن البيئة التي تخدمها. لذلك يقوم المديرون بدراسة المحددات التي يؤثر على قراراتهم. وتنبع هذه المحددات في بيئات الشركة الداخلية والخارجية (السياسية والاجتماعية والثقافة والاقتصادية). وتعني المؤثرات الداخلية الموارد المحدودة ورأس المال والأفراد الماهرون. ومن الأمثلة على المؤثرات الخارجية التشريعات المقيدة وسعر الفائدة المرتفع والتقدم التكنولوجي والمنافسون.ويمكن توضيح العوامل البيئية الخارجية في الرسم رقم (43) والعوامل الداخلية في الرسم (44) أدناه .

شكل (27) العوامل الخارجية المؤثرة على القرارات الاستراتيجية

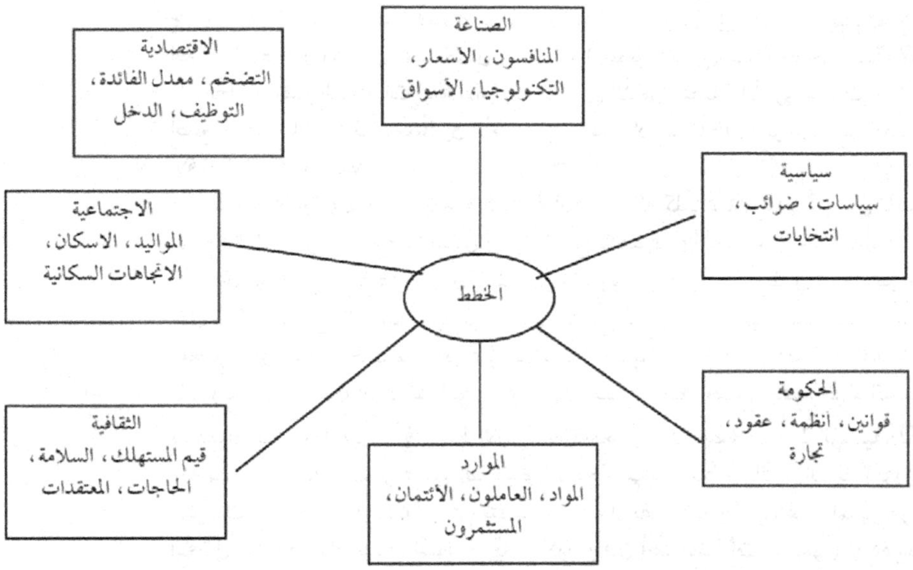

اما العوامل الداخلية التي تؤثر على القرارات الاستراتيجية فيمكن تفصيلها في المخطط التالي :

شكل (**44**) العوامل الداخلية المؤثرة على القرارات الاستراتيجية

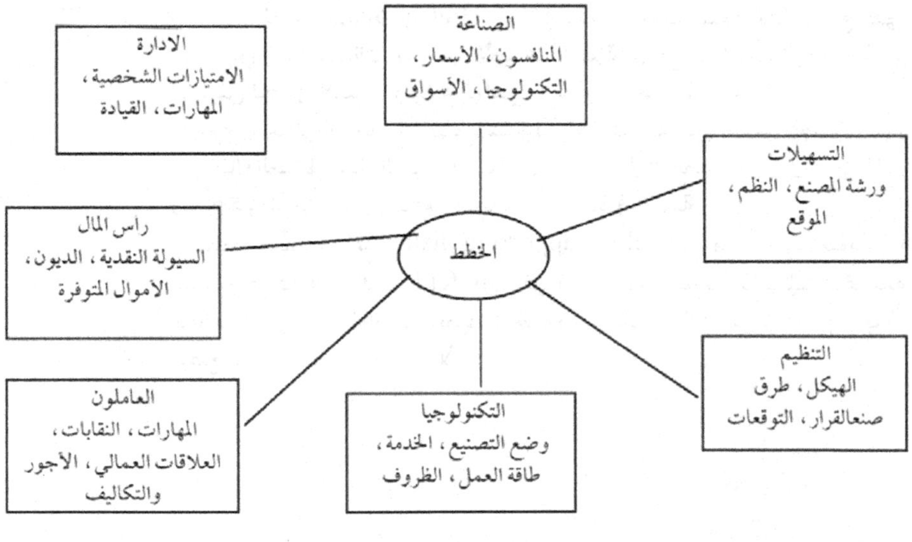

ج- وضع الافتراضات: توضع الافتراضات نتيجة للمحددات التي تؤثر على المنظمة. فمثلاً: يضع المديرون افتراضات حول ردود فعل المستثمرون في الشركة (حملة الأسهم) عند انخفاض نسبة الأرباح السنوية غير المتوقعة. وتوضع الافتراضات لهذا الأمر بالإضافة إلى الأمور المتعلقة الأخرى عن طريق الأسئلة: ماذا يحصل لو أصبح الوضع يأخذ شكلاً معيناً؟ إن الأجوبة على هذه الأسئلة تتطلب من المديرين وضع مجموعة من الافتراضات التخطيطية.

د- مشاركة الإدارة والموظفين: تصرح النظرية الإدارية بأنه كلما اشترك عدد أكبر من المديرين في عملية التخطيط نتج عن ذلك خططاً أفضل وقبول أوسع للأهداف والتزاماً أعمق عند أفراد التنظيم والمنفذين لتلك الأهداف. ولكن في الحقيقة نرى أن الكثير من المديرين يواجهون ضغوطاً في العمل من ناحية أوقاتهم، لذلك يقل مساهمتهم في التخطيط الرسمي، وينجز التخطيط من خلال مجموعات صغيرة متخصصة مثل لجان التخطيط أو خبراء التخطيط ويؤثر على عمليات التخطيط النماذج القيادية المختلفة التي تحدد مقدار المشاركة التي يمارسها أفراد التنظيم في أعداد وتصميم الخطط. فعندما يقوم خبراء التخطيط بوضع الخطط باستمرار، يساهم المديرون في الخط الأول بصورة محدودة ف وضع الخطط الرسمية.(20).

هـ- تطوير البدائل : تتميز عملية التخطيط الناجحة بتوليد عدد من الخيارات للمديرين. وتعتبر هذه الخيارات مسارات عمل بديلة والتي تتمكن من إنجاز نفس النتيجة. إن عمل المدير هو صنع قرار لاختيار الأفضل. مثلا: إذا كان هدف المنظمة زيادة الأرباح فإن أحد الخيارات قد يكون زيادة المبيعات، وهذا الخيار قد يؤدي إلى اتخاذ قرارات بخصوص التسعير والترويج والتغيير في طاقم المبيعات وتغيير في نظم التوزيع. وقد يكون الخيار البديل لزيادة الأرباح هو مواد بديلة في الإنتاج. وعلى المدير أن يختار البديل الممكن بحاجة والواقعي الذي يتمشى مع القانون ويحقق توقعات العاملين المنفذين والمرضي الذي ينجز الأهداف المقصودة.

و- ترتيب الخطط stratify plans : عندما يصنع القرار بالنسبة للبدائل يوضع تصور للآثار المتوقعة، ففي القمة تأتي السياسات التي تعبر عن الأهداف المفضلة ثم تأتي التعليمات الإجرائية في المستوى التكتيكي أو الوظيفي لتعزيز الأهداف وتوضع البرامج والمشاريع في هذا المستوى.

وتوضع في المستويات الدنيا الخطط التشغيلية أو التنفيذية التي تعكس الجداول وموازنات الأداء.

ز- إيصال الخطط: تبذل الجهات المعنية جهوداً كبيرة في التخطيط من أجل توثيق المسؤوليات التي تثبت وتوزع على الذين يقومون بأدوار ونشاطات محددة في الخطة.

م- تطوير خطط مساعدة Develop supporting plans تمثل الخطط طويلة المدى موجزات استراتيجية Strategic summaries ففي المستويات الدنيا توجد الوثائق التفصيلية والمحددة التي تعين مجالات المسؤولية والموازنات، وتصف الإجراءات ووسائل الرقابة التي تستخدم لمتابعة التقدم والرسم التالي يوضح عملية تسهيل الأهداف للأداء:

شكل (29) العوامل المؤثرة في الأداء

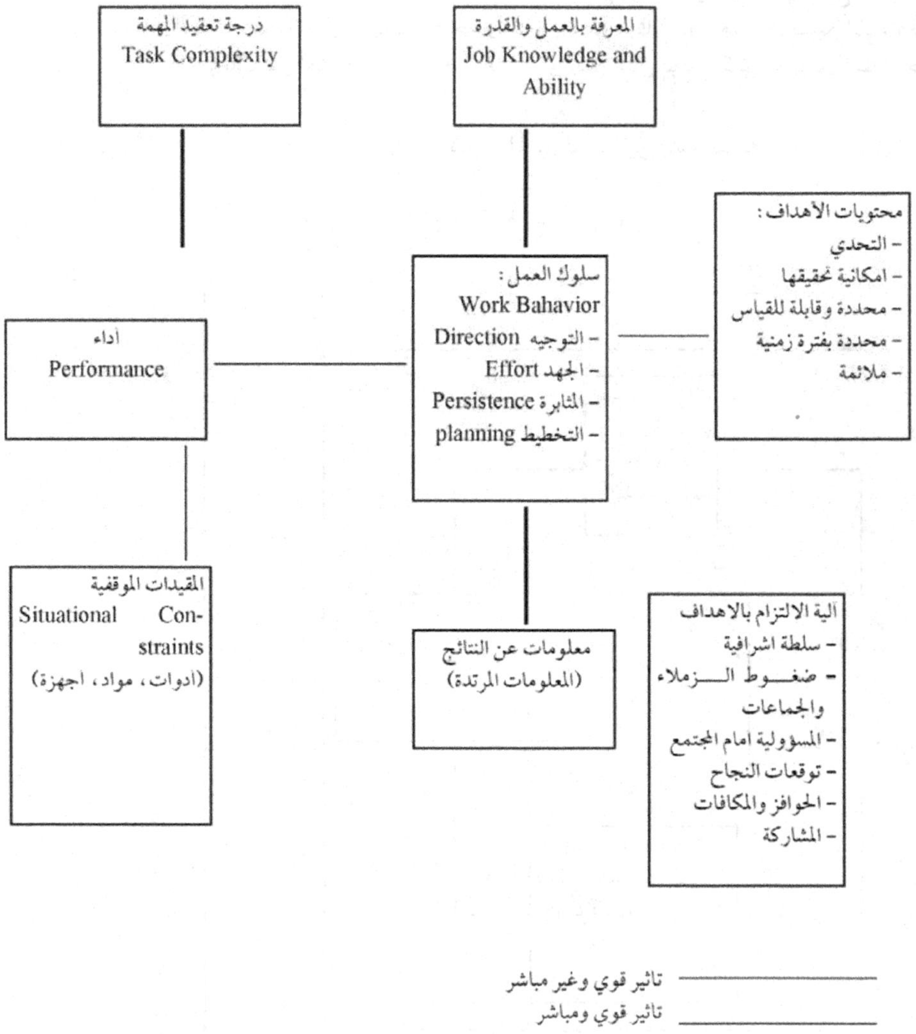

ط- تطبيق خطة عمل **implement an action plan** : توضح الخطة الجيدة قبولا واضحاً من قبل المدير وتوضع لها الموارد ويتبع الأفراد طرق عمل محددة. فالتخطيط يقدم إطاراً عاماً للتنظيم والقيادة والرقابة. ويجمع التنظيم الأفراد والموارد المالية والأجهزة والمعدات في بناء عملي **Workable structure** لتطبيق الخطط. ومن خلال القيادة الفاعلة تقوم الإدارة بتحويل الموارد إلى سلع وخدمات من خلال تحفيز العاملين للعمل نحو أهداف واضحة وثابتة. وتلعب الرقابة دوراً مهماً في تقييم الأداء وقياس التقدم وتصحيح الإجراءات من أجل ضمان النجاح المطلوب. والرسم التالي يوضح كيفية تطبيق الاستراتيجية :

شكل (30) آلية تطبيق الاستراتيجية

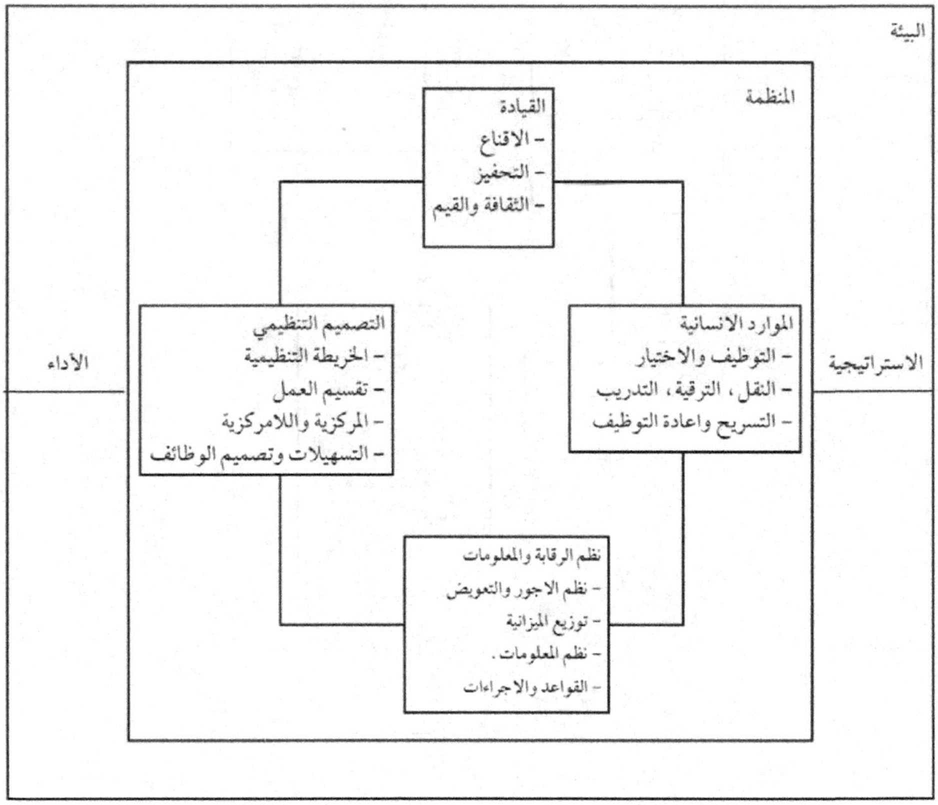

ي- التخطيط وإعادة التخطيط plan to plan : تحصل التغييرات في البيئة وفي أجزاء المنظمة حتى في أحسن الخطط. وتكون الخطط بعيدة المدى أكثر الخطط تعرضا للتغيير بسبب المؤثرات الخارجية. أما الخطط السنوية فهي أقل تقلباً. ومن غير المحتمل أن يتوقع المدير الواعي حصول التطابق التام بين الأداء والأهداف.

ففي المستويات التشغيلية تحصل الأعطال والتأخيرات والتخريب في جداول الأعمال والبرامج، لذلك يتوجب على المديرين وضع احتمالات التغيير وأن يخططوا لإعادة التخطيط بعد الانتهاء من دورة صنع القرارات التخطيطية. وفي المخطط التالي نبين موجزاً لدراسة المتغيرات البيئية التي تؤخذ بنظر الاعتبار عند تحضير خطة عمل في مشروع كبير أو صغير:(21)

محتويات التحليل الاستراتيجي للقوة والضعف والفرص والتهديدات في المنظمة

نقاط القوة
- المنظمة مؤهلة
- المنظمة لها قوة مناقسة
- اسم مشهور
- مبتكرة
- كلفة وتسعير جيدين
- مهارة العاملين
- مركز مالي قوي
- تكنولوجيا
- ولاء العملاء
- السيطرة على التوزيع

نقاط الضعف
- تتاثر بزيادة السعر
- حصة سوقية ضعيفة
- تمويل غير كاف
- ركود في تطوير الانتاج
- مهارات تسويقية ضعيفة
- تكاليف عالية
- تفتقر الى المؤهلات
- سلع متقادمة
- تسهيلات متقادمة
- تتاثر بتقلبات التجهيزات

الفـرص
- النمو في أسواق جديدة
- توسع في الخارج
- تطوير منتجات جديدة
- خدمات جديدة
- تحسين الجودة
- تكامل عمودي
- ظهور احتياجات العملاء
- التحولات السكانية
- الامتيازات الاقتصادية
- القوانين المؤثرة على المنافسة

التهديدات
- دخول منافسون جدد
- زيادة كلفة المجهزين (الموردين)
- نقص في المواد الأولية
- التغير في التكنولوجيا
- التغيرات السكانية
- البدائل المستوردة
- عوامل اقتصادية سلبية
- تشريعات مضادة
- التغير في الطلب
- ضغوط عملاء قوي

(8) مداخل التخطيط: مركزية ولا مركزية التخطيط

بينما تقوم عملية التخطيط في معظم المنظمات بوصف الكيفية التي يطور بها المديرون الخطط، توجد ثلاثة مداخل مميزة توضح على من تقع عليه مسؤولية صياغة الخطط. وكل مدخل يخص نوع معين من المديرين، وكل مدخل من أعلى إلى اسفل (2) لا مركزية التخطيط: من اسفل إلى أعلى (3) فريق التخطيط. وفيما يلي شرح لكل واحد من هذه المراحل:

أ. التخطيط المركزي من أعلى إلى أسفل: يغطي هذا النوع من التخطيط ف المنظمات المركزية والصغيرة وهو المدخل التقليدي الذي يدور حول فلسفة هيراركية السلطة حيث ينجز التخطيط الاستراتيجي في البداية من المديرين ثم يتبعه التخطيط التكتيكي (الوظيفي) لتعزيز الأهداف الاستراتيجية، ثم يقوم المديرون في المستويات الدنيا بإنجاز التخطيط التشغيلي بعد الانتهاء من الخطط التكتيكية .

ويستخدم مصطلح المركزية لأن المسؤوليات التخطيطية تخص عدداً قليلاً من المديرين في قمة المنظمة. ويستخدم مصطلح من أعلى إلى اسفل لأن هؤلاء المديرين يقومون بعبء وضع الأهداف الرئيسية للشركة وكتابة السياسات وتوصيل المعلومات للمديرين في المستويات الدنيا والتي تنفع في تصميم دائرة أو قسماً خاصاً بالتخطيط يعمل فيه خبراء استشاريون يقومون بمعظم النشاطات الرئيسية للتخطيط. وفي المنظمات الفاعلة، يجب على المديرين(من المدير التنفيذي إلى المشرف في الخط الأول) أن يقرروا تطبيقها لتحقيق الأهداف. وفي المخطط التالي نبين أنواع الاستراتيجيات ومستوياتها والمدراء الذين تقع عليهم مسؤولية تنفيذها.

شكل (32) مستويات الإدارة الاستراتيجية

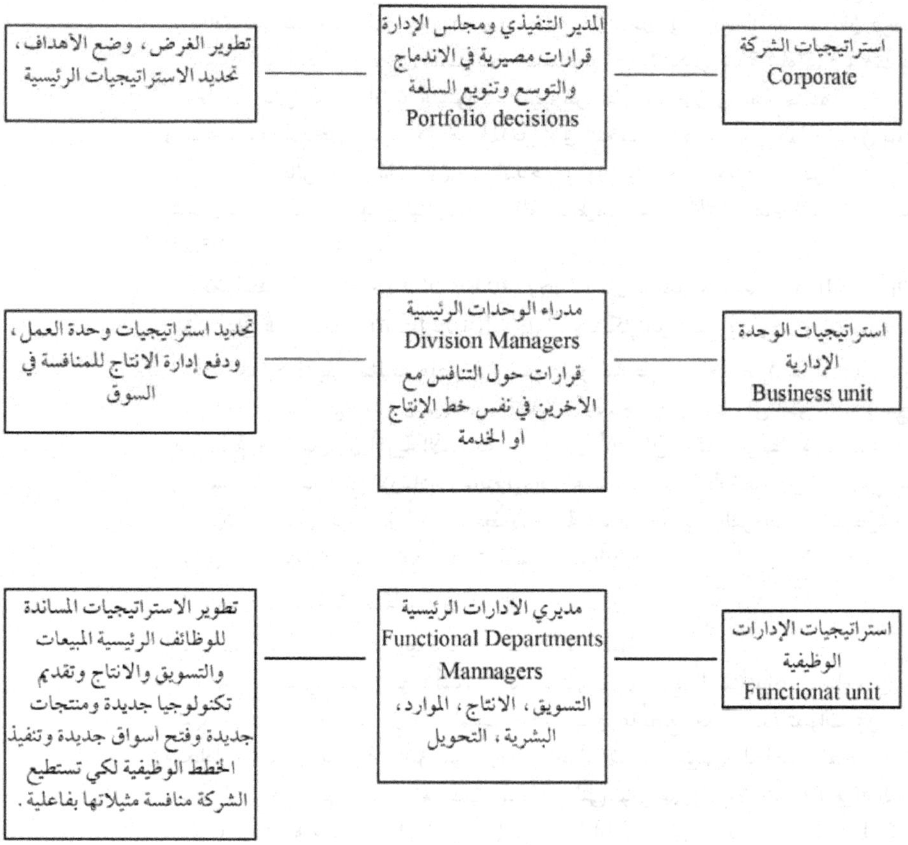

(ب) التخطيط اللامركزي من أسفل إلى أعلى : إن مدخل التخطيط من أسفل إلى أعلى يفوض سلطة التخطيط إلى رؤساء الإدارات الرئيسية والأقسام الذين يتوقع منهم أن يضعوا الخطط تحت المضلة الاستراتيجية لأهداف الشركة. إن الشركات التي تستخدم هذا المدخل تمتلك خبراء تخطيط تشبه دائرة التخطيط في نظام مركزي من أعلى إلى أسفل ما عدا أن الخبراء ينسقون بدلا من أي يطورون الخطط Coordinate and not develop. ويستخدم مصطلح اللامركزية ليؤكد نقل السلطة إلى الأسفل إلى جميع أجزاء المنظمة من أجل مبادرات تخطيطية مستقلة. ويستعمل مصطلح من أسفل إلى أعلى للتأكيد على إن قرارات التخطيط تصنع في المستويات الدنيا وتجمع في المستويات العليا من أجل تشكيل خطة شاملة. ويلاحظ بأنه من الممكن الاعتراض وحتى إلغاء قرارات المستويات الدنيا من قبل المديرون في قمة المنظمة.

ويتطلب هذا المدخل أعداداً أكبر من المديرين في التخطيط وهذا يغري هؤلاء الذين ينادون بالمشاركة في صنع القرار. وبالرغم من ذلك فإن هذا المدخل يكون فاعلاً فقط في حالة توفر القادة في المنظمة الذين يتبنون فلسفة تقاسم المسؤولية وتوفر البناء التنظيمي لفسح المجال أمام الإدارات الرئيسية والأقسام للعمل باستقلالية.

(ج) تخطيط الفريق team planning : وهو مدخل يعتمد على المشاركة participative approach ويؤكد على فرق المهام Task force teams ويشكل من المديرين وخبراء التخطيط planning specialists الذين يستلمون بصورة مؤقتة مسؤولية صياغة الخطط(23) إن مدخل تخطيط الفرق لا يعني الحل الوسط بين مدخل من أعلى إلى أسفل ومدخل من أسفل إلى أعلى لكنه يدمج أفضل الصفات المتوفرة في النظامين. إن المزية الأساسية لمدخل من أعلى إلى أسفل هو نقل وإيصال أكبر قدر من المعلومات إلى المستويات الدنيا مع الإرشادات والتعليمات المساندة. أما مزية نظام من أسفل إلى أعلى فهي الالتزام بالمشاركة من قبل المرؤوسين الذين يعطون حرية واسعة في صنع القرارات التخطيطية حتى في حالة ضرورة تنسيق هذه القرارات بدقة مع فرق في المستويات العليا.

(9) الوسائل والأدوات المساعدة في التخطيط

1.9 الأساليب الكمية والنوعية المستخدمة في التخطيط

يعتبر المسح البيئي مصدراً مهماً أساسياً قوياً للتنبؤات. وتوضع السيناريوهات بناء على المعلومات التي تحصل عليها المنظمة من إجراء مثل ذلك المسح، وهذه بدورها تضع افتراضات للتنبؤات عن النتائج في المستقبل. ويحاول المديرون بمحاولة التنبؤ بأي جزء من أجزاء المنظمة وبيئتها الخاصة والعامة. فمثلاً يقوم شركة تنتج سلعة غذائية بتقدير مستوى المبيعات المتوقعة التي تؤثر على كميات الشراء للمواد التي تحتاجها وتحديد أهداف الإنتاج واحتياجات التوظيف والمخزون وقرارات أخرى متعددة. وبنفس الطريقة، فإن إيراد الجامعة من الأجور الدراسية وتمويل الدولة لها سوف يؤثر على عدد المساقات التي تطرحها واحتياجاتها من الأساتذة والزيادات في الرواتب وغير ذلك من القرارات.

أما كيف يحصل المديرون على البيانات لكي يضعوا تنبؤات عن الإيرادات، فهم ينظرون إلى إحصاءات الإيرادات. فتقوم الشركة بمعرفة الإيراد السابق لكي تستطيع من عمل تعديلات في هذه الأرقام عند اكتشاف أي اتجاه جديد أو ميول مهم في البيئة. إن التغيرات التي تحصل في المجالات الاقتصادية والاجتماعية وغيرها من عناصر البيئة التي تعمل فيها المنظمة قد يؤدي إلى تغيير في الأنماط في المستقبل. ففي البيئة الخاصة يمكن الاستفسار عن ماذا سوف يفعله المنافسون. والجواب على هذا الأسئلة يؤدي إلى الحاجة إلى إجراء التنبؤات عن الإيرادات.

التنبؤ الكمي والتنبؤ النوعي : وعين التنبؤ الكمي تطبيق مجموعة من القواعد الرياضية على بيانات سابقة لتوقع نتائج مستقبلية. ويفضل المديرون هذه الوسائل عندما تتوفر لديهم البيانات الكافية والدقيقة التي يمكن أن يستخدموها للتنبؤ. أما التنبؤ النوعي فيتطلب إصدار أحكام وأراء الخبراء. وتستخدم الوسائل النوعية في حالة عدم توفر البيانات الدقيقة أو ندرة تلك البيانات أو صعوبة الحصول عليها. والجدول التالي يبين الوسائل الكمية والنوعية المستخدمة في التنبؤ وكيفية تطبيقها على المنظمات:

جدول (24) الوسائل الكمية والنوعية المستخدمة في التخطيط والتنبؤ

الوسيلة	الوصف	التطبيق
‹ الطرق الكمية		
1- تحليل السلاسل الزمنية Time Series analysis	1- استخدام الطرق الرياضية والتنبؤ بواسطة المعادلة الحسابية.	1- التنبؤ الربع السنوي القادم مستندين على بيانات المبيعات للسنين الأربعة الماضية.
2- نماذج الانحدار Regression models	2- تتنبأ بمتغير واحد بناء على معرفة متغيرات او افتراض متغيرات اخرى.	2- البحث عن عوامل تتنبأ مستوى معين من المبيعات (مثل السعر، نفقات الإعلان).
3- النماذج القياسية Economic models	3- تستخدم مجموعة من معادلات الانحدار لتنشيط اجزاء من الاقتصاد	3- التنبؤ بمبيعات السيارات نتيجة تغيرات في قوانين الضريبة.
4- مؤشرات اقتصادية Economic Indicators	4- استخدام واحد او اكثر من المؤشرات الاقتصادية لمعرفة حال الاقتصاد في المستقبل.	4- استخدام التغيير في الناتج المحلي الكلي لمعرفة الدخلو التي تعطي حرية في الاختيار.
5- التاثير بالاستعاضة/ العلاقة التبادلية Substitution effect	5- استخدام المعادلة الرياضية للتنبؤ كيف ومتى وفي أي الحالات تحل تكنولوجيا جديدة او سلعة جديدة بدلا من السلع او التكنولوجيا الحالية.	5- التنبؤ بتاثير افران المايكرويف على الافران الغازية التقليدية.
‹ الطرق النوعية Qualitative		
6- هيئة تحكيم jury of opinion	6- تجميع واستخراج العام لأراء الخبراء.	6- استقصاء أراء جميع مديري القوى البشرية في المنظمة للتنبؤ باحتياجات المنظمة للتوظيف في السنة القادمة.
7- اراء رجال المبيعات Sales force composition	7- تجميع التقديرات من رجال المبيعات في الميدان لمعرفة توقعات شراء العملاء.	7- توقع مبيعات السنة القادمة لسلعة صناعية معينة مثل الليزر.
8- تقييم العملاء Customer evaluation	8- تجميع التقديرات من المبيعات السابقة.	8- قيام مدير مصنع السيارات بمسح اصحاب معارض السيارات لتحديد أنواع وكميات السيارات المرغوبة.

وبالرغم من أهمية التنبؤ للتخطيط الاستراتيجي، فإن النتائج التي يحصل عليها المديرون يشوبها النجاح المؤكد في كل الاحتمالات والنتائج (Trends and outcomes(24. وتكون أدوات التنبؤ دقيقة جداً في حالة ثبات البيئة بدرجة عالية، وكلما كانت البيئة أكثر ديناميكية كلما زاد احتمال تطوير المديرين للتنبؤات غير الدقيقة. والتنبؤات لا تعطي نتائج يعتمد عليها بشكل كبير في الأحداث غير الموسمية مثل الكساد والأحداث غير العادية والعمليات التي تتوقف بصورة مفاجئة وأفعال أو ردود أفعال المنافسون.

2.9 الموازنات budgets

تعني الموازنة خطة حسابية لتوزيع الموارد على نشاطات محددة. وعادة يقوم المديرون بإعداد الموازنات في مجالات متخصصة تتعلق بالإيرادات والنفقات والمصروفات على رأس المال الثابت مثل المكائن والمعدات، وتستخدم الموازنات في تحسين الوقت والمكان واستخدام الموارد المادية، وهذه الأنواع من الموازنات تقوم باستعاضة الكميات العينية بأسعارها النقدية وتشمل ساعات عمل الأفراد استخدام الطاقة أو جدولة وحدات الإنتاج للنشاطات اليومية والأسبوعية والشهرية. وأصبحت الموازنات مهمة جدا لجميع المنظمات ووحداتها الداخلية.

وتتنوع الموازنات في مجالات كثيرة ومتخصصة وبنود ومواد مختلفة. وتستخدم الموازنات المالية كأداة مهمة لتوجيه النشاطات في إدارات متنوعة مثل إدارات الإنتاج والتسويق والموارد البشرية والبحوث والتطوير أو في مختلف المستويات في المنظمة. فالموازنات عبارة عن آلة تخطيطية واحدة Planning device يستخدمها ويساهم في صياغتها المديرون بغض النظر عن مستواهم التنظيمي. ومن أنواع الموازنات:

(أ) موازنة الإيرادات Revenue budget وهي التي تتنبأ بالمبيعات في المستقبل

(ب) موازنة النفقات Expense budget وهي التي تضع قائمة بالنشاطات الأساسية التي تقوم بها كل وحدة في المنظمة تبين وتوزيع المخصصات المالية عليها، وهي آلة تخطيطية تساعد على إدارة نشاطات التسويق والمبيعات. وتوجد هذه الموازنات في جميع الوحدات التي تحتوي عليها المنظمات الربحية وغير الربحية.

(ج) موازنة الأرباح profit budget إن الوحدات التنظيمية التي تحدد بصورة دقيقة مقادير إيراداتها تسمى بمراكز الأرباح وتستخدم موازنات الأرباح بين موازنات الإيرادات والنفقات في موازنة واحدة من أجل تحديد مقدار مساهمة كل وحدة في الربح الإجمالي للمنظمة,

(د) الموازنة النقدية Cash budget وتبين هذه الموازنة مقدار السيولة المتوفرة في المنظمة لتمويل النفقات.

(هـ) موازنات النفقات الرأسمالية **Capital expenditures budgets** وتتعلق الموازنات بالاستثمارات التي توظف في الممتلكات والبنايات والأجهزة والمعدات الرئيسية. وتحتوي هذه الموازنات على نفقات ضخمة من حيث المقدار ومن حيث الاستمرارية .

وتختلف الموازنات من حيث ثباتها أو تغيرها. وتسمى الموازنات التي تستند على افتراضات واحدة بالموازنات الثابتة **Fixed budgets**. وهذا النوع من الموازنات تفترض كمية مبيعات ثابتة ومقدار إنتاج محدد. إن معظم المنظمات غير قادرة على توقع حجم الإنتاج أو المبيعات بصورة بالغة الدقة بسبب التغيرات التي تحصل في مجال التكاليف التي تتعلق بالأيدي العاملة والمواد والنفقات الإدارية التي تتغير مع تغير حجم الإنتاج. لذلك تقوم المنظمة بتصميم الموازنات المتغيرة **Variable budgets** للتعامل مع هذه التقلبات. وتمثل الموازنات المتغيرة معايير مرنة تساعد المديرين في تخطيط التكاليف عن طريق وضع جداول كلفة لمستويات الأحجام المختلفة للإنتاج.

3.9 أدوات التخطيط التشغيلي Operational Planning Tools

تساعد أدوات التخطيط التشغيلي المديرين في المنظمات الصغيرة والكبيرة على ممارسة وظائفهم بطريقة أكثر كفاءة وفاعلية. وفيما يلي شرح مختصر لكل أداة من هذه الأدوات:

(1) الجدولة **schiduelling** وهي التي تساعد مديري الإدارات ومجموعات المشرفين في أداء المهام التي يتولوها وتفصيل النشاطات التي يجب إنجازها والطرق التي تنجز بواسطتها وما يقوم به كل فرد ,والوقت الذي يستغرقه في الإنجاز وتشمل هذه الجداول:

(أ) خريطة جانت **Gantt** التي تبين الناتج المخطط له والناتج الحقيقي في فترة زمنية محددة.

(ب) خريطة العبء **Load chart** وتصور مقدار طاقة أماكن العمل التي تساهم في إنجاز المهام.

(ج) شبكة تقنيات تقييم ومراجعة البرنامج.

(Program evaluation and review technique (PERT

وتستخدم هذه الطريقة لجدولة مشاريع معقدة تحتوي على نشاطات كثيرة ومتداخلة. ومن الأدوات الأخرى طريقة المسار المحرج **Critical pathe method** وهي ترسم أطول تسلسل زمني لإنجاز النشاطات.

(2) تحليل نقطة التعادل **Breakeven analysis** وهي طريقة لمعرفة النقطة التي تعادل عندها الإيراد الكلي والتكلفة الإجمالية. وفي هذا الموقع تستطيع المنظمة من معرفة مقدار الوحدات المنتجة التي تبيعها لكي تغطي التكاليف الإجمالية والتي لا ينتج منها ربحاً أو خسارة. وتساعد طريقة تحليل نقطة التعادل المديرين على توضيح العلاقة بين الإيرادات والتكاليف والأرباح.

(2) البرمجة الخطية Linear programming وتساعد هذه الوسيلة في حل مشاكل توزيع الموارد، وهذه الطريقة يتم استخدامها لاختيار طرق النقل التي تخفض تكاليف الشحن، وتوزيع موازنة الدعاية والإعلان على عدد محدد من السلع المنتجة، واختيار أفضل العناصر البشرية لمشروعات معينة، ولتحديد كمية المنتج من بضاعة معينة لها مقدار محدود من الموارد.

(4) نظرية خط الانتظار Queing theory وهي الطريقة التي توازن بين كلفة خط الانتظار وكلفة الخدمة التي تقدم لصيانة ذلك الحظ. وتستخدم هذه الطريقة لتحديد عدد مكائن تعبئة السيارات في محطات البنزين، وعدد الموظفين وشبابيك الخدمة للمراجعين في البنوك، وعدد كاونترات إصدار تذاكر السفر في المطارات.

(5) نظرية الاحتمالات Probability theory وتستخدم الإحصاء لتحليل التوقعات في الماضي من أجل تخفيض المخاطرة في الخطط المستقبلية.

(6) التحليل الحدي marginal analysis وتساعد صانعي القرار في تعظيم مردودهم الإيرادي الإضافي و تصغير تكاليفهم الإضافية. ويلاحظ أن هذه الطريقة تتعامل مع الكلفة الإضافية في قرار زيادة وحدات الإنتاج بدلاً من معدل كلفة الإنتاج. وتستخدم هذه الطريقة في حالة حصول المنظمة على طلبات إضافية جديدة للسلعة التي تنتجها ومقدار الكلفة والإيراد الذي تسببها هذه الطلبيات وإذا ما يقبلها مديرو الإنتاج والمبيعات أو يرفضها.

(7) التماثل Simulation يستخدم هذا النموذج في إعداد اختيارات تخطيطية متعددة. ويستخدم في تقديم نموذج واقعي ثم التصرف بمتغير أو أكثر من المتغيرات التي يحتوي عليها النموذج لتقدير آثار المتوقعة. فمثلاً تقوم شركات الأدوية الضخمة بوضع نماذج معينة وآثار الاختراعات في مجال الهندسة الوراثية واكتشاف عقاقير جديدة, أو في حالة دمج الشركة مع شركة أخرى.

(8) إدارة المشاريع project management

تستخدم مختلف الشركات الصغيرة والكبيرة الصناعية والتجارية وشركات البرمجيات طريقة إدارة المشروع في إنجاز أعمالها. وتعتبر الطريقة أداة تخطيطية ووسيلة مهمة لأنها تساعد المديرين على وضع الأهداف وتحديد نشاطات العمل. ويعني المشروع Project مجموعة نشاطات لها بداية ونهاية وينجز في فترة زمنية محدودة ويحصل مرة واحدة. وتختلف المشاريع من حيث الحجم والمدى وتغطي مشاريع ضخمة

مثل مشروع إطلاق سفينة فضائية ومشاريع صغيرة مثل الإعداد لقضاء إجازة لمجموعة من الأصدقاء. ويعني إدارة المشروع مهمة إنجاز النشاطات المحددة في وقت محدد وحسب مواصفات معينة (23). إن استخدام مدخل إدارة المشروع يناسب العمل في بيئة ديناميكية يلبي الحاجة للمرونة والاستجابة السريعة. وتعمل المنظمات المعاصرة في مشاريع قد تكون فريدة من نوعها ولها نهايات زمنية وتحتوي على مهام معقدة ومتداخلة تحتاج إلى مهارات متخصصة وطبيعتها تكون مؤقتة، لذلك تستخدم إدارة المشروع والتنظيم الشبكي في تنفيذ أهدافها.

هوامش الفصل السادس

1 -david holt, Management principles and practices, 3rd ed., Englewood Cliffs: New jersey, Prentice Hall, 1993.P164.

2 -George Steiner, Top Management Planning, New york, Macmillan, 1969.P.7.

3 -Holt, OP.Cit,P164.

4 -Ibid

5 -Henry Mintzberg, " the Mangers Job: Folklore and Fact", in Arthur Thompson and A.J. Strickland (eds), Strategy Formulation and Implementtion Plano : Texas, Business Publications, 1980,PP.35-36.

6 -Fred luthans, " successful Vs. Effective real managers, the Academy of Management executive, vol.2,No.2

7 -Holt,Op. Cit.,P.168.

8 -Ibid p 170

9 -Stephen robbins and Mary Coulter, Management, 6th ed., upper Saddle River: N.J., Prentice Hall. P.224.

10 -A.W. Scharader and gt seward MMO makes dollar sense personnel journal july 1989, PP.32-37.

11 -R. Rodgers and J..E. Hunter, Impact of Management By Objectives on Orgnaizational Productivity Journal of Applied Psychology, April 1991, PP.322-36.

12 -Holt, Op. Cit, P.176

13 -Ibid, p .177.

14 -Ibid,p179

15 -Ibid

16 -Ibid

17 -Ibid p 180

18 -Ibid p 179

19 -Ibid p 182

20 -Victor Vroom and Arthur jago, the new leadership: managing partipation in Organizations Englewood Cliffs: new jersey prentice Hall, 1988.pp.11-12.

21 -Holt ., Op. cit ., p 213

22 -Ibid p 186

23 -J.W. Weiss and R.K. Wysocki, 5 Phase Project management, reading mass Addison - Wesley, 1992.P.3.

7

الفصل السابع

إدارة الموارد البشرية وتقييم الأداء

Human Resourcemanagement and

Performance Evaluation employee

1-أهمية الموارد البشرية للمدير

2-نشاطات إدارة الموارد البشرية

3-وظائف إدارة الموارد البشرية

4-تقييم أداء العاملين

(1) أهمية الموارد البشرية

تأتي أهمية الإلمام بإدارة الموارد البشرية لتمكين المديرون من فهم إدراك سلوك الأفراد وتوجيههم نحو الهدف العام للمنظمة عن طريق دراسة وتحليل سلوكيات الموظفين ضمن الظروف السائدة، فالأنظمة والقواعد والخبرات والعادات والتقاليد تساعد على التنبؤ بالسلوك المتوقع من العاملين في المنظمة. تهتم إدارة الموارد البشرية في المنظمة بحسن استخدام المورد البشري من حيث اختياره وتحفيزه وتدريبه والمحافظة عليه وحل مشاكله من أجل تحقيق أهداف المنظمة واستمراريتها(1). وأصبحت إدارة الموارد البشرية مهمة في الثمانينات حيث ازدادت المنافسة بين الدول الصناعية والتجارية والاستشارية نحو العولمة وتقدمت التطورات التقنية وتغيرت توقعات العاملين والجمهور، ونتيجة لكل هذه التغيرات ازدادت أهمية التوظيف والتحفيز والاتصالات والخبرات والتعاون والسلطة في مواجهة الحالات والمواقف الإدارية. لذلك تقوم إدارة الموارد البشرية في المنظمة باستقدام الأفراد ومساعدتهم في إنجاز أعمالهم وتعويض جهودهم وحل مشاكلهم.

إن كل من مصطلح إدارة الأفراد ومصطلح إدارة الموارد البشرية يدلان على نفس العمليات، وتعتبر إدارة الموارد البشرية مصطلح معاصر ظهر في السبعينات وحصل على القبول النهائي في سنة 1989 عندما صوتت الجمعية الأمريكية لإدارة الأفراد American Society for Personnel administration source Management (A.S.P.A) ويشير كل من المصطلحين إلى نفس المفهوم، فالأفراد الذين يعملون في المنظمة يمثلون الموارد البشرية لتلك المنظمة. وبما أن الموارد البشرية تمثل أكثر الموجودات أهمية في المنظمة فإن كل المديرين يهتمون بإدارة الموارد البشرية، وبالإضافة إلى هذا فإن أن كل المديرين يقومون بإدارة الموارد البشرية لأننهم يشاركون خبراء الموارد البشرية مسؤولية معظم وظائف إدارة الموارد البشرية.

وفي السنين القليلة الماضية أصبحت إدارة الموارد البشرية في عديد من المنظمات تفرض دوراً أساسياً في المنظمة عن طريق قيامها بدور المغير الذي يقوم بتوضيح دور الثقافة التنظيمية وقيامها بتبني البيئة المتغيرة بشكل مستمر. وبناء على هذا أصبح هناك عدد من العوامل التي تساهم في زيادة أهمية وظائف إدارة الموارد البشرية ومنها:

أ. الالتفات إلى احتياجات الموظفين.

ب. ازدياد وتعقيد وظائف المدراء مما يتطلب من مدراء الموارد البشرية المساعدة في صنع القرارات الاستراتيجية وتسخير الكفاءات المتميزة من الموارد البشرية في المنظمة نحو تحقيق الغرض الرئيسي للمنظمة.

ج. مساهمة إدارة الموارد البشرية في التشريعات والقضايا القانونية المتعلقة بالمساواة والتعويض العادل وقواعد السلامة والعلاقات العمالية.

د. المساعدة في وضع سياسات تؤدي إلى الاستقرار.

هـ. التخفيف من مشاكل كلفة العنصر البشري عن تقليل مشاكل معينة كالغياب والإرهاق وترك العمل والإدمان على الكحول وإنهاء الخدمات بشكل خاطئ والتفرقة في التوظيف والنزاعات بين الأفراد والإدارة.

يتوزع الموظفون حسب اختصاصاتهم ومؤهلاتهم وخبراهم ومهامهم ومهاراتهم على المنظمة في مستوياتها المختلفة، ويزداد وضوح هذا التوزيع كلما كبر حجم المنظمة وازداد التركيز على التخصص حتى يتوزعوا على الإدارة التنفيذية والاستشارية والمكتبية، ويمكن توضيح ذلك في الرسم التالي للشكل:

شكل (33) توزيع الموظفين على النشاطات الادارية والمساعدة

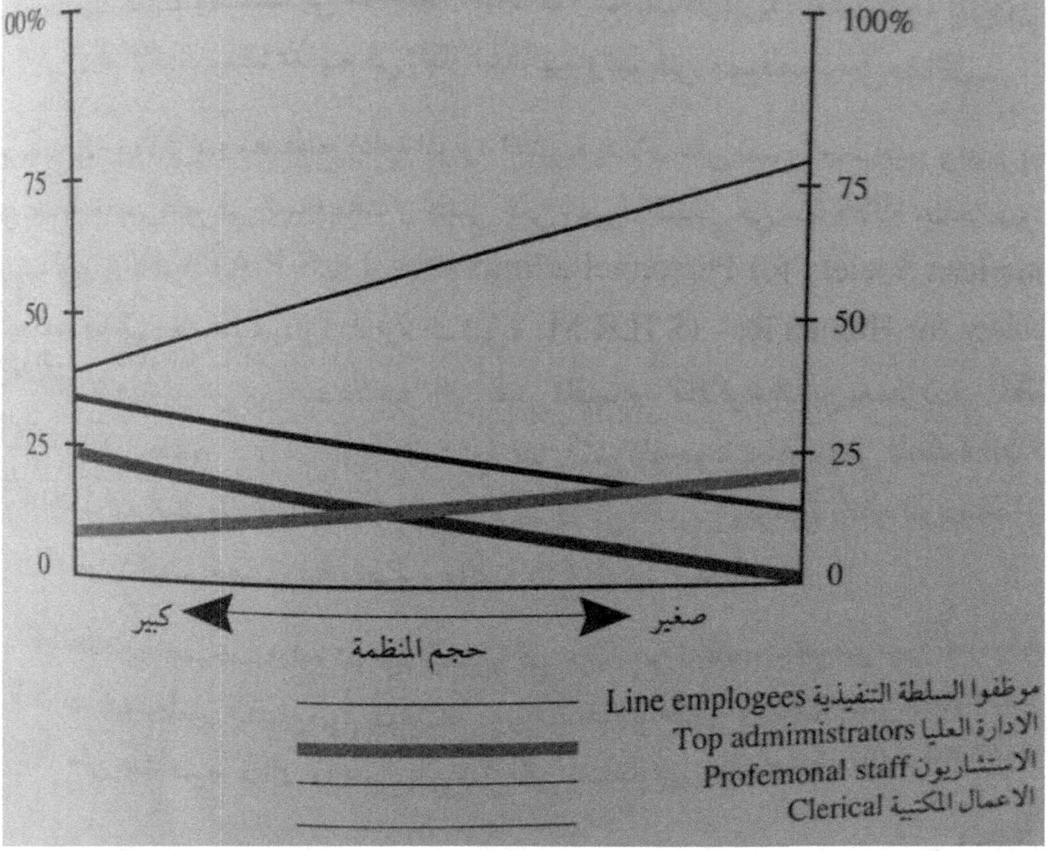

(2) **نشاطات إدارة الموارد البشرية**

يمكن تصنيف النشاطات الرئيسية التي تمارسها إدارة شؤون الموظفين إلى نوعين رئيسيين:

أ. النشاطات التقليدية[2]:

1. التوظيف.

2. التدريب.

3. تقييم الأداء.

4. الاتصالات.

5. الرواتب والأجور.

6. الترفيه والتقاعد.

7. نشاطات توظيف أخرى.

ب. النشاطات غير التقليدية وتتمثل بالآتي[3]:

1. تخطيط القوى العاملةز

2. مشكلة الإنتاجية.

3. النقابات المهنية وتمثيل الموظفين والمستخدمين.

4. قياس فاعلية إدارة نظم الخدمة.

والشكل التالي يوضح وظائف إدارة الموارد البشرية والظروف البيئية التي تعمل فيها:

الشكل (34) النشاطات التي تمارسها إدارة الموارد البشرية

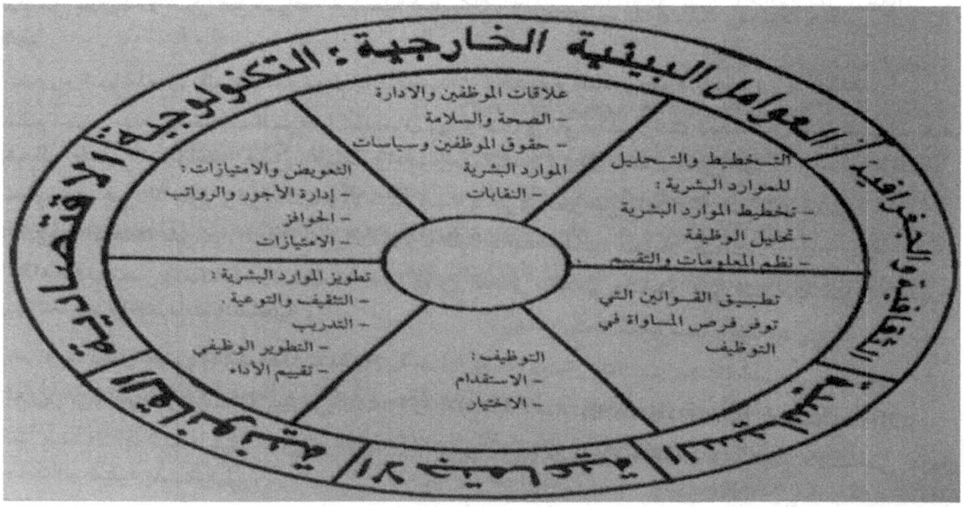

(3) وظائف إدارة الموارد البشرية

إن الإدارة الفعلية لشؤون الموظفين يمكن أن تؤدي الوظائف التالية[4].

أ. وضع السياسات ومتابعتها وتشتمل على:

1. وضع وتطبيق السياسات لجميع نشاطات إدارة الموظفين وضمان تنفيذها من قبل الإدارات الميدانية.

2. تفسير مفهوم السياسات وتطبيقها على الحالات التي تستجد في شؤون الموظفين.

3. تدقيق معاملات الموظفين عن طريق مقارنتها بالخطط الموضوعة بقائمة الرواتب للتأكد من مطابقتها مع القوانين والقواعد الإدارية والسياسات.

ب. تحليل الوظائف ونظام الرواتب وتشتمل على النشاطات التالية:

1. وضع الأوصاف التفصيلية للوظائف الجديدة والمتغيرة بمساعدة المديرون التنفيذيون.

2. تقييم هذه الوظائف لتحديد علاقتها بالفئات الوظيفية القائمة.

3. إضافة مواصفات للفئات الوظيفية في ضوء الظروف المتغيرة بالتعاون مع المديرون المنفذين.

4. استخدام أساليب تحليل الوظائف بهدف تشخيص المشاكل التنظيمية واستشارة المديرين التنفيذيين لحل تلك المشاكل.

5. تطوير نظام الترقية حسب المؤهلات ودراسة الاحتياجات التدريبية.

6. دراسة عوامل تحديد الأجور الموضوعة حسب سياسة المنظمة وتقديم توصيات لإجراء تعديلات فيها عند الحاجة.

7. اقتراح سلم رواتب ملحق بالسلم المعلوم به للتعيينات الجديدة عند وجود الضرورة لذلك.

8. اقتراح سلم أجور خاص حسب السياسة المعمول بها وعند وجود المبررات للعاملين في ظروف خاصة مثل الأعمال الخطيرة وفترات العمل المختلفة والخدمات المتميزة والأعمال التي لها آثار على الصحة.

9. تجميع المعلومات عن الأجور والرواتب والامتيازات الأخرى لغرض التداول مع النقابات.

10. إدارة الشؤون المتعلقة بقوانين الرواتب والأجور والساعات حسب الصلاحيات.

11. تقييم نظام التعويض والمكافآت مشتملاً على أمور تتعلق بالتعويضات غير النقدية مثل الإجازات والتأمين والتقاعد والخدمات الصحية.

ج. التوظيف ويشتمل على النشاطات التالية:

1. وضع وتطبيق برنامج التوظيف الإيجابي Affirmative Recruitment Employment.

2. تشخيص مجالات التقصير مثل توظيف العنصر النسائي أو الأقليات وتأكيد ذلك عن طريق الاحتياجات الوظيفية المستقبلية.

3. تطوير أساليب توظيف نشطة Aggressive Recruitment.

4. تجميع وإعداد دليل شامل بين مصادر الحصول على أصحاب الكفاءة.

5. تحسين مؤهلات المتقدمين عن طريق تقديم برامج تدريبية قبل الاختبار.

6. وضع وإدارة وتصحيح وتقييم الاختبارات والتأكد من مصداقية الامتحانات في قياس مستوى المتقدمين للخدمة أو الترقية.

7. إعداد قائمة المتقدمين الناجحين في الامتحانات لغرض إجراء المقابلات واختيار العدد المؤهل المطلوب منهم.

8. إجراء البحث عن خلفية المرشحين المؤهلين.

9. الاحتفاظ بملف عن مؤهلات الموظفين الحاليين بالتعاون مع الإدارات الميدانية والعودة للمعلومات هذه في حالات الترفيعات والتدريب والتكليف بمهام معينة.

10. الرقابة على التعيينات الجديدة لغرض الامتثال بشكل صحيح للنظام وسياسة المنظمة والقواعد التي تحكم مراحل الاختيار.

11. تقييم التعيينات عن طريق المتابعة بالاستفسارات والتحقيق مع المدراء الميدانيين.

د. إدارة تقييم الأداء والإنجاز ويشتمل على النشاطات التالية:

1. وضع نظام لقياس أداء وتسجيل تقديرات الموظفين.

2. تحديد مستويات الأداء.

3. مقارنة الإنجاز الحقيقي مع معايير الأداء.

4. تقديم مرشد للمديرين التنفيذيين عن كيفية تطوير وتحسين الأداء الوظيفي.

5. تطوير وتشجيع استعمال الطرق والأساليب المختلفة لتقييم الأداء وتطويره.

6. تطوير سياسة اتخاذ الخطوات الانضباطية Disciplinary Action والتعاون مع المدراء التنفيذيين في تطبيق تلك السياسة لغرض تحسين الأداء الوظيفي.

هـ التطوير والتدريب وتشتمل على:

1. وضع سياسة التدريب التي تبين أدوار الجهاز المركزي للموظفين والإدارات التنفيذية والمديرين والمشرفين والموظفين في تقديم التدريب للموظفين الذي يلبي احتياجات الإدارات المختلفة.

2. القيام بصورة مستمرة بتحليل وتحديد الاحتياجات التدريبية بالتعاون مع الإدارات التنفيذية.

3. وضع البرامج التدريبية حسب السياسة الموجودة.

4. إعداد المواد التدريبية.

5. تزويد المديرين بالأساليب التدريبية أثناء العمل.

6. تكوين حلقة وصل مع الجهات التدريبية الخارجية مثل الجامعات والمؤسسات التدريبية والمنظمات المهنية والدور الاستشارية.

7. تطوير برنامج السلامة بالتعاون مع الإدارات التنفيذية.

8. الفحص الدوري لمستوى الظروف العمل في جميع الإدارات ووضع التوصيات لتغييرها أو تعديلها.

9. تنفيذ المتطلبات القانونية للسلامة المهنية Safety Occupational والصحية وأي متطلبات قانونية أخرى.

و. علاقات العمل Employee Relations وتشتمل على:

1. تقديم النصيحة للإدارة في جميع المستويات بخصوص الأمور التي تؤثر على الروح المعنوية ودافعية العاملين.

2. التمثل القانوني في جميع العلاقات مع النقابات.

3. التفاوض مع النقابات للتوصل إلى اتفاقية بخصوص عقود وظروف العمل.

4. دراسة العلاقات بين الموظفين والإدارات.

5. وضع وإدارة إجراءات التظلم.

6. تطبيق إجراءات التظلم.

7. تقديم الاستشارة والنصح إلى الموظفين والمشرفين لمعالجة أي مشكلة أثناء أداء العمل.

8. وضع وإدارة برامج مكافأة الخدمة بالتعاون مع الإدارات التنفيذية والذي يساعد لتحسين الروح المعنوية والإنتاجية للموظف.

9. تأمين الخدمات الصحية الكافية للموظفين.

10. توفير الخدمات الترفيهية والرياضية للعاملين في المنظمة.

ز. الاتصالات الإدارية وعلاقات الموظفين وتشتمل على النشاطات التالية:

1. تطوير وممارسة سياسة الاتصالات المفتوحة مع العاملين.

2. تكوين مركز للنشر يختص بتلبية احتياجات العاملين.

3. إبقاء العاملين على علم تام بحقوقهم ومسؤولياتهم عن طريق المديرين التنفيذيين.

4. تطوير وتطبيق نظام الاقتراحات للإبقاء على اتصالات مفتوحة بين المستويات الإدارية.

ح. التسريح أو الاستغناء عن الخدمة وتشتمل على النشاطات التالية:

1. وضع نظام لإجراء مقابلات التسريح أو إجراءات الاستغناء عن الوظفين Exit interview وتدريب المدراء التنفيذيين على أساليب إجراء تلك المقابلات.

2. إنهاء إجراءات التقاعد وتعريف المتقاعدين بحقوقهم.

3. وضع سياسات تتحكم بكيفية تخفيض قوة العمل وترتيب عمليات النقل وإعادة التدريب والتأهيل للتخفيف من آثار التسريح.

ط. إدارة السجلات والتقارير وتشمل على:

1. الاحتفاظ بالملفات عن طريق التنسيق مع الإدارات التنفيذية وتجميع المعلومات عن العاملين في المنظمة.

2. تحليل إحصائيات دوران العمل وسوق العمالة ومصادر التوظيف.

3. تصميم الاستمارات والإجراءات لاستخدامها في أمور العاملين على مستوى الإدارات.

4. إنهاء معاملات التعيين والتسريح وغيرها من القضايا التي تتعلق بشؤون الموظفين حسب القانون وسياسة المنظمة.

5. الاحتفاظ بسجلات الحوادث والإصابات وتخليص قضايا تعويض العاملين بالتعاون مع الإدارات التنفيذية.

ك. البحوث في مجال شؤون الموظفين وتشتمل على:

1. إجراء مسح ميداني لوجهات نظر الموظفين لمعرفة شعورهم اتجاه الوظيفة وظروف العمل.

2. دراسة طرق وأساليب الاختبار والمقابلة والتقييم.

3. تحليل معدلات غياب العاملين وترك العمل والتوقف عن العمل وتعطيل العمل وغيرها من المسائل التي تؤثر على الكفاءة والتحفيز والتي تسبب المشاكل واقتراح الحلول البديلة.

ي. التصميم التنظيمي[5] ويشتمل على:

1. وضع الخطط للاحتياجات البشرية.

2. تكوين فرق العمل.

3. تصميم الهيكل التنظيمي.

4. وضع نظم المعلومات.

(4) تقييم أداء العاملين

يعني تقييم الأداء قياس مقدار الإنجاز للمهام التي تتكون منها الوظيفة التي يؤديها الفرد، ويبين الأداء مستوى الجودة التي يحققها الفرد لإتمام متطلبات الوظيفة، ويحصل بعض الأحيان بين الأداء والجهد حيث يشير الجهد إلى الطاقة المبذولة في العمل بينما يقاس على أساس النتائج.

ويوصف أداء الوظيفة بأنه نتيجة جهد متأثراً بإمكانياته وسماته وإدراكه للدور المطلوب منه تمثيله، لذلك نستطيع القول بأن الأداء هو نتيجة التفاعل بين الجهد والإمكانيات وإدراك الدور، وفيما يلي توضيح للعناصر المختلفة التي يتكون منها الأداء والعوامل المؤثرة فيه والنتائج التي يحققها:

شكل (35) مكونات الأداء

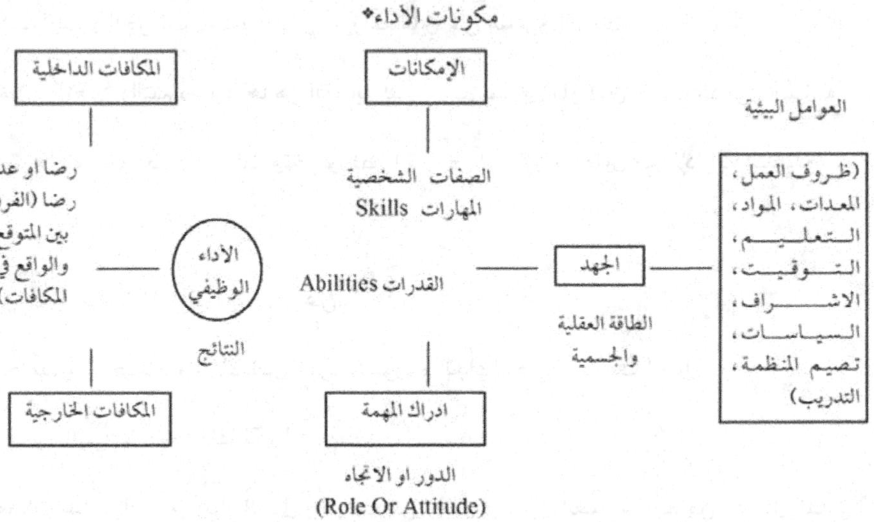

ويشتمل الجهد مقدار الطاقة (العقلية والجسمية) التي يستخدمها الشخص في إنجاز المهمة، أما الإمكانات فتعني الصفات الشخصية المستخدمة في إنجاز الوظيفة، فالإمكانات والصفات لا تتغير كثيراً في المدى القصير. أما إدراك المهمة أو الدور فيعني الاتجاه الذي يتبناه الأفراد في توجيه جهودهم نحو إنجاز أعمالهم، فالنشاطات والسلوكيات التي يعتبرها الأفراد ضرورية لإنجاز أعمالهم هي التي تحدد إدراكهم لأدوارهم.

ويعتبر تقييم الأداء عملية منظمة تهدف إلى تقييم قابلية الموظف لتحقيق المهام المطلوب منه إنجازها ونمو شخصيته وتطور أداؤه. ويمكن اعتبار هذه العملية امتداداً لعمليتي الحفز والقيادة الإدارية، إذن الغاية من التقييم هي حفز الموظف على الأداء الجيد ومساعدته في تحسين نفسه ونمو شخصيته وتقدمه. وكان التقييم في السابق يهدف إلى حمل الموظف إلى الأداء الجيد عن طريق ربط المكافآت والعقوبات بنتائج التقييم.

ولكن المنظمات الحديثة أصبحت تنظر إلى هذه العملية كأداة هامة تساعد في العديد من المهام التخطيطية والتنظيمية المتعلقة بشؤون الموظفين. إن الأهداف الرئيسية لعملية التقييم هي:

1. تحسين أداء الموظف وتنمية قدراته.

2. تحسين عملية الإشراف.

3. مساعدة الإدارة على ضبط عمليات الاختيار والتعيين والتدريب وسياسات التوظيف التي تمارسها إدارات شؤون الموظفين.

4. مساعدة الإدارة في اتخاذ القرارات بالموظفين كتوزيع المكافآت والترقية والنقل والتسريح من الخدمة.

5. مساعدة الإدارة لاكتشاف الصعوبات التي تعترض الأداء الجيد ونقاط الضعف والطرق والأساليب المعوقة له، واتخاذ الإجراءات الضرورية لإصلاح الانحرافات.

وتختلف طرق تقييم الأداء حسب ملاءمتها للغرض الذي تحققه للجهة التي تحتاجها، ويمكن تقسيم طرق التقييم إلى أربعة طرق رئيسية:

1. طرق التقييم التي تعتمد على النماذج الجاهزة Category – Rating Methods وتشمل:

أ. طريقة التقييم البياني Graphic rating scale يؤثر فيها المقيم على فقرات محددة تبين قوة أو ضعف تلك المواصفات حسب مقاييس من 1-5.

ب. قائمة الأوصاف Checklist وتحتوي على قائمة من الصفات والسلوكيات التي يتحلى بها الموظف، ويقوم المقيم بوضع إشارة على الجملة التي تنطبق على الموظف.

ج. الاختيار الإجباري Forced choice.

2. طرق المقارنة Comparative Methods وتقوم بمقارنة الموظفين فيما بينهم وتشمل:

أ. الترتيب التنازلي Ranking وتصنف هذه الطريقة الموظفين من أفضل إلى أدنى أداء.

ب. المقارنة المزدوجة Paired Comparison تقارن كل موظف مع كل موظف آخر في المجموعة.

ج. التوزيع الإجباري Forced Distribution يعمي المقيم على ترتيب أداء العاملين من أفضل إلى أضعف أداء ثم توزيعهم على منحنى طبيعي حيث يحصل على 10% ممتاز، 20% جيد، 40% وسط، 20% دون الوسط، 10% غير مرضي.

3. الطرق الوصفية المكتوبة Narrative Methods :

أ. تقييم الأحداث الحرجة Critical incident ويقوم المدير بالاحتفاظ بسجل الأحداث المهمة (الجيدة والسيئة) لأداء الموظف.

ب. كتابة التقارير Essay يقوم المدير أو الرئيس بكتابة تقرير مختصر عن أداء الموظف أثناء فترة محددة.

ج. المراجعة الميدانية Field Review يشترك المقيم المشرف المباشر في تسجيل الملاحظات عن الموظف، وهذه الطريقة يقوم المشرف بالحصول على تقييم أفضل لأداء الموظف.

4. نظم تقييم خاصة Special Appraisal System :

أ. وضع أوصاف للسلوك المثالي والسلوك السيء Behaviorally anchored rating مثل تقييم سلوك مدرس على مقياس 8 إلى 1 حيث يرمز رقم 8 إلى السلوك المثالي ويرمز الرقم 1 إلى السلوك غير المرغوب فيه ويطبق هذا التقييم على مجموعة الموظفين الذين يقومون بأعمال متشابهة.

ب. الإدارة بالأهداف Management by objectives وتنفع هذه الطريقة في تقسيم الرؤساء، ويمكن تسمية هذه الطريقة التقييم على أساس النتائج أو تخطيط ومراجعة العمل أو أهداف الأداء أو وضع الأهداف بالمشاركة. والشكل التالي يبين الأسباب المختلفة لتقييم الأداء:

شكل (36) طرق تقييم الأداء

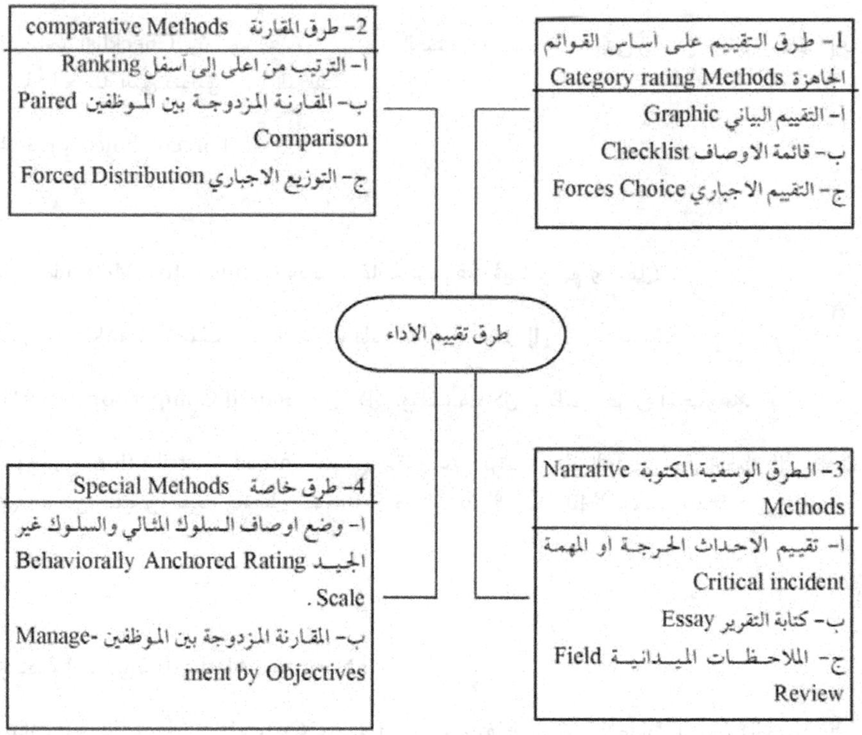

ومن أجل إعطاء دراسة مقارنة لطرق تقييم الأداء والجهات التي تستخدمها ينتج عندنا الجدول التالي:

جدول (25) طرق الأداء والجهات التي يستخدمها ❖

طرق التقييم / الجهات التي تستخدم طريقة التقييم	(1) طرق التقييم حسب قائمة المواصفات Category rating methods	(2) طرق المقارنة Comparative ethods	(3) الطرق الكتابية (التقارير) Narrative methods	(4) الطرق الخاصة Special Ap-praisa: ـأـ طريقة المثال الجيد والسيء	(4) ـبـ الإدارة بالاهداف
1- يقوم المشرف بتقييم المرووسين	√	√	√	√	√
2- يقوم الموظفون بتقييم رؤسائهم	√		√	√	
3- يقوم الموظفون بتقييم كل واحد منهم للآخر	√	√	√	√	
4- مجموعة مقيمون	√	√	√	√	√
5- تقييم ذاتي	√	√	√		√
6- تقييم بواسطة جهات خارجية	√	√	√		

تتطلب عملية التقييم وضوح مهمات الموظف، ويتم ذلك عن طريق وصف المهمات الوظيفية وواجباتها ومسؤولياتها بشكل واضح، حيث أنه من الضروري جداً أن تكون هذه الأوصاف واضحة جداً للموظف نفسه ولرئيسه المباشر الذي يكون هو المسؤول عن توجيه ذلك الموظف ومتابعته في ممارسة واجباته وإنجازها، لهذا يكون المسؤول عن تقييم أداؤه. وفي حالة الوظائف التي تتطلب مبادرة وإبداع فيكون الحل المناسب للتقييم على هذا المستوى عن طريق أسلوب الإدارة بالأهداف.

وهناك طريقة أكثر تفصيلاً وتخص أداء الموظفين في المستويات الإدارية العليا، وتشمل عوامل مختلفة تدل على قدرات وإمكانات وشخصية الموظف، ويمكن تفصيلها في النموذج التالي:

جدول (26) تقييم أداء الموظف حسب طريقة توزيع العلامات الإجبارية

ا	ب	ج	د	هـ	و
1- القدرة على العمل Job capability					
غير ملموسة Not observed	عنده نقص في المعرفة والمهارات الاساسية للوظيفة	لديه معرفة ومهارات كافية عن المراحل الروتينية للوظيفة	لديه معرفة ومهارات ممتازة عن كل مراحل الوظيفة	لديه فهم ومهارات عالية جدا عن جميع مراحل الوظيفة	يمكن اعتباره مرجع في الحقل ، لديه سيطرة عالية على جميع الحقل الوظيفي
2- الامكانات التخطيطية Planning ability					
غير ملموسة Not observed	يعتمد على الاخرين للتنبيه على المشاكل ، ليس لديه نظرة مستقبلية	يقوم بالعمل بكفاءة عادية ، ويمكن تحسين السيطرة على العمل	يعطي اهمية للكفاءة في العمل ويستخدم في الموارد والافراد بشكل جيد	يعمل بفاعلية ويوازن بين الكلفة والنتائج	مهارة عالية من القدرة على الموازنة بين التكاليف والنتائج للحصول على الفاعلية المثلى
3- الامكانات التنفيذية Executive management					
غير ملموسة Not observed	قدرته التنظيمية ضعيفة ، لا يستطيع استخدام الموارد المادية او البشرية بشكل فاعل	يقوم بالعمل بكفاءة عادية ، ويمكن تحسين السيطرة على العمل	يعطي اهمية للكفاءة في العمل ويستخدم الموارد والافراد بشكل جيد	يعمل بفاعلية ويوازن بين الكلفة والنتائج	مارة عالية من القدرة على الموازنة بين التكاليف والنتائج للحصول على الفاعلية المثلى
4- القيادة Leadership					
غير ملموسة Not observed	ضعيف في الحالات القيادية . غير قادر في بعض الاحيان على السيطرة	اعتياديا لديه قدرة على السيطرة على فريق العمل	دائما قائد للمجموعة ويحصل على احترام المرؤوسين	مهارات عالية في توجيه الآخرين لتقديم الجهود	الصفات القيادية تنعكس من وقوعه في اعلى المستويات
توزيع العلامات صفر	%10	%20	%40	%20	%10

ويعتمد اختيار طريقة التقييم على عدة عوامل منها:

أ. مدى الفائدة العامة من تطبيق الطريقة التقييم.

ب. مقدار الوقت الذي يستغرقه قياس الأداء.

ج. الكلفة.

د. كمية الأخطاء لدى المرؤوسين.

هـ قبول الطريقة لدى المرؤوسين.

و. قبول الطريقة لدى المشرفين.

ح. الفائدة من الطريقة في إرشاد وتوجيه الموظف.

ط. الفائدة في تحديد القابلية للترقية.

ي. تحديد الاحتياجات التدريبية والحصول على المعلومات المرتدة Feedback.

ويتم إعداد تقارير الكفاية عن كل موظف في حالات مختلفة حسب ما يتطلبه نظام الخدمة المدنية، فهي ضرورية، مثلاً في حالات الترقية والنقل والتدريب والابتعاث وعند المكافآت أو العلاوة وعند الفترة التجريبية للموظف والتكليف والإحالة على التقاعد المبكر وتمديد الخدمة وعند التحقيق مع الموظف وتوقيع العقوبة وأثناء الإجازات مع الموظف وتوقيع العقوبة وأثناء الإجازات العادية والمرضية والاستثنائية والانقاع عن العمل وعند انتهاء الخدمة وغيرها من الظروف. ويعطى لطريقة كتابة التقارير مقياس يتكون من خمسة درجات هي (ممتاز، جيد جداً، جيد، وسط، ضعيف). وفي حالة تقدير ضعيف يمكن أن يكون العقوبات تنبيه أو حرمان من العلاوة أو النقل أو إنهاء الخدمة.

وتقسيم المعلومات التي يتطلبها تقرير الأداء أو الكفاية إلى قسمين رئيسيين هما[6]: المعلومات الأساسية عن كل العاملين، والمعلومات الإضافية التي تتعلق بالمشرفين والمديرين، ويمكن تفصيلها كالآتي:

أ. المعلومات الأساسية عن كل العاملين وتشتمل على:

1. معلومات شخصية: تخص اسم الموظف وقسمه ودائرته ورقمه الوطني وراتبه وإعداد التقرير والشخص الذي أعد التقرير.

2. الدوام: يأتي للعمل دوماً ويخبر المشرف في حالة انقطاعه عن العمل.

3. الانتظام في العمل: ملاحظة ساعات العمل وفترات الاستراحة.

4. المعرفة الوظيفية: الإلمام بواجباته ومسؤولياته.

5. حجم العمل المنجز: مقارنة حجم العمل مع الحجم المطلوب إنجازه.

6. نوعية العمل: الدقة، الفاعلية، المستوى، السرعة.

7. الاعتماد على الموظف، الثقة، القدرة على تحمل الضغوط.

ب. معلومات إضافية عن المشرفين والمديرين وتشمل:

1. المبادرة: طموحات، تطوير نفسه وتحسين الطرق والأساليب.

2. المتابعة: السيطرة على حجم العمل، توزيع الموارد، يتأكد من أنه ينجز المهام بدقة وفي الوقت المطلوب.

3. العلاقات الوظيفية والإنسانية: جو عمل مشجع، الانسجام والرغبة والحماس، يساعد الآخرين.

4. التكيف أو التعامل مع الظروف: يعمل جيداً في الظروف المستجدة والطارئة وبأقل مقدار من التعليمات.

5. التطور: يساعد العاملين على البقاء في العمل وتطوير فرصهم المستقبلية ويقدم الإرشاد والمشورة.

وكما لاحظنا في الجدول (79) عن مقارنة طرق التقييم والجهات التي تستخدمها، فإن مراكز التوظيف وإدارات الموارد البشرية في المنظمات العامة والخاصة تعتمد طرقاً مختلفة لحالات مختلفة يحددها مستوى الوظيفة وإمكانات الجهة المقيمة للموظف وأهداف التقييم.

هوامش الفصل السابع

1. David Cherrington, The Management of Human Resources, 4th ed., N.Y., Allyn and Bacon, 1995, p.5.
2. Dennis Dresang, Public Personnel management and public policy, 2nd ed., New York, Longman, 1991, pp. 3167.
3. Ibid., p. 321.
4. Robert Puusbley and Neil Snothland, Management Organizations, Belmont California, Duzbury Press, 1980, pp. 23641.

   Also see:

   Cherrington, Op. Cit., p.12.
5. John Bernardin and Russell, Human Resource Management, London, Mc. GrawHill, 1993, p.13.
6. Michael Armostrong, A Handbook of Personal Management Practice, 2nd ed., London, Kogan Page Ltd., 1984, pp. 16380.

8

الفصل الثامن

القيادة الابتكارية
managerial leadership

1. مفهوم السلطة والقوة
2. وظيفة المدير القيادية والمهارات الأساسية التي تتطلبها القيادة
3. مفهوم القيادة.
4. نظريات القيادة

أ- نظريات السمات

ب- النماذج السلوكية

1 . نظرية Y , X

2. دراسة جامعة أوهايو Ohio وجامعة ميشغان Michigan

3. الشبكة الإدارية

ج- النماذج الموقفية

1. نموذج فيدلر fiedler

2. نموذج هيرسي و بلانجارد Hersey and Blanchard

3. نموذج هاوس House

4. نموذج فروم ويتون Vroom and Yetton

5. نموذج القيادة التحويلية.

(1) مفهوم "السلطة " و " القوة"

إن السلطة الرسمية Formal authority التي يمارسها المدير تكون مصدر للقوة Power وبالاعتماد على هذا المصدر يؤثر الرؤساء على المرؤوسين عن طريق توجيه جهودهم نحو إنجاز الأهداف التنظيمية(1). ويمكن التفرقة بين خط تسلسل السلطة How authority structured وأساليب تفويضها بدرجات مختلفة تزيد أو تقلل من مشاركة المرؤوسين في صنع القرارات. وهنا يجب التمييز بين مفهوم السلطة authority والقوة Power في علاقتهما بالقيادة leader ship وبقدرة المديرين managers على التأثير في السلوك. فالسلطة Authority تعني جميع الحقوق الرسمية والواجبات والمسؤوليات المرتبطة بمركز المدير(2)، formal rights, duties and responsibilities associated with a position of management وبالمقارنة تعني القوة Power قدرة التأثير على الآخرين Ability to influence others أي مقدار التأثير على السلوك لإنجاز نتائج مرغوبة the ability to influence bahavior to accomplish preferred results.

ويمكن أن توجد القوة في معزل عن السلطة، وبالرغم من أن السلطة هي أحد مصادر القوة، فهي (السلطة) أحد الوسائل التي يستخدمها المدراء ليؤثروا على الآخرين، ويبين الرسم التالي العملية الأساسية للقيادة:

فالسلطة تعني الحق الرسمي الذي يمتلكه المدير شغل وظيفة إدارية رسمية في المنظمة والتي عن طريقها يكتسب النفوذ والقوة لإصدار الأوامر والتعليمات واتخاذ القرارات وإلزام الآخرين بالامتثال لها في تنفيذ ما يطلب فهم، وبدونها لا يمكنه تنفيذ وتيسير العمل. وتكون السلطة علاقة وظيفية رسمية تربط الرؤساء بالمرؤوسين. وتعطي السلطة صاحبها باعتبارها قوة رسمية الحق ف فرض العقوبات ومنح المكافآت للحصول على الطاعة والامتثال وتنفيذ العمل المطلوب.

فالقوة هي القدرة أو الإمكانية في التغلب على المقاومة وتحقيق تغيير مطلوب في المنظمة بالرغم من المعارضة فالقوة تعني القدرة الموجودة لدى شخصين ما أو جماعة تمكنهم من تعديل أو تغيير سلوك شخصين آخر أو جماعة أخرى.

شكل (37) عملية القيادة

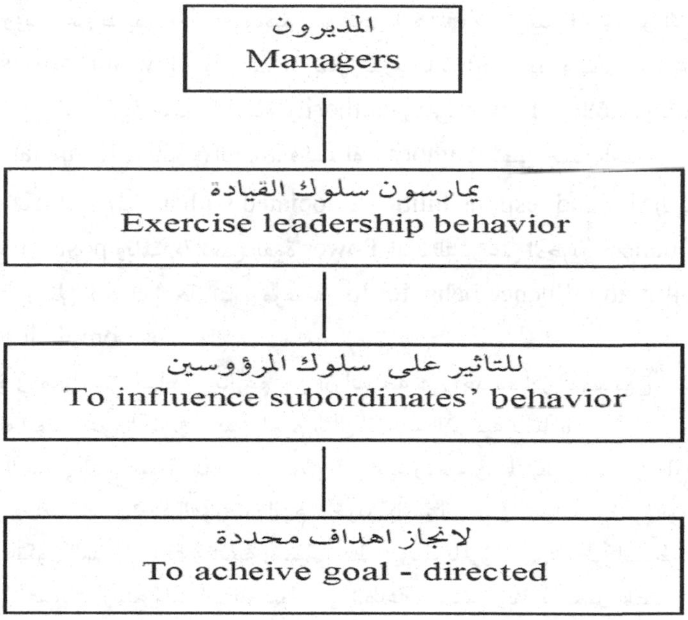

ومن الصفات التي تفرق بين القادة وغير القادة:(4)

1- الاندفاع Driver القادة يبذلون جهد ذو مستوى عال ولهم رغبة عالية في الإنجاز ولهم طموح وطاقة عالية ويتبنون المبادرة.

2- الرغبة في القيادة توفر الرغبة لديهم للتأثير على الآخرين وتقبّل المسؤولية.

3- الصدق والكرامة Honesty and integrity يمثل الصدق والصراحة أساس العلاقة بين القادة ومرؤوسيهم ودائماً يتبعون مبدأ ترجمة الأقوال إلى أعمال.

4- الثقة بالنفس أي الابتعاد عن الشعور بالضعف من أجل إقناع المرؤوسين بصحة الأهداف والقرارات.

5- الذكاء من أجل تجميع وفحص واختيار وترجمة المعلومات ومن أجل وضع رؤى وحل للمشاكل وصنع القرارات الصائبة.

6- المعلومات امتلاك المعلومات المناسبة حول الشركة والصناعة والأمور التكنولوجية. وتساعد المعلومات المتخصصة والمتعمقة القادة الإداريين وفهم أثار تنفيذ قراراتهم.

(2) وظيفة المدير القيادية في المنظمة والمهارات الأساسية التي تتطلبها القيادة.

يختلف مفهوم الإدارة عن القيادة، فينما تركز القيادة على القدرة للتأثير وتحفيز وتوجيه الآخرين من أجل تحقيق الأهداف المرغوبة، تركز الإدارة على النظام والاستمرارية Order and consistency في المنظمة وهذا يشمل التخطيط والتنظيم والتوظيف والتمويل والرقابة أما القيادة فهي قدرة التأثير والتحفيز والتوجيه على الآخرين لتحقيق أهداف مرغوبة. فالقائد الفاعل هو الذي يعمل مع المرؤوسين من أجل أن يصنع رؤى مستقبلية واستراتيجيات كوسائل لتحقيق أهداف المنظمة.

وتشمل المهارات؟ الأساسية للقيادة على خمسة أنواع وهي: (5)

1. التمكين Empowerment يحصل التمكين عندما يشارك القائد أتباعه في جهود وعمليات التأثير والسيطرة.

2. الحدس أو البديهة Intution : أي قدرات القائد على فحص الحالة وتوقع تغيرات محتملة والإقدام على المخاطر وتكوين الثقة.

3. معرفة الوضع الشخصي للقائد self understanding وذلك لمعرفة نقاط القوة والضعف.

4. وضع رؤى Vision : أي المقدرة على تصور مستقبلي مختلف وافضل من الوضع الحالي وطرق تنفيذه.

5. توحيد القيم Value congruence : أي المقدرة على فهم المبادئ التي تسترشد بها المنظمة والعاملون في المنظمة والتوفيق بينهما.

(3) مفهوم القيادة

تعتبر القيادة أحد أهم عناصر الإدارة وهي تساعدنا على فهم كيف يؤثر المديرون على موظفيهم how managers influence their employees . وتعني القيادة Leadership عملية التأثير على الآخرين من أجل تنفيذ الأهداف التنظيمية وهي القيادة تعتبر أساس وظيفة الإدارة. والسبب في أن الناس يقبلون تأثير القائد هو امتلاكه للقوة Power، والقوة تعني قدرة للتأثير على سلوك الآخرين. ويعرف روبرت بليك وجين موتن Robert Blake and Jane Mouton القيادة بأنها النشاط الإداري لتعظيم الإنتاجية وتنشيط الابتكار لحل المشاكل ورفع الروح المعنوية والرضا(6).

ويعتمد القادة في المنظمات عادة على ستة أنواع من القوة: (7)

1 قوة الشرعية Legitimate power : وتأتي من المركز الرسمي في الهرم الإداري والسلطة الرسمية الممنوحة لذلك المركز. فعندما يقبل الفرد وظيفة ف المنظمة يقوم بقبول توجيهات بخصوص الوظيفة من الرئيس المباشر والآخرين في الهرم الوظيفي لأن مثل هؤلاء الأشخاص يمتلكون مراكز السلطة.

2 قوة المكافأة Reward Power : وتعني القدرة على السيطرة وتقديم المكافآت التي تكون لها قيمة للآخرين مثل زيادة في الراتب أو توصية بالترقية أو الحصول على مكتب أفضل أو فرصة تدريبية أو مركز أعلى في المنظمة أو الحصول على تقدير أو إجازة.

3 قوة العقاب Coercive power :وتعني القدرة على معاقبة الآخرين في حالة عدم قيامهم بسلوك مطلوب منهم ومرغوب فيه، وتشمل هذه القوة أشكالاً من العقوبات مثل الانتقاد واللوم والتوقيف عن العمل والتحذير الذي يوضع في ملف الموظف والتقييم السلبي للأداء والتنزيل ف المرتبة وإيقاف الزيادات في الراتب والفصل أو إنهاء الخدمة.

4 قوة الخبرةExpert power : تعتمد على امتلاك الخبرة التي يقدرها الآخرون وتشمل المعرفة والمهارات الفنية والخبرة الضرورية لنجاح المرؤوسين.

5 قوة المعلومات Information power: تعتمد على امتلاك المعلومات والسيطرة على توزيعها فيما يتعلق بالعمليات التنظيمية والخطط المستقبلية. واعتيادياً يمتلك المدراء مدخل الوصول إلى مثل هذه المعلومات أكثر من بقية المرؤوسين والعاملين في الوحدات الإدارية في المنظمة.

6 قوة المرجعية Referent power : وتأتي من قوة الإعجاب من الآخرين والشعور بالقرب من القائد واتباع توجيهاته والاخلاص له.

(4) نظريات القيادة

تنقسم النظريات القيادة إلى الأنواع التالية :

1. نظرية السمات
2. النماذج السلوكية
أ. نظرية X.Y
ب. نماذج دراسة جامعتي أوهايو و ميشغان
ج- الشبكة الإدارية
3. النماذج الموقفية
أ. نموذج فيدلر
ب. نموذج هيرسي و بلانجارد
ج- نموذج روبرت هاوس.
د- نموذج فروم ويتون.

4. نموذج القيادة التحويلية

أ. نماذج السمات Traits models: وتعتمد على الافتراض بأن السمات الفيزيولوجية و الاجتماعية و الشخصية تنتقل بالوراثة. وتعني السمات الفيزيولوجية روح الشباب والطاقة والمظهر والبنية والوسامة. أما السمات الشخصية فتتمثل بالقدرة على التكيف والحماس Aggressive والاستقرار العاطفي Emotionally Stable والسيطرة Dominant والثقة بالنفس self confident أما الخلفية الاجتماعية فتمثل التعليم والطبقة الاجتماعية التي ينتمي إليها الشخص. وتشتمل السمات الاجتماعية على الجاذبية charm واللباقة Tactful والشعبية Popular والتعاون cooperative. أما السمات المهنية Task related فتشمل الرغبة في الترقي والإبداع وقبول المسؤولية وامتلاك روح المبادرة والتأكيد على النتائج.

ب. النماذج السلوكية Behavioral modles: وتركز على الفروقات ف السلوك بين المدير الفاعل وغير الفاعل effective and ineffective leader والشكل التالي يبين النشاطات التي يمارسها المدير الفاعل

شكل رقم 38 المدير الفاعل

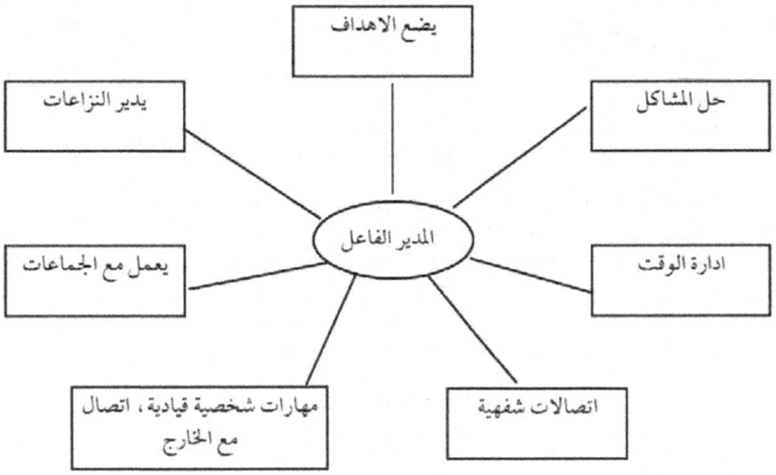

1. نظرية X, Y:

تحتوي نظرية X على عدد من الافتراضات السلبية حول عضوية فريق العمل والتي ينتج عنها أسلوب القيادة الموجهة Directive Leadership وتحتوي نظرية Y مجموعة من الافتراضات الإيجابية حول عضوية الفريق الذي ينتج عنه أسلوب القيادة بالمشاركة (8) participative leadership style . والرسم التالي يوضح النماذج المتعددة للمدير التي تربط بين مقدار السلطة التي يمتلكها المدير والحرية التي يتمتع بها المرؤوسين :

شكل (83) العلاقة بين سلطة المدير وحرية المرؤوسين @

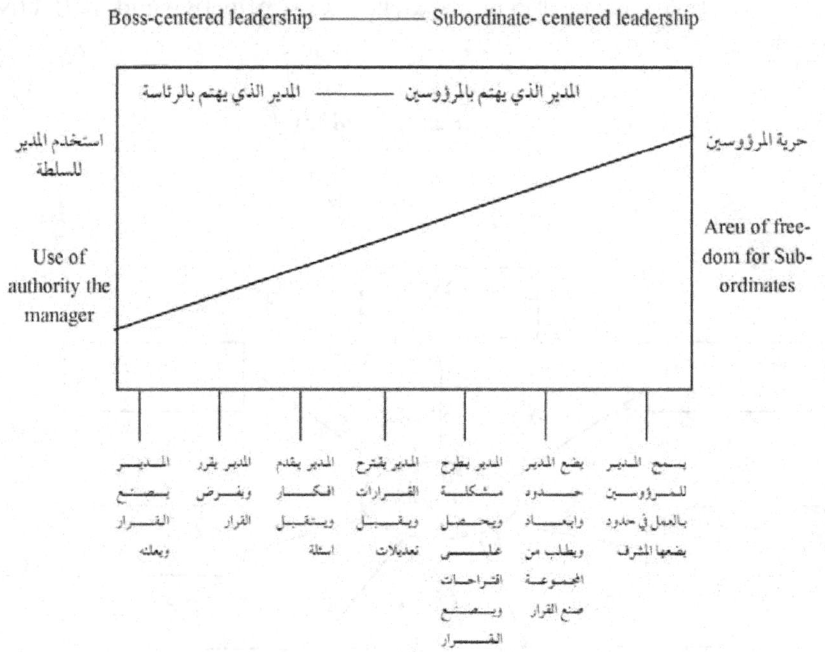

2 نماذج دراسة جامعتي ولاية أوهايو Ohio State University وميشغان Michigan :

وجدوا أن هناك أسلوب القيادة المراعية لشعور العاملين Considerate leadership، ولهذا النوع من القيادة الرغبة في تكوين الجو الملائم للعمل ويفترض النموذج بأن المرؤوسين يعملون كل ما بوسعهم من أجل تسهيل المهام وإنجازها ويقوم القائد بمعاملة الموظفين باحترام وكرامة ويقلل التأكيد على استعمال السلطة القانونية والسلطة القهرية، ومن الأمثلة على سلوكيات القائد:

- يعبر عن الاستحسان عندما يقوم الموظف بإنجاز عمله.
- لا يطلب اكثر من مقدرة الموظف الاعتيادية
- يساعد الموظفين في مشاكلهم الشخصية
- يكون ودوداً وسهل الوصل إليه.
- يكافأ العاملين على حسن الإنجاز.

وينتج عن هذا النوع من القيادة رضا وظيفي عالي ودافعية للعمل واضحة عند المرؤوسين ومجموعات عمل عالية الإنتاجية ومعدلات دوران عمل منخفضة وشكاوي قليلة.

أما القيادة التي تؤكد على البنية أو الهيكلة initiating - structure leadership فتركز على التخطيط والتنظيم والرقابة وتنسيق نشاطات المرؤوسين، وإن السلوكيات الاعتيادية التي تنتج عنها تشمل على:(10)

- وصف مهام محددة للموظفين
- وضع معدلات أداء للوظيفة
- إعلام العاملين بمتطلبات العمل
- جدولة العمل الذي يتوقع إنجازه من قبل أعضاء الفريق.
- تشجيع استخدام الإجراءات النمطية Uniform procedures

ويحصل لهذا النوع من القيادة شكاوي أكثر ودوران عمل عالي ورضا وظيفي منخفض عند مقارنتها بالنوع الأول من القيادة.

أما الدراسة الثانية التي أجريت في جامعة ميشيغان Michigan والتي توصلت إلى تصنيف أنواع القيادة إلى نوعين:

أ- الأسلوب الذي يركز على الإنتاجية production centered leadership يقوم القائد بوضع المعدلات ويعطي اهتمام على لعمل الموظفين والتأكيد على النتائج.

ب- الأسلوب الذي يركز على العاملين ويشجع مشاركتهم في صنع القرار ويتأكد من رضاهم الوظيفي ويهتم بسعادة أعضاء الفريق .

3 الشبكة الإدارية Management grid model

وقام بتطوير النموذج بليك وموتون Blake and mouton اللذان توصلا فيه إلى خمسة أساليب قيادية (11) والتي تجمع نسب مختلفة من الاهتمام بالإنتاج (يشبه أسلوب الاهتمام بالهيكلة) والاهتمام بالأفراد (يشبه أسلوب مراعاة المشاعر والتأكيد على العاملين) وبذلك يكون يتكون لدينا:

(1،1) الأسلوب الضعيف: اهتمام ضعيف بالأفراد والإنتاج، يبذل القائد الإداري قليل من الجهد لإنجاز العمل ولا يعطي اهتماماً كبيراً للأفراد.

(9 ,1) الأسلوب الاجتماعي : اهتمام عال بالأفراد واهتمام ضعيف بالإنتاج، يحاول القادة تحقيق الجو العائلي الذي يظهر وجود العلاقات الودية وليس بالضرورة تحسين الإنتاجية.

(9,1) الأسلوب الذي يعطي اهتمام عال بالإنتاج واهتمام منخفض بالأفراد ويمثل الحكمة التي تنادي الإنتاج أو إفلاس وهنا لا يهتم القادة باحتياجات العاملين. ويستخدم القادة سلطاتهم القانونية والعقابية من أجل دفع العاملين لتنفيذ الحد المطلوب من الإنجاز.

(5 ,5) وتقع في وسط الشبكة وتمثل أسلوب منتصف الطريق حيث يحاول القائد الوصول إلى موازنة بين احتياجات العمال وأهداف المنظمة الإنتاجية. ويحصل القائد على أداء مناسب عن طريق المحافظة على الروح المعنوية للعاملين بشكل يضمن إنجاز الأعمال.

(9,9) أسلوب الفريق: ويعطي هذا الأسلوب القيادي اهتمام عال جداً بالعاملين والإنتاج معاً حيث يركز القادة على بناء مجموعات عمل متعاونة ويشجع على الشعور بالالتزام عند العاملين في بناء علاقات ثقة واحترام.

ويمكن تفصيل الدراسات السلوكية للقيادة في الجدول التالي :

جدول (27) النظريات السلوكية للقيادة @

الدراسة	البعد السلوكي	الاستنتاجات
- جامعة ايوا University of Iowa	- الاسلوب الديمقراطي Democratic style مشاركة المرؤوسين، تفويض السلطة، تشجيع المشاركة. - الاسلوب السلطوي/ الاتوقراطي Auto-cratic style فرض وتملية طرق العمل، مركزية صنع القرار، تقييد المشاركة. - الاسلوب الحر Laissez-Faire style اعطاء المرؤوسين الحرية لصنع القرارات وانجاز العمل.	الاسلوب الديمقراطي للقيادة هو الاكثر فاعلية بالرغم من ان الدراسات لاحقة اظهرت نتائج متناقضة.
- جامعة اوهايو Ohio State University	- التقدير Consideration تقدير واحترام افكار ومشاعر المرؤوسين. - وضع البنية Initiating structure هيكلة العمل وتنظيم العلاقات ال، ظيفية من اجل انجاز الاهداف.	التركيز العالي على التقدير والتركيز العالي على البنية ادى اداء عالي ورضا عالي عند المرؤوسين ولكن ليس في جميع الحالات.
- جامعة ميشغان University of Michigan	- الاهتمام بالعاملين Employee Oriented التاكيد على العلاقات الشخصية والاهتمام بحاجات العاملين. - الاهتمام بالانتاج Production oriented - التاكيد على النواحي الفنية للوظيفة والتخصصية.	القادة المهتمين بالعاملين حصلوا على انتاجية عالية للمجموعة ورضا عالي.
- الشبكة الادارية Managerial Grid	- الاهتمام بالناس Concern for people ويقاس على مقياس 1-9 (منخفض - عالي). - الاهتمام بالانتاج Concern for production يقاس علي اساس اهتمام القائد بانجاز العمل على مقياس 1-9 (منخفض - عالي).	ان نموذج القيادة بمقياس 9-9 انجز افضل من بقية الانواع وكان لهم اهتمام عالي بالانتاج واهتمام عالي بالناس.

(❖) المصدر:

Stephen Robbins and Mary Coulter, Management, 6th ed., Upper Saddle River: New Jersey, Prentice Hall, 1999, p. 55.

والجدول التالي يوضح النماذج الخمسة للقيادة:

جدول (28) الشبكة الإدارية the managerial

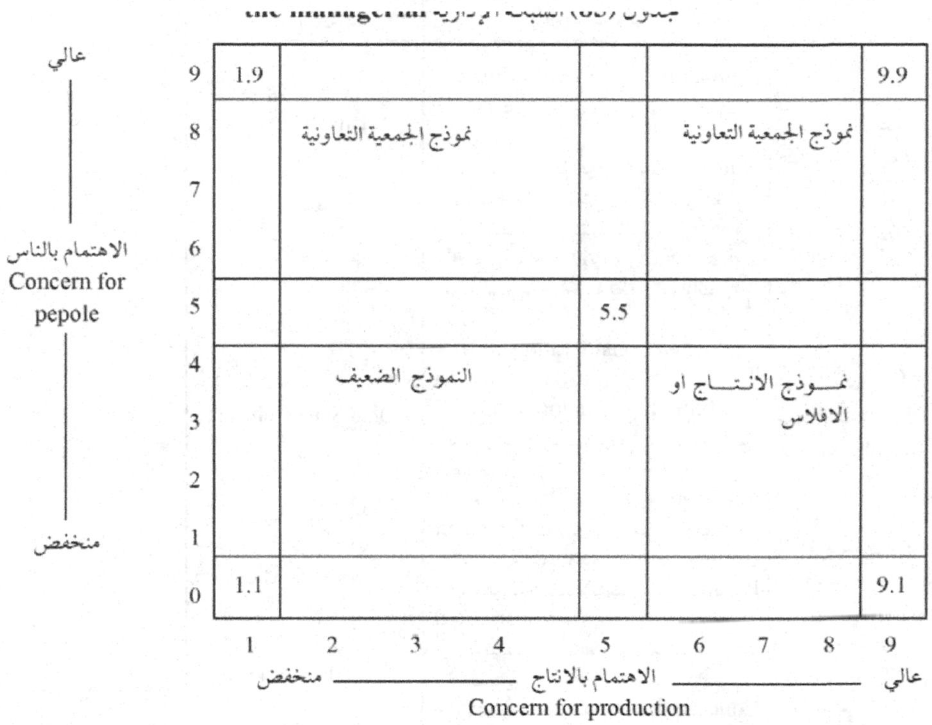

1-1 الإدارة الضعيفة improvished management بذل أقل جهد لإنجاز العمل المطلوب للمحافظة على استمرارية المنظمة.

1-9 الإدارة الوظيفية Task management ينتج منها الكفاءة ف العمليات والتأكيد على المهام حيث يجري ترتيب ظروف العمل بطريقة يكون هناك حد أدنى لتدخل العنصر الإنساني.

5-5 الإدارة الوسطية Middle of the Road management يكون أداء المنظمة متوسط (مرضي) عن طريق الموازنة التي يحتاجها إنجاز العمل مع الإبقاء على روح معنوية في مستوى وسط.

9-1 الإدارة الاجتماعية (النادي الثقافي) الاهتمام باحتياجات الناس والمحافظة على علاقات مرضية تؤدي إلى جو ودي في المنظمة وإلى جو عمل تعاوني .

9-9 ادارة الفريق Team management ينجز العمل من قبل أفراد ملتزمين وتوجد روابط قوية من خلال المصير المشترك للمنظمة وأهدافها التي تؤدي إلى علاقات يسودها الثقة المتبادلة والاحترام.

ج- النماذج الموقفية Contingency modles

(1) نموذج فيدلر

ويقترح النموذج بأن القيادة الناجحة تعتمد على مزج أسلوب القائد مع متطلبات الموقف(12). ففي هذا النموذج يحتاج المدير إلى فهم أسلوبه وتشخيص الموقف ثم انجاز ثم ربط بين الأسلوب والموقف أما عن طريق تغيير الموقف لملائمة الأسلوب أو إعطاء دور القائد لأحد أعضاء الفريق الذي يتناسب أسلوبه الموقف، وتشتمل أساليب القيادة في هذا النموذج على نوعين : النوع الأول : يركز القائد فيه على العلاقات مع العاملين وهو يشبه نموذج التركيز على الأفراد في الشبكة الإدارية. أما النوع الثاني فهو القائد الذي يركز على المهمة. وتشتمل المتغيرات الموقفية ثلاثة أنواع هي :

1- العلاقات بين القائد وعضو التنظيم leader-member relations وتعني المدى الذي يتقبل فيه المجموعة قائدهم.

2- البناء الوظيفي للمهام Task structure وعني درجة نمطية أو روتينية الوظيفة.

3- قوة مركز القائد Legitimate, coercive , and reward powe وفيما يلي العوامل المختلفة الموقفية التي تؤثر على نماذج القيادة حيث يتأثر كل أسلوب بعدد محدود من هذه العوامل : (13)

شكل (40) العوامل الموقفية التي تؤثر على فاعلية القيادة

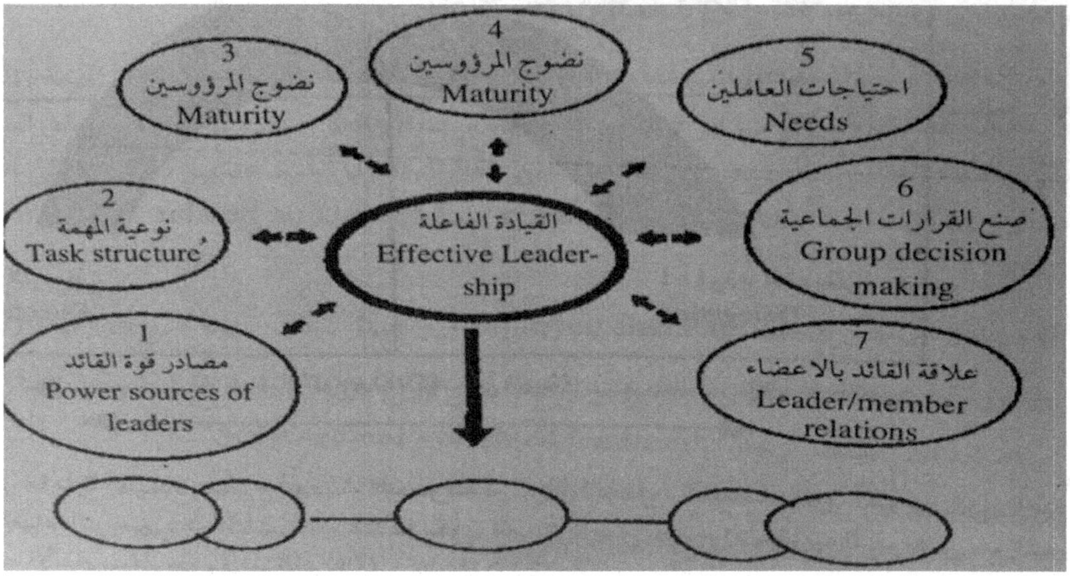

(@) المصدر:

Don Hellrigel and John slocum, Management, 6th ed., Reading: Mass., Addision-wesley publishing Co., 1992, p. 480.

(2) النموذج الموقفي للقيادة عند هيرسي وبلانجارد يقترح هذا النموذج مستوى السلوك الموجه والمباشر Directive أو السلوك القيادي المساند Supportive . كلاهما يعتمد على نضوج المرؤوسين أو الفريق الذي يعمل تحت قيادة المدير.(14) فالسلوك القيادي الموجه يستخدم طريق اتصال واحد وهو من أعلى إلى أسفل(من القائد إلى الإتباع) حيث يوضح الرئيس للمرؤوسين ماذا وكيف وأين ومتى يقومون بالأعمال. فالقادة الموجهين ينظمون structure ويسيطرون ويشرفون على إعطاء الفريق. أما السلوك المساند Supportive فيحصل عند ممارسة القائد للاتصال ذي الاتجاهين: يستمع ويشجع ويشارك المرؤوسين في صنع القرار. أما النضوج فعني قدرة المرؤوسين على وضع أهداف يمن تحقيقها والرغبة بتحمل المسؤولية من أجل الوصول إليها، ويرتبط النضوج بالمهمة Task وليس بالعمر Age، والأفراد يختلفون في درجة نضوجهم، وإن هذا النموذج يجمع بين نموذجي الموجه والمساند ويؤكدعلى مرونة القائد للتكييف بالمواقف المتغيرة. وفيما يلي توضيح لنموذج هيرسي وبلانجارد.

شكل (41) نماذج القيادة الموقفية

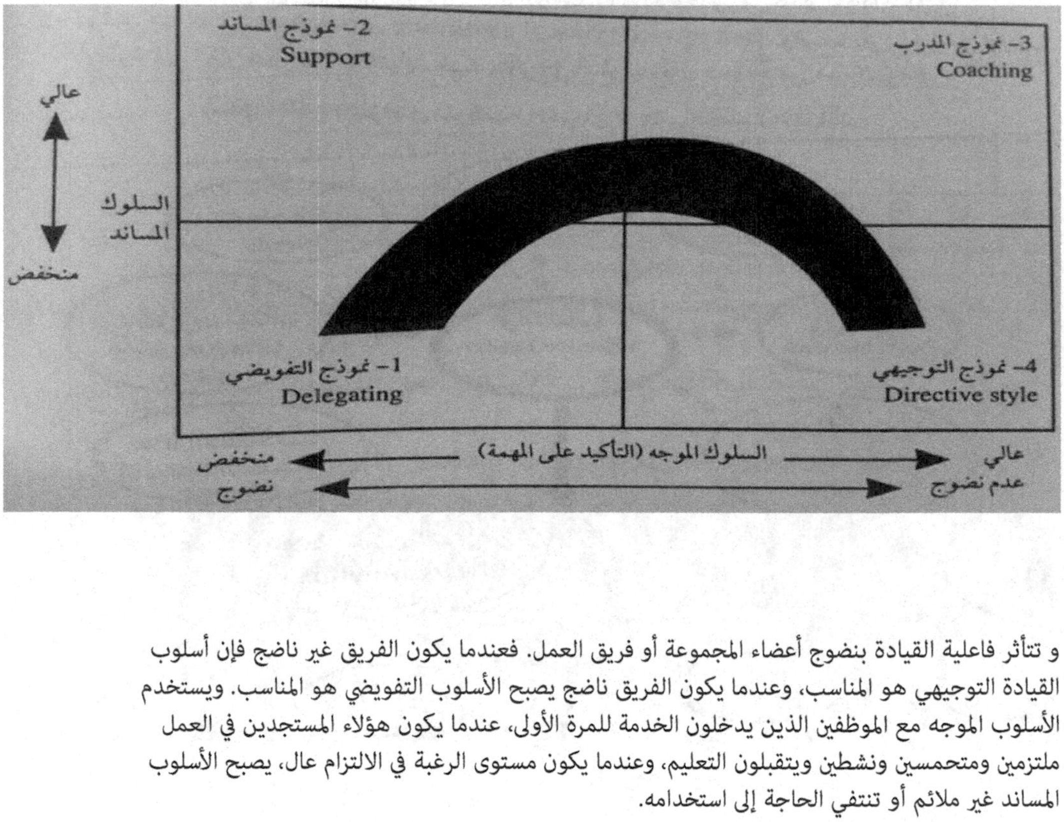

و تتأثر فاعلية القيادة بنضوج أعضاء المجموعة أو فريق العمل. فعندما يكون الفريق غير ناضج فإن أسلوب القيادة التوجيهي هو المناسب، وعندما يكون الفريق ناضج يصبح الأسلوب التفويضي هو المناسب. ويستخدم الأسلوب الموجه مع الموظفين الذين يدخلون الخدمة للمرة الأولى، عندما يكون هؤلاء المستجدين في العمل ملتزمين ومتحمسين ونشطين ويتقبلون التعليم، وعندما يكون مستوى الرغبة في الالتزام عال، يصبح الأسلوب المساند غير ملائم أو تنتفي الحاجة إلى استخدامه.

أثناء تعلم الموظفين لأعمالهم وواجباتهم يبقى الأسلوب الموجه مناسباً لأنهم غير مستعدين في هذه المرحلة لتحمل مسؤولية إنجاز المهام التي يقومون بها. ولكن يستخدم القائد الإداري نوع من الأسلوب المساند لتشجيع المرؤوسين ومن أجل البدء في بناء الثقة، وهذا يسمى الأسلوب التدريبي Coaching style، ويساعد على تطور الاتصالات المتبادلة وتشجيع الحوافز عند صنع القرار. وعندما تزداد ثقة المرؤوسين بمهاراتهم وإنجازهم يتضاءل أسلوب القائد الموجه ويزداد أسلوب المساند وهنا يقوم كل من القائد والفريق بالمشاركة في صنع القرار وتتغير العلاقة بينهم بحيث تنتفي الحاجة إلى التوجيه. أما الأسلوب التفويضي فيناسب القائد الذي يعمل مع مجموعة بدرجة عالية من النضوج في إنجاز المهام الوظيفية، أي تكون المجموعة مؤهلة وعندها الدافعية لتحمل المسؤولية التامة. وبالرغم من استمرار القائد في لعب دور محدد في تشخيص المشاكل، فإن عملية تحمل مسؤولية إنجاز خطط العمل تفوض إلى ذوي الخبرة من المرؤوسين حيث يفسح المجال لهم بأن يديروا الأعمال وينجزوا المهام ويقدروا كيف ومتى وأين تنجز الأعمال.

ويهتم عدد كبير من المدراء بأسلوب القيادة الموقفية بسبب المرونة المتوفرة فيه حيث يقوم القائد بمراقبة ومتابعة مستوى النضوج Maturity level عند المرؤوسين من أجل تحديد مقدار الأوامر والإسناد Directive and supportive behaviors ويكون مناسباً لاستخدامه مع العاملين في مجموعة العمل.

(3) نموذج روبرت هاوس Robert House

ويطلق عليه نموذج المسار الهدف Path-goal model حيث يقوم القائد بتحديد المهمة وتقليل معوقات الإنجاز ومضاعفة فرص الرضا الوظيفي وتوضيح المسار أو الطرق التي بواسطتها يحقق العاملون الرضا الوظيفي والأداء العالي. فتصبح وظيفة القائد تحفيز أعضاء الفريق ومساعدتهم للوصول إلى أهداف مرتبطة بالأعمال ولها قيمة عند العاملين Highly valued job - related objectives tow contingency variables :

(أ) صفات العاملين Employee characteristics و (ب) صفات المهمة التي يقوم بها الموظف characteristics Task وعندئذ يتكون عندنا أربع أنواع من الأساليب القيادية وهي: (15)

1. القيادة التي تهتم بالإنجاز achievement - oriented leadership .
2. القيادة الموجهة directive leadership
3. القيادة بالمشاركة participative leadership
4. القيادة المساندة supportive leadership

شكل (42) نموذج المسار - الهدف للعالم Robert House

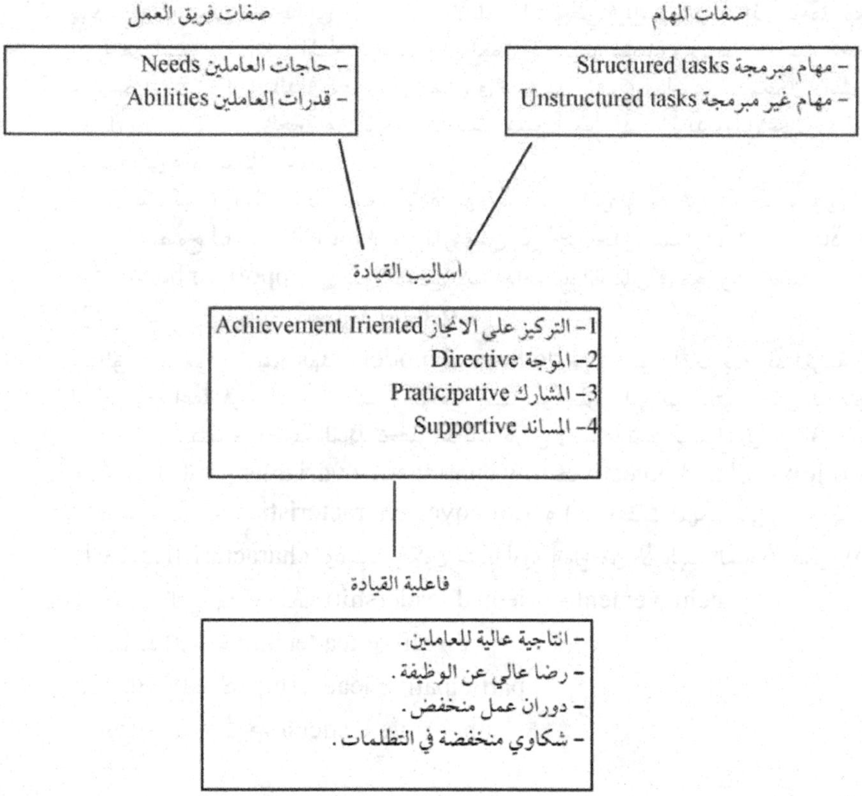

(❖) المصدر :

Don Hellriegel and John Slocum, Mangement, 6th ed., Reading: Mass., Addison - Wesley Publishing Co., 1991, P. 486.

(4) نموذج فروم ويتنون الذي يجمع بين أسلوب القيادة ونوع المشاركة في صنع القرار Leader participation model :

واقترحه فيكتور فروم وفيليب يتون victor vroom and Philip yetton ويقدم النموذج مجموعة من القواعد لتحديد مقدار وشكل المشاركة في صنع القرار التي يمكن ممارستها في مواقف مختلفة(16). فعندما تكون الأعمال روتينية أو غير روتينية يقوم القائد الإداري بتكييف سلوكه لكي يعكس طبيعة عمل الفريق وهذا ما يسمى بالنموذج المعياري Normative model الذي يقدم قواعد يتبعها المدير في تحديد شكل وكمية Form and amount المشاركة التي يساهم بها عضو فريق العمل في صنع القرار، وينتج عندنا الأساليب التالية :

1- القائد يصنع القرار (قائد أوترقراطي).

2- القائد يطلب معلومات من أعضاء الفريق ولكن هو الذي يصنع القرار لوحدة. وهنا قد يعطي القائد معلومات لأعضاء المجموعة عن طبيعة المشكلة أو الموقف (قائد أوتوقراطي أبوي).

3- القائد يشارك المجموعة بالمعلومات حول الموقف ويطلب من كل عضو في المجموعة أن يقدم معلومات وتقييم للوضع وهنا لا يجتمع أعضاء المجموعة كفريق بل القائد ينفرد بصنع القرار.(قائد استشاري مسيطر).

4- يلتقي القائد مع أعضاء الفريق لمناقشة الحال، ولكن القائد هو الذي يصنع القرار (قائد استشاري أوتوقراطي).

5- يلتقي القائد وأعضاء الفريق لمناقشة الحالة، والفريق هو الذي يصنع القرار (قائد ديمقراطي)، فالأسلوب الأول والثاني يمثل القيادة الأوتوقراطية أما الأسلوب الثالث والرابع فيعكس القيادة الاستشارية أما الأسلوب الخامس فيمثل القيادة الديمقراطية الجماعية.

ويقيس هذا النموذج فاعلية القرار من حيث الجودة(جودة القرار الذي صنعه الفريق) ومدى قبول القرار (درجة التزام أعضاء الفريق بالقرار الذي صنعه ذلك الفريق). ومن أجل الوصول إلى القرار الأفضل فإن القائد يحتاج إلى تحليل الموقف واختيار أحد أساليب صنع القرار المذكورة أعلاه. ويجب على القائد أن يحلل الموقف من أجل تحديد أسلوب القيادة الفاعلة، وما هو مقدار المشارة التي يجب أن يمارسها أعضاء الفريق في صنع القرار، ويسترشد القائد بأسئلة موقفية ثمانية لتحديد الاحتمال الذي يختاره، وتشتمل هذه الأسئلة على :

1- الجودة المطلوبة Quality requirement : ما مقدار أهمية الجودة الفنية للقرار؟

2- الالتزام المطلوب Commitment requirement : ما أهمية مقدار الالتزام من قبل إفراد الفريق بالقرار؟

3- المعلومات المتوفرة لدى القائدLeader information هل تتوفر المعلومات الكافية لاتخاذ قرار ذو جودة عالية؟

4- طبيعة المشكلة problem structure : هل طبيعة المشكلة واضحة؟

5- احتمال الالتزام Commitment probability : يسأل القائد نفسه بأنه إذا صنع القرار بنفسه هل يلتزم أعضاء الفريق بالقرار؟

6- تطابق الأهداف Goal congruence : هل تتطابق أهداف الفريق مع أهداف المنظمة المطلوب تحقيقها عند التوصل إلى حل للمشكلة؟

7- النزاع بين المرؤوسين subordinate conflicn : هل يتوقع حصول نزاع بين أعضاء الفريق حول اختيار أفضل الحلول؟

8- معلومات المرؤوسين : هل تتوفر المعلومات الكافية عند أعضاء الفريق لاتخاذ قرار ذو جودة عالية ومعم ?High quality

وتكون الأجوبة لكل سؤال من الأسئلة الثمانية أعلاه إما عال High ومنخفض Low . وعندما ينتهي القائد من الإجابة على تلك الأسئلة يتوصل إلى قرار ذو جودة عالية وتقبله المجموعة ثم يقرر الأسلوب القيادي المناسب للموقف الذي يواجهه في اختيار القرار. فالنموذج هذا يؤيد الاستنتاجات التي توصل إليها الباحثون بأن القيادة تلجأ إلى أسلوب المشاركة عندما تكون نوعية القرار مهمة.

(5) نموذج القيادة التحويلية Transformational leadership

يتميز هذا الأسلوب من القيادة بتقديم حافزيه عالية Extra ordinary motivation للعاملين من خلال اللجوء إلى المثل العليا higher ideals والقيم الأخلاقية (السلوكية) Moral vaules وحثهم على التفكير حول مشاكل المنظمة بطرق جديدة(17). وهذا يجعل أعضاء التنظيم يشعرون بالثقة والإعجاب والإخلاص والاحترام نحو قائد المجموعة يوفر لديهم الدافعية لإنجاز أكثر ما يتصورون. ويستطيع القائد أن يحفز مجموعته من خلال زيادة إلمامهم بأهمية وقيمة أعمالهم ووضع مصلحة الفريق أو مصلحة المنظمة فوق المصلحة الفردية أو الخاصة وهذا يتطلب ثلاثة مراحل.

(1) الشعور بالحاجة للتغيير recognizing the need for change

(2) وضع رؤيا جديدة Creating anew vision

(3) تنفيذ التغيير يعد إقناع المجموعة بالتغيير Institutionalizing the change

وكل هذه الخطوات تحتاج إلى المهارات والالتزام لتنفيذ التغييرات بنجاح.

هوامش الفصل التاسع

1 -David holt, management principles and practices, 3rd ed., Englewood Cliffs: N:J., prentice hall, 1993.p.440.

2- ibid., p.441.

3- ibid., p 441.

4- S.A Krkpatric and E.A Locke leadership : Do trais really matter? Academy of management executive, may, 1991,pp.4860.

5- Don hellreigel and john slecum, management,6th ed., reading: mass., Addison Wesley publishing co., 1992,pp. 46970.

6- Holt, Op. cit p, 440.

7- Kathryn bartol and David martin, management, 2nd ed., new york, Mc graw hill inc., 1994,pp.4089.

8- Justin longenecker and charles Pringles, management, 6th ed., Columbus, charles merill publishing co., 1984,pp.4467.

9- Hellriegel and slocum, op.cit, p.478

10- Ibid., p. 478.

11- Bartol and martin, op. cit ., p.416.

12- Hellriegel and slocum, op.cit., pp.4803.

13- Ibid., p.480.

14- Ibid., pp.4835.

15- Holt, op.cit .,pp.4535.

16- Ibid., p.475.

17- Ibid.,pp.4634.

9

الفصل التاسع

الدافعية ونظم المكافآت
Motivation and Reward System

1. المداخل الكلاسيكية لدراسة الدافعية
2. المداخل الحديثة للدافعية
3. الدافعية ومكونات الفرد والوظيفة
4. الدافعية وتحديد نظم مكافآت العاملين.

الدافعية ونظم المكافآت

(1) المداخل الكلاسيكية لدراسة الدافعية(نموذج ماسلو Maslow)

مفهوم الحاجة Need : وجود نقص أو حاجة عند الشخص يريد إشباعها مثلاً:

- عامل أو موظف بالحصول على عمل اكثر أهمية ومسؤولية.
- عامل أو موظف يرغب بالحصول على أجر أو مرتب أعلى.
- عامل أو موظف يرغب بالحصول على إجازات أكثر وأطول
- عامل أو موظف يرغب بالحصول على احترام وإعجاب من زملائه .

هذه الحاجات تقود إلى عمليات التفكير التي يسترشد بها الشخص في اتخاذ قراره لإشباعها واتباع طريق محدد للتصرف والتحرك نحو ذلك الهدف. فإذا نتج عن تلك الإجراءات النتائج والمكافأة المتوقعة، من المتحمل أن يندفع الشخص بتأثير توقعه للحصول على نفس المكافأة لكي يتصرف بنفس الطريقة في المستقبل. ولكن إذا لم يؤدي تصرف الموظف الحصول على نفس المكافأة المتوقعة، فإنه سوف لن يكرر السلوك نفسه. لذلك تعمل المكافأة كآلية للتغذية العكسية في مساعدة الفرد بتقدير آثار سلوكه عندما يفكر بتصرفاته المستقبلية. وتكون المكافأة على نوعين: مكافآت داخلية Intrinsic rewards التي تنبع مباشرة من تصرف الفرد، ومكافآت خارجية Extrinsic rewards التي يقدمها الآخرون كمكافأة نتيجة لسلوك معين. مثلاً شخص مدير مشروعاً كبيراً للحصول على شهرة بحيث يكون دافعه الداخلي هو الشعور بالإنجاز Inner sense of accomplishment بينما يقوم شخص آخر ببذل جهد إضافي من أجل الحصول على مكافأة مالية وبذلك فإنه يحصل على مكافأة خارجية (مكافأة مالية) كطريقة مقنعة لتحفيز أو دفع Motivate العاملين للأداء to perform.

النموذج الأساسي للدافعية

أ- الشعور بوجود حاجة.

ب- باختيار طريق لإشباع تلك الحاجة.

ج-اتباع سلوك معين بهدف إشباع الحاجة.

د- تقدير النتيجة والمكافأة لذلك السلوك . إن تقدير الفرد للمكافأة سوف يؤثر على قراره للتحرك عندما تظهر عنده نفس الحاجة مستقبلاً، وفيما يلي توضيحاً للخطوات الأربع كما في الشكل :

شكل (43) النموذج الأساسي للدافعية

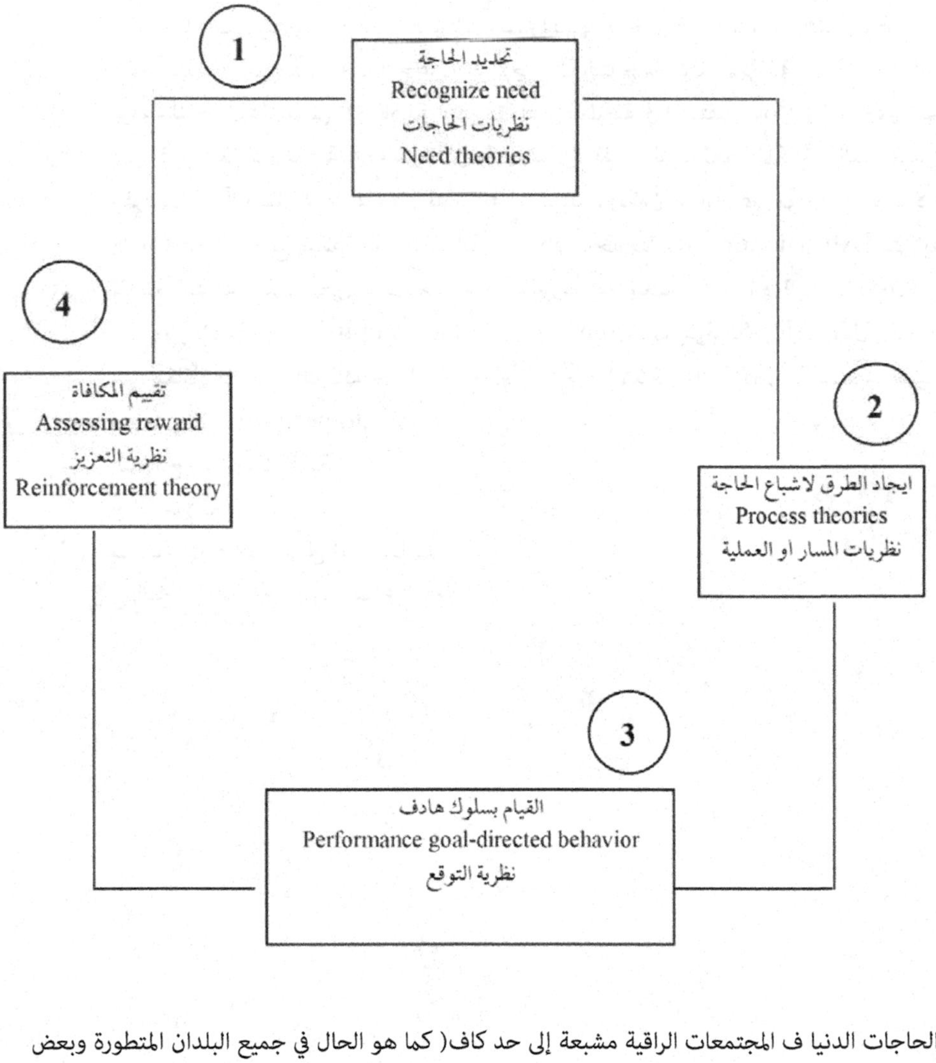

تكون الحاجات الدنيا ف المجتمعات الراقية مشبعة إلى حد كاف(كما هو الحال في جميع البلدان المتطورة وبعض البلدان النامية) وتصبح هذه الحاجات متسلسلة أو هرمية(1) ويمكن توضيحها بالشكل التالي:

شكل (44) حاجات الفرد وحاجات الموظف

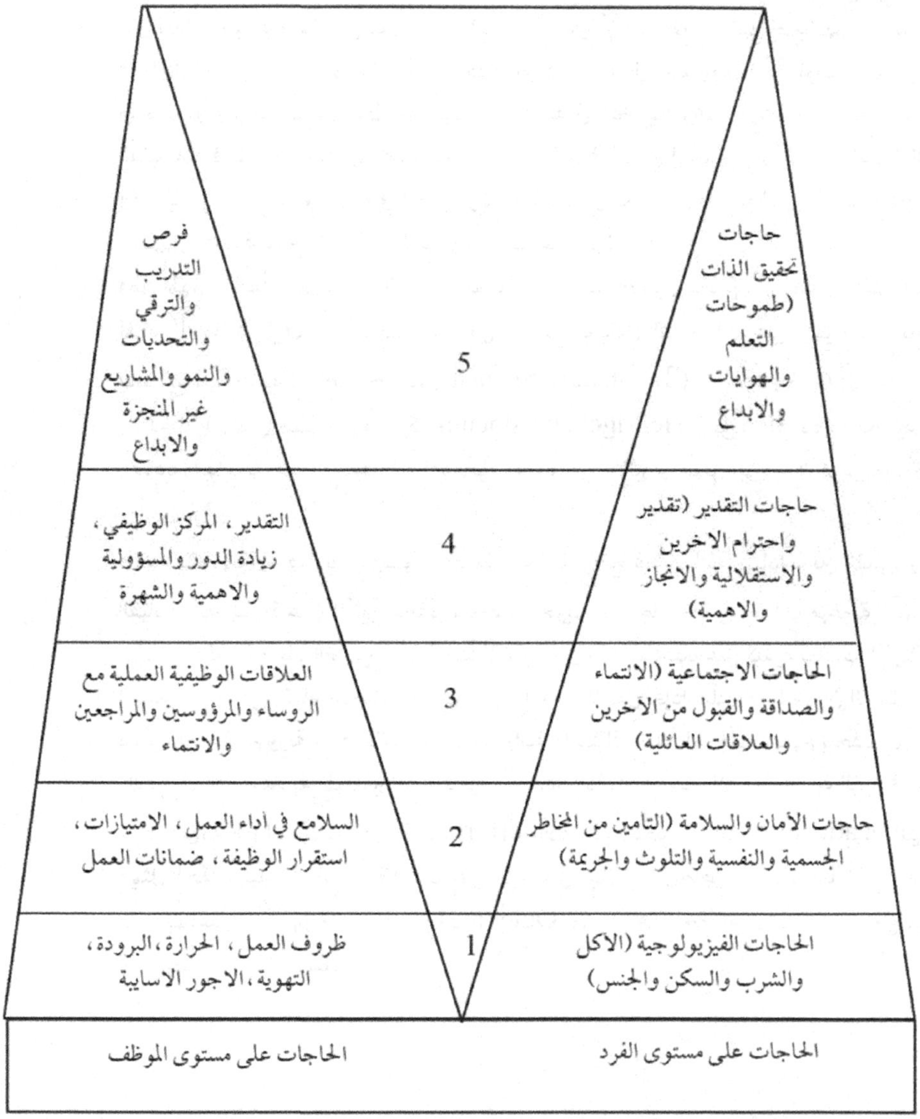

حاجات تحقيق الذات (طموحات التعلم والهوايات والابداع)
5
فرص التدريب والترقي والتحديات والنمو والمشاريع غير المنجزة والابداع
حاجات التقدير (تقدير واحترام الاخرين والاستقلالية والانجاز والاهمية)
4
التقدير ، المركز الوظيفي ، زيادة الدور والمسؤولية والاهمية والشهرة
الحاجات الاجتماعية (الانتماء والصداقة والقبول من الآخرين والعلاقات العائلية)
3
العلاقات الوظيفية العملية مع الروساء والمرؤوسين والمراجعين والانتماء
حاجات الأمان والسلامة (التامين من المخاطر الجسمية والنفسية والتلوث والجريمة)
2
السلامع في أداء العمل ، الامتيازات ، استقرار الوظيفة ، ضمانات العمل
الحاجات الفيزيولوجية (الأكل والشرب والسكن والجنس)
1
ظروف العمل ، الحرارة ، البرودة ، التهوية ، الاجور الاسايبة
الحاجات على مستوى الفرد
الحاجات على مستوى الموظف

إن هرمية الحاجات يمكن وصفها بدقة أكثر كدرجات إشباع مئوية تتناقص تدريجياً بانتقالنا من الحاجات الدنيا إلى الحاجات العليا ويمكن توضيح ذلك عن طريق وصف الفرد الأمريكي بأنه قد تم إشباع 90% من حاجاته الفيزيولوجية و 80% من حاجات الأمان والسلامة و 60% من الحاجات الاجتماعية و 55% من حاجات التقدير و 15% من حاجات تحقيق الذات، بينما تقل هذه النسب بشكل ملموس في الدول النامية.

وعليه فإن المجتمعات التي تكون فيها الحاجات الدنيا مشبعة إلى حد كاف يجعل نجاح أي منظمة في حفز موظفيها على الأداء الجيد يتوقف على مدى ما يتوقعه الأفراد من أن هذا الأداء يشبع حاجاتهم في الانتماء والتقدير والاحترام وتحقيق الذات. وعليه تكون مسؤولية الإدارة إيجاد جو العمل والمسؤوليات بأسلوب يؤدي إلى إغناء الوظائف وزيادة مسؤولياتها وتوسيع نطاق سلطة الموظف ومساهمته في التخطيط والتقرير والتنفيذ مما يساعده على تحقيق حاجاته العليا. وإذ فشلت المنظمة في إيجاد مثل هذا الجو فسوف يؤدي إلى شعور الموظف بالإحباط الذي ونفوره من العمل وهذا يؤدي إلى انخفاض الأداء في الكمية والنوعية وظهور الكثير من النتائج السلبية التي تنتج عن عدم الرضا. وهنا ننتقل إلى دراسة دوافع الرضا الوظيفي ومسببات عدم الرضا.

ومن المهم أن يسأل المدير السؤال: كيف نستطيع تشجيع العاملين لتحسين أداءهم وجعلهم أكثر ابتكارا؟ وهنا يحتاج المدير إلى معرفة كيف يقوم بتحفيز العاملين وما هي العوامل التي تساعد على تنشيط Stimulate سلوكهم لكي يستطيع من تحديد اتجاهه وحماسه Intensity واستمراريته(2).

ويقدم لنا المؤلفان هيلريجل وسلوكم Hellrigel and slocum تعريفا للقيادة يوضح فيه العلاقة التبادلية بين القيادة والدافعية حيث يوصف القيادة بأنها القدرة على التأثير وتحفيز وتوجيه الآخرين من أجل تحقيق أهداف مرغوبة. (2)

ويقدم لنا المؤلفان هيلريجل وسلوكم تعريفاً للقيادة يوضح فيه العلاقة التبادلية بين القيادة والدافعية حيث يوصف القيادة بأنها القدرة على التأثير وتحفيز وتوجيه الآخرين من أجل تحقيق أهداف مرغوبة (3).

إن دراسة الدوافع عند العاملين مهمة جداً للمدير، لان ذلك يساعده على كيفية تحريك الأفراد ومجموعات العمل نحو الإنجاز عن طريق إشباع حاجاتهم وتوفير البيئة الملائمة للعمل. فإذا قبلنا الافتراض بأن الإنسان يختار السلوك الذي يراه مشبعاً لحاجة ضرورية لديه، فالإدارة تحاول دراسة واكتشاف تلك الحاجات وتقوم بتحفيز الموظفين على الأداء الجيد والحصول على استجابة الموظفين إذا اقتنعوا بأن هذا الأداء هو وسيلة لإشباع حاجة الفرد في المنظمة. وهنا توجد ثلاثة عناصر مهمة(4) للتعريف وهي الجهد effort والأهداف التنظيمية organizational goals والحاجات needs.

ويمثل الجهد مقياس الدافع أو التهافت على الأداء من اجل إشباع حاجة الموظف. أما الحاجة فتعني الشعور الداخلي الذي يساعد على تصور تحقيق نتائج Outcomes مغرية. فالحاجة غير المشبعة تولد نوع من التوتر عند الموظف مما تجعله يبحث عن سلوك

لتحقيق هدف يشبع حاجته ويخفض التوتر الموجود لديه. فكلما كان التوتر أعلى كلما كان الجهد المبذول أكثر. ويحاول القادة فهم الدافعية عند الموظفين وقد حاول بعض علماء الإدارة دراسة هذه الظاهرة مثل سلم الاحتياجات عند ماسلو ونظريات Y.X عند ماكرجر ونظرية الدوافع الأساسية والثانوية عند هيرزبيرغ والتي جميعها تركز على محاولة المدير اكتشاف ومعرفة الظروف التي تحفز الأفراد في المنظمة وتدفعهم نحو تحقيق أهداف المنظمة ويمكن توضيح عملية الدافعية (5) في التوضيح التالي:

شكل (45) عملية الدافعية

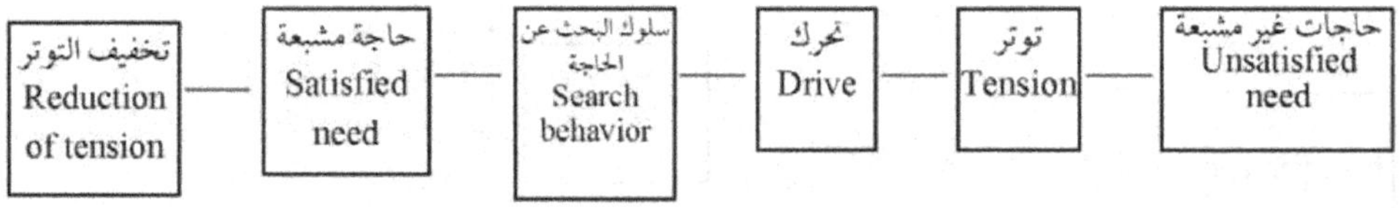

وفي توضيح آخر لخطوات السلوك التحفيزي(6) يتكون الرسم التالي:

شكل (46) خطوات السلوك التنفيذي

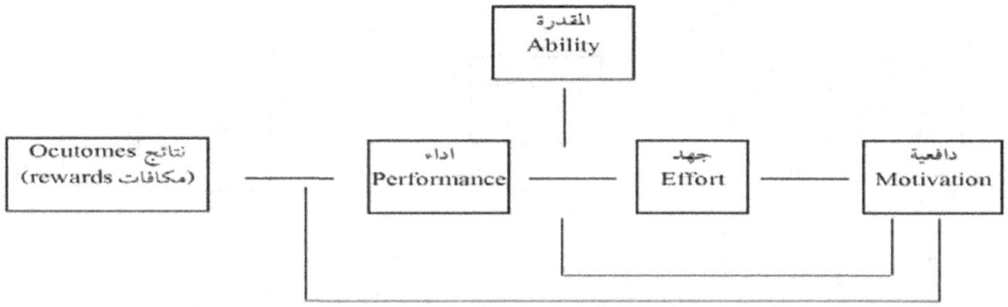

وهناك نموذج الدافعية للعالمين بورتر ولولر وللعالمين شواب Schwab وكمنجر Cummings ويمكن توضيحها في الشكلين التاليين:

شكل (47) نموذج الدافعية Porter & Lawler

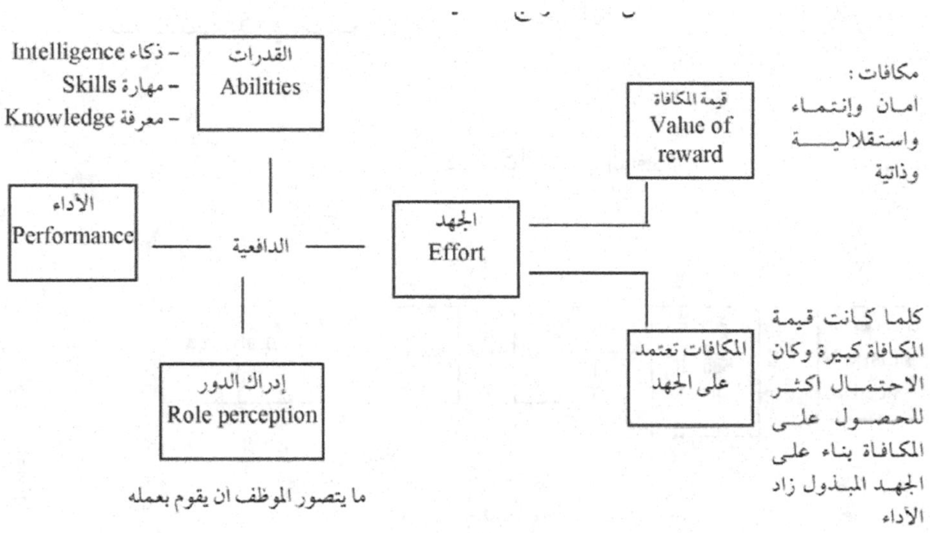

تابع نموذج الدافعية Schwab and Cummings

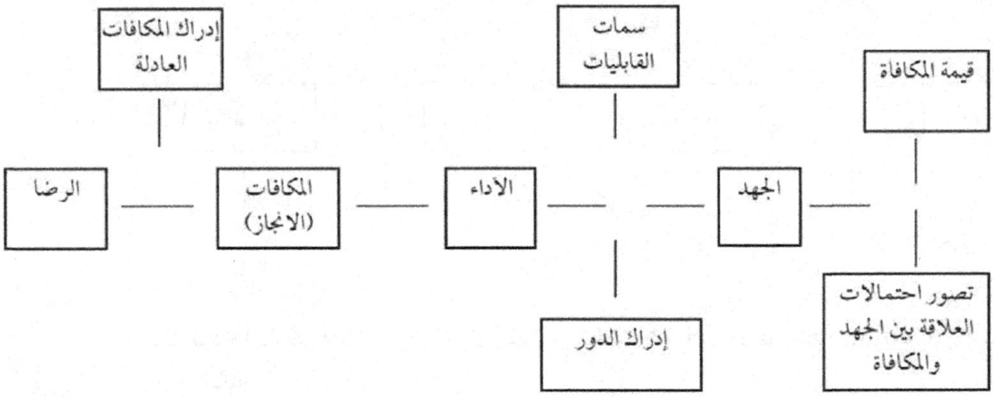

ويلاحظ في نموذج شواب وكمنجر للدافعية الصفات التالية:

أولاً : يؤكد على المكافآت الداخلية والخارجية والتي تؤثر (من خلال المعلومات المرتجعة) على إدراك العلاقة بين الجهد والمكافأة وكذلك على كمية الجهد.

ثانياً: الرضا يتأثر ليس فقط بوجود المكافأة ولكن إدراك مقدار العدالة والمساواة للمكافأة.

(2) المداخل الحديثة للدافعية .

ظهرت نظرية فريدريك هرزبرغ عن دافعية العمل (7) التي بحث فيها نتائج الدراسات التجريبية على مجموعة موظفين عددهم مائتان وثلاثة مهندس ومحاسب في إحدى مدن الولايات المتحدة وأجرى المقابلات معهم على مرحلتين: الأولى طلب من هؤلاء الموظفين تذكر الحالات التي جعلته يشعر بغبطة كبيرة في عمله وأسباب تلك الغبطة وتأثيرها على أدائهم. والمرحلة الثانية طلب من الأشخاص تذكر الحالات التي كانت فيها مشاعرهم سلبية نحو العمل وأن يذكروا الأسباب وتأثيرها على عملهم.

وعند تحليل نتائج المقابلات تبين أن الأسباب التي أدت إلى الغبطة الشديدة كانت في أغلب الأحيان تدور حول مزايا تتعلق بالعمل نفسه كالشعور بالإنجاز والتقدير والتقدم والمسؤولية والنمو، بينما كانت أسباب عدم الرضا في أغلب الأحيان تدور حول ظروف العمل كالرواتب والأمن الوظيفي ونوعية الإشراف وسياسة المنظمة وأساليبها والظروف المادية والعلاقات الشخصية بين الموظف ورؤسائه أو بينه وبين مرؤوسيه أو بينه وبين زملائه. وعلى ضوء هذه النتائج ميز هرزبرغ بين نوعين من العوامل في محيط العمل(8) كما يوضحه الجدول التالي:

جدول (29) نظرية الدافعية عند هرزبيرج

العوامل الصحية (المساعدة) Hygiene Factors		الدوافع Motivators العوامل الأساسية
عدم رضا — لا يوجد رضا	محايد Neutral	لا يوجد رضا — رضا
Dissatisfaction —— No Dissatisfaction		No satisfaction —— Satisfaction
- الاشراف Supervision - سياسات المنظمة Company Policy - العلاقة مع الرئيس المشرف - ظروف العمل - الراتب - العلاقة مع الزملاء - الحياة الشخصية - العلاقة مع المرؤوسين - المركز Status		- الانجاز Achievement - التقدير Recognition - الوظيفية Work itself - المسؤولية Responsibility - الترقي Advancement - النمو Growth

عدم رضا بدرجة عالية	محايد	رضا بدرجة عالية جدا

أولا: العوامل الصحية Hygienic factors : وهي أسباب عدم الرضا وتتعلق بظروف خارجة عن طبيعة العمل وتشمل الراتب وظروف العمل ونوعية الإشراف والعلاقات الإنسانية والأمن الوظيفي وسياسات المنظمة. فإذا كان الموظفون غير مرتاحين لهذه العوامل الصحية فإن ذلك يؤدي إلى عدم رضاهم أو إلى انزعاجهم ونفورهم الذي ينعكس في تقاعس الموظف ورغبته في التغيب أو التمرض أو ابحث عن عمل آخر أو التعمد ف تنقيص الإنتاج وأحياناً يؤدي هذا الوضع إلى أعمال سلبية كالتخريب والإضرابات والعنف. أما إذا كان الموظف راضياً عن ظروف العمل بوجه عام فإن ذلك يمنع ظهور العوارض السلبية ولكن لا يدفع الموظف إلى تحسين أداءه.

ثانياً : الدوافع Motivators أو المحفزات وهي العوامل التي تسبب الرضا Satisfies مثل الشعور بالإنجاز أو الشعور بالتقدم و النمو والتقدير. وتجيب هذه العوامل على أسئلة مثل : ماذا يحث الموظف على الأداء الأفضل؟ متى توجد عند الموظف الرغبة القوية في تسخير ما يمكنه من جهد نحو عمله؟ والجواب على ذلك يعطيه هرزبيرغ هو العمل نفسه. فإذا كان العمل يعطي الموظف شعوراً بالإنجاز أو التقدم أو النمو أو التقدير، فإنه يندفع بكل قوته للقيام بالعمل والتمتع به. ولكن غياب هذا الشعور لا يبقى الموظف ما يدفعه من الداخل نحو حسن الأداء رغم كونه راضياً ومرتاحا بالنسبة لظروف العمل كالراتب الجيد والعلاقات الجيدة والفرص والمكافآت، وفي هذه الحالة يداوم الموظف بانتظام ويقوم بأدنى حد من الأداء ليضمن له استمرار وظيفته. ويرى هاكمان و اولدهام Hackman Oldham ف نموذجهم للدافعية الذي يركز على وسائل تغيير بعض صفات الوظيفة لكي تساعد على كسب رضا الموظف الذي يحاول تحقيق احتياجاته التي لم تتحقق بعد والتي توجد في الطبقات الأعلى لهرم الاحتياجات.وتسمى هذه بعملية إغناء الوظيفة أي تصميم الوظائف بشكل يعطي صاحب الوظيفة فرص النمو والتقدم والشعور بالمسؤولية والاعتزاز بنفسه وبإنجازه وكسب محبة الآخرين وتقديرهم واحترامهم. ويقترح هرزبيرغ توسيع الوظيفة أفقياً (أي إضافة مهمات جديدة لها) وإغناء الوظيفة (أي التكبير العمودي للوظيفة) . وفي المقارنة لأفكار كل من maslow,Lawler, porter, Herzberg نلاحظ العلاقات التالية:

شكل (48) مقارنة وأفكار ماسلو وهرزبرغ وبورتر ولولر و الدرفر و مكليلاند للدافعية .

نموذج (1) سلم الاحتياجات عند «ماسلو»	نموذج (2) عوامل الدافعية عند «هيرزبرغ»	نموذج (3) الداعفية عند «بورتر» و «لولر»	نموذج (4) نظرية «الدرفر» ERG	نموذج (5) «ماكيلاند» الحاجة للانجاز
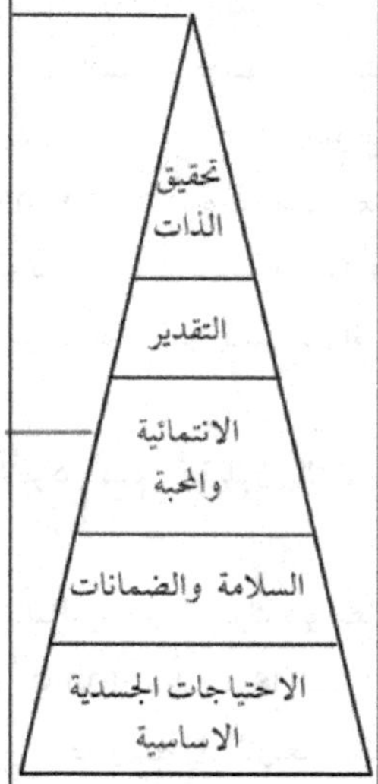 تحقيق الذات التقدير الانتمائية والمحبة السلامة والضمانات الاحتياجات الجسدية الاساسية	الدوافع Motivators 1- الانجاز 2- التقدير 3- طبيعة الوظيفة 4- المسؤولية 5- الترقية 6- العوامل الصحية (المساعدة) Hygiene 1- العلاقات الشخصية 2- ادارة المنظمة وسياستها 3- الاشراف 4- الراتب 5- ظروف العمل	مكافات داخلية Intrinsic rewards 1- الانجاز 2- التقدير مكافات خارجية Extrinsic rewards 1- الراتب 2- الامتيازات 3- ظروف العمل 4- العلاقات	- نمو Growth - علاقات انتماء Relatedness - بقاء Existence	- الحاجة للانجاز Need for achievment - الحاجة للقوة Need for power - الحاجة للانتماء Affiliation

إن فائدة نظرية Herzberg للمديرين في إدارة الموارد البشرية هي الانتباه إلى أنه بالرغم من أهمية العوامل الصحية Hygiene factors العلاقات الشخصية وإدارة المنظمة وسياستها والإشراف والمرتبات وظروف العمل) وحتى في حالة تحقيق معظم هذه الاحتياجات من قبل الموظفين، إلا أنه ليس بالضروري أن يندفع الموظفون بشكل أكبر للعمل. فالنوع الثاني من الدوافع motivators الإنجاز والتقدير وطبيعة الوظيفةوالمسؤولية والترقية) هي التي تدفع الموظفين لبذل جهد أكبر في الوظيفة وبذلك تحقق إنتاجية أعلى.

ونستطيع هنا تلخيص نظريات الدافعية إلى ثلاثة مجموعات رئيسية (9) وهي:

1- النظرية التي تؤكد على المحتوى Content theory والتي تؤكد بأن دافعية العاملين تعتمد على رغبتهم في إشباع احتياجاتهم الداخلية وتشتمل على :

أ- نموذج سلم الاحتياجات Maslows hierarchy of needs .

ب- نموذج هيرزبرغ Herzberg لعوامل الدافعية

ج -نموذج هاكمان و أولدهام حول إغناء الوظيفة Job enrichment .

2- النظرية التي تؤكد على مسار العمليات Process theory أو تعديل السلوك Behavior modification وهي تفترض بأن الموظفين يختارون سلوكيات معينة من أجل تحقيق أهدافهم الشخصية وتشتمل على :

أ- نموذج التوقعات Expectancy model لكل من فيكتور فروم Victor vroom الذي يفترض بان الناس يختارون من البدائل سلوكيات حسب توقعاتهم بأن سلوك معين سوف يؤدي إلى نتيجة مرغوبة.

ويتجسد نشاط الأفراد ببذل جهد أو سلوك يتعلق بالعمل وعلى هذا الأساس يحصلون على نتائج متوقعة ومرغوبة. لذلك فإن الدافعية تمثل اعتقاد الفرد بالعلاقة بين الجهد والسلوك في العمل والتوقع بأن سلوكيات معينة كالأداء والابتكار والمصداقية Performance, creativity, reliability سوف يحصل منها على نتائج مرغوبة كتقدير الرئيس وزيادة الأجور والترقية وضمان الوظيفة والقبول في مجموعة العمل أو التنزيل.

أما نموذج proter and lawler فيفترض بأن الرضا الوظيفي هو نتيجة وليس سبب للأداء result rather than cause of performance .

ب- نموذج المساواة equity model ويتعلق بكيفية اعتقاد الأفراد بأنهم يتعاملون بالتساوي مع بقية زملائهم في المنظمة.

3- نظرية التعزيز Reinforcement theory وتفترض هذه النظرية بأن السلوك هو معامل الآثار الإيجابية أو السلبية الناتجة عنه behavior is a function of its consequences rewards or punishment . يستطيع المديرون الاستجابة لسلوكيات العاملين بإحدى الطرق الأربعة التالية:

1- التعزي الإيجابي.

2- التجنب أو الابتعاد avoidance leaning

3- الاختفاء extinction

4- العقاب punishment .

ويمكن توضيح هذه المداخل الأربعة للتعزيز بالرسم التالي:

شكل(49) نظرية التعزيز

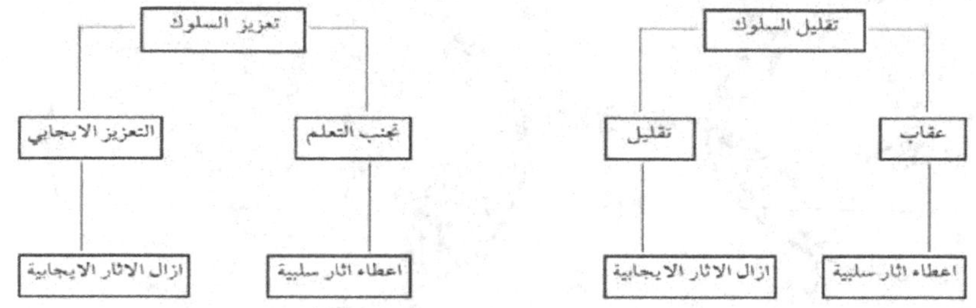

وخلاصة ما توصلت إليه المعرفة عن السلوك الإنساني بالنسبة للحوافز أن هناك ثلاثة عناصر أساسية تؤثر على سلوك الفرد:

أ- شخصية الإنسان وحاجاته. ب- العمل نفسه ج- ظروف العمل

3- الدافعية ومكونات الفرد والوظيفة

يجب ملائمة الوظيفة مع الفرد كما يجب تقييم المتغيرات الوظيفية والشخصية والتنظيمية للدافعية كما في التوضيح التالي:

شكل (50) توفيق مكونات الفرد والوظيفة

شكل (51) التفاعل بين متغيرات الدافعية

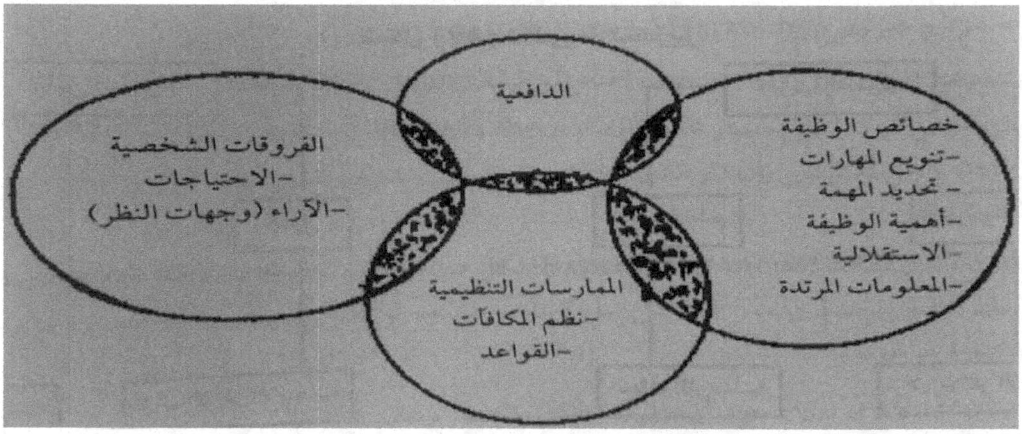

والإدارة الحكيمة هي التي تأخذ بنظر الاعتبار جميع هذه العوامل عند وضعها للسياسات والتي تهدف إلى حفز الموظفين وتشتمل على الاعتبارات التالية:

1- إن المسؤولية الأولى في الحفز تقع على الإدارة

2- أهمية العمل والمساهمة والتعاون مهمة بالنسبة لمعظم الموظفين.

3- الحوافز السلبية قد تؤدي إلى زيادة الإنتاج في الأمد القصير ولكنها في الأمد الطويل تؤدي إلى نتائج سلبية في المنظمة.

4- لا يمكن إهمال الفروق المادية من حيث الاستجابة للسلطة المطلقة أو النفور منها، وهناك أفراد تحفزهم المكافآت الخارجية وأفراد تحفزهم المكافآت الداخلية.

5- ربط المكافآت بالأداء .

6- التأكيد على الحوافز الإيجابية وعدم الاستغناء كليا عن الحوافز السلبية.

7- لا يزال حفز الموظفين أصعب المشاكل التي تواجه القطاع الخاص والقطاع العام للأسباب التالية/:

أ- استمرار تسلط الأسلوب التقليدي على تفكير المدراء والمشرفين.

ب- التنظيم البيروقراطي وتأكيده على السلطة من أعلى إلى أسفل وعلى القواعد والأعمال الروتينية والنواحي السلبية للبيروقراطية.

8- تلعب القيادة الإدارية دوراً أساسياً على جميع المستويات في التأثير على سلوك الموظفين.

(4) الدافعية وتحديد نظم مكافآت العاملينReward system.

يستطيع المديرون عند رغبتهم للحصول على مستويات أعلى من الأداء والإنتاجية أن يستفيدوا من نظرية الدافعية ويصمموا برامج الدافعية الفاعلة لموظفيهم. وعن طريق فهم أفضل للأمور الثلاثة التالية يستطيع المديرون خلق برامج تحفيزية التي تجمع بين أهداف الفرد وأهداف المنظمة وهذه الأمور الثلاثة (1) الحاجات التي تثير الفرد لكي يبذل الجهد (2) عمليات التفكير التي تحدد القرار الذي يتخذه الشخص لكي يشبع هذه الرغبات (3) الآثار التي يتركها لتعزيز على السلوك. فتكون الخطوة الأولى للمديرين هي تحديد الأهداف ووضع معدلات الأداء. أما الخطوة الثانية فيقوم المديرون بوضع نظام مكافأة لتشجيع العاملين على إنجاز تلك الأهداف والمعدلات وتكون المكافآت إما داخلية (مثل الشعور بالإنجاز sense of accomplishment) أو خارجية (مثل إعطاء مكافأة مادية Bonus check). وتقوم الكثير من المنظمات بتعزيز السلوك الجيد عن طريق وضع شروط تسمح للعاملين بالحصول على النوعين من المكافأة.

أنواع نظم المكافأة Types of Reward systems

تستخدم الإدارة نظم المكافأة لتعزيز السلوكيات المناسبة فقط. وتنقسم إلى الأنواع التالية: (10)

1- نظم الجدارة merit systems : يحصل الموظف على المكافآت كلما تحسن أداؤه.

أ- نظام المكافأة حسب الأداء: مثل زيادة الرواتب كلما تحسن الأداء.

ب- نظم المكافأة حسب المعرفة: التعلم من أجل أداء مهام إضافية أو الحصول على مهارات جديدة.

2- نظم المكافأة الأخرى: توجد منظمات تقوم بمكافأة موظفيها على أساس نسبة مساهمتهم في الأداء الإجمالي للمنظمة وتشتمل على الأنواع التالية:

أ- اقتسام الربحية Profit sharing ويحصل العاملون على مكافأة إضافية من نسبة ربحية المؤسسة.

ب- المشاركة في الربحية الجزئية Gain sharing على مستوى المجموعة أو القسم أو الفريق. وتشتمل على نواحي مثل إنتاجية أفضل، تكاليف أقل، جودة أعلى، وخدمات أفضل وبذلك تقوى رابطة العلاقة بين الجهد والأداء بفضل ربط الإدارة لمكافآت العاملين مع أداء الوحدات الإدارية بانفراد بدلا من المنظمة ككل.

ج- ملكية العاملين للأسهم في الشركة. (ESOP) employee stock ownership plan) تقوم الإدارة بتشجيع العاملين لامتلاك أسهم في شركاتهم وهذا يشجع العاملين على زيادة قيمة أسهمهم عن طريق أداء أعلى.

د- نظام المكافأة المرن Flexible reward system يشجع هذا النظام العاملين في المنظمة على اختيار نظام المكافأة من مجموعة النظم المقدمة مثل الامتيازات الطبية أو الإجازات الطويلة.

فمن أجل وضع نظم المكافأة يحتاج المديرون إلى فهم احتياجات العاملين وفهم الأهداف القصيرة والبعيدة المدى للمنظمة، والقدرة على تطبيق نظريات الدافعية بشكل فاعل، وفهم مزايا وعيوب نظم المكافأة المختلفة، كذلك أن يتوفر عند المديرين الاستعداد للتكيف وإجراء التعديلات على برامج الدافعية حسب تركيبة القوى العاملة في المنظمة وحسب التغيرات التي تحصل في البيئة وظروف السوق.

اساليب الدافعية Techniques of motivation

يقترح Katz ثلاثة أنواع أساسية من السلوك الضرورية لعمل المنظمة (11).

1- أن يدخل الأفراد ويبقوا داخل النظام Enter and remain within the systems

2- أن ينجزوا أدوارهم بطريقة تعتمد على المنظمة.

3- أن يكونوا مبتكرين في إنجاز الأهداف التنظيمية والتي لها أبعاداً أكثر من أداء الأدوار المحددة.

أما طرق تحقيق الأهداف المذكورة أعلاه:

1- المكافأة الخارجية: وتحتوي على الأجر الأساسي والحوافز والامتيازات الإضافية والاستقرار security والترفيع Promotion والتقدير recognition المركز status وظروف العمل الجيدة.

وهنا يجب التمييز بين مكافآت المنظمة والمكافأة الفردية system and individual rewards إن مكافآت النظام هي التي يحصل عليها جميع الأفراد في المنظمة والتي تساعد على إبقائهم وتشمل سلم الدفع الذي يوفر جو المنافسة والمساواة والزيادات المادية لجميع الأفراد والامتيازات الإضافية العامة Common fringe benefits وظروف العمل الملائمة والمناخ التنظيمي الودي friendly والمشجع supportive. أما نظام المكافآت الفردية فيشمل المكافآت المرتبطة بالأداء والجهد والتقدير مثل الترفيع والمركز والتقدير والثناء.

2- المكافآت الداخلي : وتشمل المكافآت الداخلية بشكل أساسي تصميم الوظيفة Job design وإغناء الوظيفة job enichment وكذلك تعتمد الدافعية على نوعية الإدارة والإشراف والأساليب التي تتبناها. فالتطوير التنظيمي Organization development والنشاطات التدريبية تساعد على

توفير المناخ الذي يجعل الأفراد يشعرون بأن وظائفهم تحقق لهم مكافآت داخلية.

3- تحسين مستوى القدرات ability levels ويحصل من خلال اجراءات الاختيار الفاعل effective selection والتدريب. وعن طريق تحسين التصميم التنظيمي وتصنيف الوظائف وتخطيط القوى العاملة والتطوير التنظيمي .

4- تحسين إدراك الدور المطلوب من العاملين عن طريق جعل الأدوار أكثر وضوحاً، وتحديد الأهداف والتدريب والإشراف الأفضل.

5- زيادة الالتزام والانتماء إلى المنظمة وأهداف المنظمة عن طريق التصميم التنظيمي والنشاطات التنموية (التطويرية) التي تؤدي إلى التكامل بين النشاطات والأفراد وتحقق نماذج إدارية تشجع المشاركة والديمقراطية.

6- تبني القواعد الشرعية Legitimate rules وتعني أن يعرف الأفراد ما هو متوقع منهم وماذا يحصل لو لم يقوموا بالأدوار المطلوبة منهم، بالإضافة إلى أن تكون مستويات الأداء وقواعد السلوك معقولة ومقبولة من قبل أفراد التنظيم.

هوامش الفصل العاشر

1 -Stephen robbins and mary coulter, management, 6th ed., u er saddle river: N. J., prentice hall, inc., 1999, p. 5.

Also, see : Kathryn bartol and david martin, management, 2nd ed., new york, mc graw hill., 1994, p. 379

2 -david holt, management principles and practices, 3rd ed., Englewood cliffs: N. J. prentice hall, 1993, p 410

3 -don hellriegel and john slocum, management 6th ed,. Reading : mass., Addison Wesley publishing co., 1991, p. 467.

4 -Robbins and coulter, op. ci., p 484

5 -Ibid., p. 484.

6 -Holt, op. cit., p410

7 -K. j pratt and S. Bennett, elements of personnel management 2nd ed London, Chapman and hall, 1990, pp. 5655.

8 -Robbins and coulter, op. cit pp. 5253.

9 -Hellriegel and Slocum, op. cit., pp. 43057.

10 -Courtland bovee, management new york mc graw hill, inc., 1993. p. 455

11 -Michael Armstrong, A Handbook of personnel management practice, 2nd ed., London, page, 1984, pp. 878.

الفصل العاشر 10

الاتصال الاداري

Managerial communication

1- مفهوم وأهمية الاتصال الإداري

2- أنواع الاتصالات التنظيمية

أ- قنوات الاتصال الرسمية

1. الاتصالات النازلة

2. الاتصالات الصاعدة

3. الاتصالات الأفقية

(ب) قنوات الاتصال غير الرسمية

3- التوفيق بين الاتصالات الرسمية وغير الرسمية

4- معوقات الاتصال وطرق معالجتها.

5- مركزية ولا مركزية الاتصال في مجموعات العمل.

الاتصال الإداري

(1) مفهوم وأهمية الاتصال الإداري Managerial communication

يحاول المديرون توجيه أفراد التنظيم للعمل كمجموعة متناسقة وتوفير المناخ التعاوني لهم. وتعمل الاتصالات الفاعلة على تقوية المنظمات من خلال تشجيع العلاقات وتعزيز السلوك الذي يركز على الأهداف وتنمية الثقة بين الأفراد الذين يعملون مع بعض. لذلك يمكن القول بأن الاتصالات هي جوهر القيادة communication is the essence of leadership.(1) وتعني الاتصالات لأفراد التنظيم ما يقومون بعمله من أجل وضع الخطط وتنفيذها، وتنظيم الجهود وتنسيق النشاطات ورقابة التقدم في المنظمة. يقوم المديرون بتبادل المعلومات التي تتعلق بالتخطيط من أجل تصميم الأهداف ووضع طرق العمل، كذلك يعملون لإيصال الأفكار حول معدلات الأداء المتوقعة ويحددون السلطات ويوزعون الموارد. وعندما يقومون بهذه الوظائف فإنهم يتصرفون بصفتهم قادة.

يعني الاتصال عملية تبادل المعلومات بطريقة تحقق التفاهم المتبادل بين شخصين أو اكثر حول أمور تتعلق بالعمل. وهنا تتكون حالة من التفاهم المعقول لمشاعر أو أفكار كل منهما. وبذلك تعني تقاسم المعنى أو المقصود وتحتوي على سلوك الأفراد ابتداء بالكلام والحركات التي تساعد على التعبير عن ما نريد إيصاله إلى الجهة المقصودة. فالفرد يتكلم ويكتب ويرسل رسائل إلكترونية ونرسل الرسائل التي تحتوي على الرموز والكلمات والصور والإشارات التي تكون محتويات الرسالة.

وتعتبر اللغة وسيلة الاتصال الشخصية المفضلة عند القادة والكلمة التي نتفوه بها هي الشكل الطبيعي للغة التي نستعملها للتعبير عن أفكارنا ومشاعرنا لغرض إيصالها إلى الآخرين ونتوقع تقبلها منهم وحصولنا على ردود فعل إيجابية. ويعمل المديرون بممارسة هذه الوظيفة في بيئة عمل تكنولوجية ومتخصصة. ويعمل المديرون بالاتصال مع أعداد كبيرة من أفراد التنظيم يختلفون معهم من حيث الخلفية والاتجاهات والإدراك. ويظهر احتمال إساءة استخدام اللغة لذلك تتوفر الاحتمالات الكثيرة لمشاكل الاتصال. وتشتمل الاتصالات الإدارية على إبعاد أخرى أكثر من عملية الاستخدام الفاعل للغة. إن وجهة نظر المديرين نحو العاملين وكيفية الجمع بين الكلمات والأعمال وكيفية إدراك المرؤوسين لرؤسائهم تكون أجزاء مهمة من وظيفة

الاتصالات. وكل فرد يمكن أن يدرك أقوال وأفعال الآخرين بطريقته الخاصة، لذلك يقوم المديرون بتوفير الإدراك المناسب وتحقيق الفهم الجماعي للعاملين. وتحتوي العملية الأساسية للاتصال على العناصر التالية:

شكل (52) عناصر عملية الاتصال

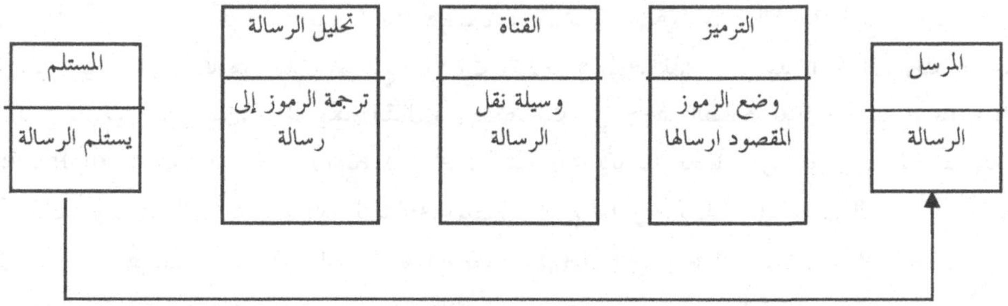

المعلومات المرتدة : يقوم المستلم باستخدام المراحل أعلاه للجواب على الرسالة والمرسل .

يعتبر المرسل مصدر المعلومات التي تحتوي عليها الرسالة ويستخدم الرموز والكلمات والصور والإشارات. فمثلا إذا حاولت التحدث مع شخص فهذه الطريقة تسمى الاتصال الشفهي الشخصي وبذلك تستخدم اللغة وتضع أفكارك بطريقة مناسبة وتعبر عنها (ترميز) Encoding بالحركات الجسمية وتعابير الوجه، وحتى نبرات الصوت تساهم في إضافة أهمية معينة للرسالة أو الأفكار التي تريد إيصالها.

أما قناة الاتصال channel فهي الوسيلة التي تنتقل بواسطتها الرسالة من المرسل إلى المستقبل. وتعتبر طريقة التحدث الشخصي أكثر قنوات الاتصال وضوحاً وتكون بين شخصين أو بين شخصين ومجموعة أشخاص أو بين مجموعتين من الأشخاص. أما الوسيلة المكتوبة فتحتوي على الرسائل والمذكرات والتقارير ولوحات الرسائل الإلكترونية. أما الوسائل غير المكتوبة فتشمل الإشارات وتعبيرات الوجه والحركات الجسمية. ويمكن الإشارة إلى قناة الاتصال مثل التلفون والكومبيوتر والكتاب والبريد.

تستخدم ا لإدارة عددا من الوسائل لإيصال رسالة مهمة. فمثلاً إذا كان الأمر يتعلق بتقديم سياسة جديدة تتعلق بالسلامة وذلك عن طريق توصية العاملين باستعمال النظارات الواقعية في أماكن العمل الخطرة، قد تبدأ الإدارة بطرح الفكرة في مذكرة مكتوبة أو في مجلة المؤسسة الأسبوعية، وقد تقوم بتوضيحها بواسطة الرسومات والصور ثم تعزي ذلك في الاجتماعات.

أما مرحلة تحليل الرسالة decoding فتعني قيام المستلم باستيعاب معنى الرسالة وفهمه للغة والحركات ومحتوى الرسالة وتقديره للمغزى المقصود. ويختلف الأفراد في مستوياتهم وخلفياتهم المتنوعة في طريقة فهمهم للتعليمات التي تصدرها المنظمة وخصوصا إذا كانت تلك المعلومات مكتوبة بطريقة متخصصة مثل سياسات التأمين والعقود وغيرها.

أما مرحلة المعلومات المرتدة أو ردود الفعل فتعني استجابة المستقبل أو المستلم إيجاباً أو سلباً لرسالة المرسل أو باعث الرسالة. وبدون المعلومات المرتدة لا يتوفر في المنظمة اتصال ذو اتجاهين. لذلك فإن المعلومات المرتدة تحتل أهمية كبيرة لتوضيح وتعزيز وتقاسم المعلومات و المعتقدات والقيم وهي حلقة الوصل بين المستلم والمرسل التي تضمن الاتصال الفاعل. وتكون عملية تقديم المعلومات المرتدة بطريقة إشعار أو جواب أو تفصيلات مكتوبة. وتأخذ المعلومات المرتدة في المنظمة أشكالاً مثل التقارير ومعلومات عن الأداء ونتائج عن العمليات وبيانات أخرى يقوم الأفراد بإرجاعها إلى مصممي الخطط وصانعي القرارات من أجل تحسين القرارات المستقبلية وتصحيح الانحرافات في الأداء .

والجدول التالي يناقش مزايا وعيوب وسائل الاتصال التقليدية (التلفون والمقابلات الشخصية، الاجتماعات المذكرات، التقارير الرسمية) المستخدمة في المنظمات (3).

جدول (30) مقارنة مزايا وعيوب طرق الاتصال

وسيلة الاتصال	المزايا	وسيلة الاتصال
1- التلفون	- سريع شفهيا - يسمح بالاسئلة والاجوبة - مناسب - انسياب معلومات ذو اتجاهين - معلومات مرتدة مباشرة	- ليس شخصي - لا يوجد سجل للمحادثة - قد يسيء فهم الرسالة - قد يكون توقيتها غير مناسب - قد يصعب الحاؤها
2- المقـــابلة الشخصية (وجها لوجه)	- مرئية - اتصال شخصي -يرى ويشرح - اتصال ذو اتجاهين	- قد تكون توقيتها غير مناسب - تحتاج إلى التفكير سريع حالا - قد يصعب الحاؤها - قوة ومـــركز الشخـــص قد تفرض ضغوطا على الشخص الآخر
3- الاجتماع	-استخدام الوسائل المرئية -استخدام أفكار متعددة في آن واحد. - اتصال ذو اتجاهين	- مستهلكة للوقت - عدم ملائمة وقت الاجتماع - قد يسيطر شخص واحد في الاجتماع - التردد في المصارحة
4- المذكرة	- مختصرة - توثيق رسمي - تعطي مقدمة عن المعلومات اللاحقة - الانتشار الواسع	- لا يوجد سيطرة على مستلم الرسالة - ليست شخصية - انسياب معلومات في اتجاه واحد - معلومات مرتدة بطيئة
5- التقرير الرسمي	- كامل وشامل - تنظيم الافكار حسب وقت الكاتب - ينتشر بسرعة	- ليس شخصيا -تحتاج إلى وقت طويل للقراءة - صعوبة فهم اللغة - مكلفة - انسياب معلومات ذو اتجاه واحدة - معلومات مرتدة بطيئة

(2) أنواع الاتصالات التنظيمية Organizational communications

تتعلق الاتصالات التنظيمية بكيفية انسياب المعلومات في البناء الرسمي للشركة، وكيف يستخدم المديرون المعلومات في البناء وكيف تتحرك المعلومات بين أعضاء المنظمة. ويغطي نموذج الاتصالات النشاطات الناتجة من الاتصالات بجهات خارجية مثل العملاء والمستثمرين والدائنين والمجهزين وغيرهم من أعضاء المجتمع الذي يتعامل مع الشركة ويتأثر بعملياتها. وبالتالي فبالإضافة إلى نظم الاتصالات الداخلية توجد الاتصالات التنظيمية التي تغيطي العلاقات العامة والتسويق والشراء والعلاقات مع أصحاب الأسهم ومع المجتمع المحلي وحتى الدولي.

وتوصف الاتصالات الداخلية بالاتصالات الإدارية وقام الباحثون بالتركيز على مدى فاعلية المدير في دوره الاتصالي. وقد رأينا في الفصل الأول بأن الدور المعلوماتي يعتبر من أهم المسؤوليات التي يؤديها المدير، وأن دراسة المديرين(4) في المستويات العليا تفيدنا بأنهم يقضون 90% من وقتهم في الاتصالات وأن 75% من وقت الاتصالات تكون وجها لوجه وتحتوي على المحادثات الشخصية مع المديرين الآخرين والموظفين والاجتماعات واللجان والكلمات التي يلقيها المديرون مثل الإعلان عن بعض الأمور والتعليمات التي يصدروها إلى مجموعات العمل والمناقشات الجماعية(5). ويستهلك المديرون 10% من وقت الاتصالات على التلفون ويستهلكون باقي الوقت 15% على الاتصالات المكتوبة مثل التعليمات والإعلانات والمذكرات والتقارير واستخدام بعض التقنيات المعلومات مثل الفاكس والبريد الإلكتروني. والرسم التالي يوضح توزيع وقت المديرين على مجالات عملهم وحصة كل نشاط من النشاطات المتعددة للاتصالات الإدارية:

شكل (53) مقارنة نشاطات الاتصال مع النشاطات الأخرى في المنظمة

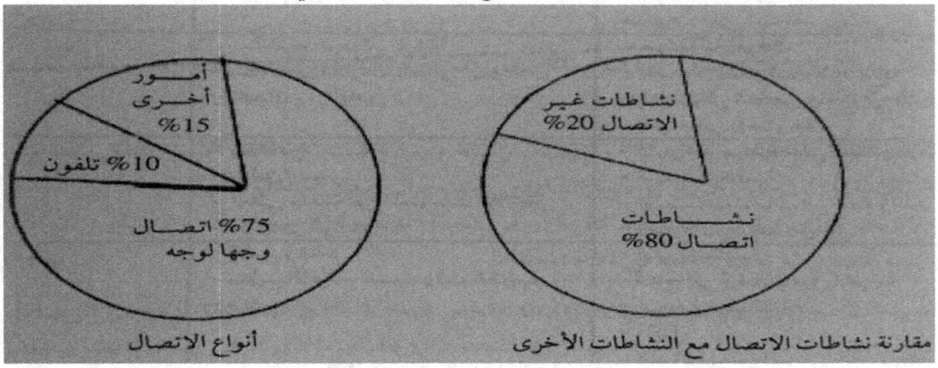

وفي توضيح آخر لتوزيع المدراء للوقت على نشاطاتهم نلاحظ الآتي : (6)

شكل (54) توزيع وقت المدير على نشاطاته

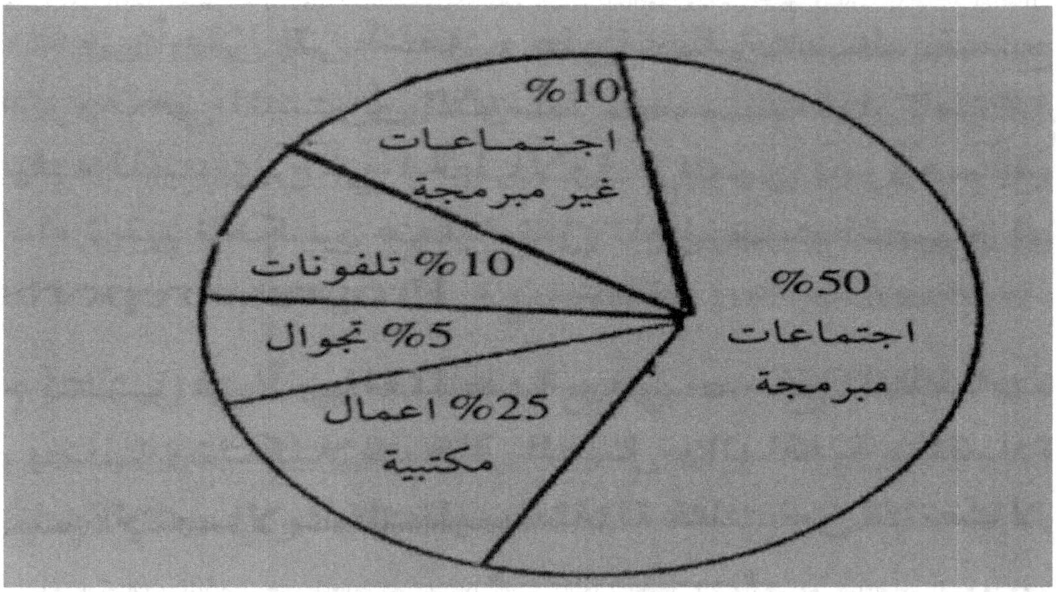

50% اجتماعات مبرمجة (اتصالات مع المرؤوسين و مجلس الإدارة و الزملاء في العمل و العملاء و منظمات مماثلة).

25% أعمال مكتبية .

10% اجتماعات غير محددة .

10% مكالمات تلفونية .

5% تجوال وزيارات .

100% المجموع الكلي لوقت المدير .

يتطور طراز الاتصال في المنظمة بين المديرين ومرؤوسيهم وبين زملاء العمل وبين الأفراد ورؤسائهم. وتتأثر هذه الأنواع من أساليب الاتصال بنوعية البناء التنظيمي السائد في المنظمة وتتمثل بالعلاقات وهرمية السلطة في التنظيم الرسمي وكذلك التنظيم غير الرسمي وهكذا تحصل طرق اتصال رسمية وغير رسمية في المنظمة.

(أ) قنوات الاتصال الرسمية formal channels of communication

وتتحدد هذه القنوات في البناء الإداري والنظم الرسمية لإيصال المعلومات. وتصف كل شركة من يقوم بالرجوع إلى من، وما هو نوع الاتصالات التي تستخدم: مثلا يحتاج مديروا المبيعات إلى تقارير عن المبيعات

الشهرية والتي ينقلونها مباشرة إلى المدير الإقليمي للمبيعات. وقد يحتاج مديرو الخط الأول للإنتاج جداول العمل الأسبوعية Weekly job assignment والتي يقومون بإعلانها على العاملين في قسم الإنتاج. وتتبع الخطط أسلوباً هرمياً يقوم بتحديده هيكل السلطة الرسمية. وتؤكد نظم التخطيط التقليدية على تسلسل التعليمات من أعلى إلى أسفل وعلى عملية اتصال يفصح بها المديرون الذين يعتمدون الخطط التكتيكية، ثم يقوم المديرون في المستوى الأوسط بتصميم الموازنات والذين يقومون بتجزئة الخطط المعتمدة إلى خطط عملية تشغيليه للمديرين في الخط الأول والذين بدورهم يقومون بالإفصاح إلى العاملين غير الإداريين عن توقعات الأداء. ثم تنعكس عملية نقل المعلومات لتصبح من أسفل إلى أعلى وذلك عن طريق كتابة تقارير سير العمل Progress reports في الخطة.

إن الاتصال هو نشاط عام ينتشر في أجزاء المنظمة وفي جميع المنظمات لأن الاتصالات تكتنف نظم التخطيط وهياكل السلطة وتفويضها وتشكيلات فرق العمل والدافعية والقيادة ووظيفة الرقابة وتكنولوجيا المعلومات. ويمكن التمييز في نظم الاتصالات التنظيمية ثلاثة فئات من الاتصالات الرسمية(6):

(1) قنوات الاتصال النازلة downward communication

(2) قنوات الاتصال الصاعدة upward communication

(3) قنوات الاتصال الأفقية horizontal communication

1- الاتصالات النازلة : تعني المعلومات والرسائل التي ينقلها المديرون إلى مرؤوسيهم. وبالإضافة إلى هذا فهي تجهزنا بالمعلومات حول توقعات الأداء الاستراتيجي وتشجيع سلوك المرؤوسين المطابق لأهداف الشركة. ويوجد أشكال أخرى من الاتصالات النازلة في جميع المستويات التنظيمية. مثلاً يصدر مديروا الخط الأول أومراً حول طرق العمل، القواعد، توقعات لعمل ونشاطات المهام الضرورية لإنجاز الأهداف التنظيمية، كذلك يقوم المديرون بتكليف الأفراد بالعمل ووضع الجداول ورقابة المهام التي تقع تحت مسؤوليتهم.

تحتل الاتصالات النازلة مكانة ضرورية في كل منظمة مع ظاهرة السلطة الهرمية، ولكن ذلك لا يعني بأن الاتصالات يجب أن تكون سلطوية أو الوحيدة Authoritative or onerous فمثلاً تعمل الشركة على وضع تسلسل إداري هرمي واضحاً وسلطة محددة تجعل المديرون مسؤولين عن أدوارهم الاتصالية their roles as Responsible for communicators وبنفس الوقت تقوم الشركة بتشجيع بناء العلاقات الجيدة بينها وبين العاملين من جهة وبين العاملين أنفسهم من جهة أخرى لكي تصبح المحادثات بين أفراد التنظيم ودية وتكون الوثائق الرسمية مثل الخطط عمل محبوب ومرغوب في تطبيقه.

2- الاتصالات الصاعدة: وتعني الرسائل والمعلومات التي تبدأ عند المرؤوسين Subordinates وتنتقل إلى الرؤساء Superiors. ويقوم العاملين بالتبليغ أو نقل الأخبار عن النشاطات Activities وسير العمل Work progress والمشاكل problem التي يواجهونها في وظائفهم[7]. كذلك يقوم العاملين بالتبليغ عن طريق الاتصالات الصاعدة عن الشكاوي والتطلعات التي يمرون بها، ويلتمسون الاقتراحات لتحسين الإنتاجية ويتقدمون بالإجابات لاستفسارات المديرين. إن معظم الاتصالات الصاعدة تدور حول إحاطة الرؤساء علماً عن سير العمل والمشاكل التشغيلية المحتلة operational problems مثلاً تقارير التدفقات النقدية وتقارير نشاط المبيعات وتقارير الإنتاج التي تقدم المعلومات بصورة روتينية عن طريق نظم المعلومات الرسمية formal information systems.

وتقوم الشركات الفاعلة Effective بتشجيع تدفق المعلومات إلى الأعلى والتي ليس لها وجود في الإجراءات الإخبارية المكتوبة. فتقوم الشركة بتوفير الفرص للعاملين فيها للتعبير عن آرائهم أو تقديم الاقتراحات وتشكيل شبكات الأعمال واستعمال العصف الفكري والإلكتروني وكل هذه الأساليب تقوم بتشجيع الاتصالات الصريحة.

3- الاتصالات الأفقية: تظهر مثل هذه الاتصالات بين المديرين وبين الأقسام وبين العاملين. ولهذا النوع من الاتصالات أهمية كبيرة لضمان تنسيق النشاطات وتجنب سوء الفهم. ففي غياب الاتصالات الأفقية يمكن أن يصبح المديرون التنفيذيون والاستشاريون معزولين عن بعض، وهذا يؤدي إلى ظهور الغموض عند المرؤوسين.

فمثلاً يمكن أن يقوم موظفو رقابة الجودة Quaity control staff بإيصال تعليماتهم عن مواصفات الإنتاج والتدخل في العمليات من أجل التأكد من جودة التصنيع دون الاتصال والتنسيق مع المديرين التنفيذين المباشرين في المصنع ذاته والذين تقع عليهم مسؤولية العمل في المصنع. ولهذا تصبح الاتصالات الأفقية مهمة (مثل فريق رقابة الجودة) ولجنة مشتركة لملاحظة مشاكل الجودة) لضمان تقاسم المعلومات بين السلطات التنفيذية الرأسية والاستشارية الأفقية في المنظمة.فالهدف النهائي للاتصالات الأفقية هو تحقيق التنسيق بين المراكز الوظيفية في نفس المستويات الإدارية أي التنسيق بين الوظائف التنفيذية والوظائف الاستشارية في المجالات المتخصصة المتعددة. ومن الأمثلة على الاتصالات الأفقية تشكيل فرق العمل التي تحتوي على مهندسي التصميم ومهندسي الإنتاج وموظفي الشراء ومديري الأفراد ومستشاري مراقبة الجودة والباحثين في الأسواق والمتخصصين في خدمات العملاء.

والرسم التالي يعطي أمثلة على الاتصالات الصاعدة والنازلة والأفقية [8].

شكل (55) أمثلة على الاتصالات الصاعدة والنازلة والأفقية ..

الاتصالات الصاعدة
– مشاكل
– اقتراحات للتطوير
– تقارير الاداء
– الشكاوى والنزاعات
– معلومات مالية ومحاسبية
الاتصالات النازلة
– تنفيذ الاهداف والاستراتيجيات
– تعليمات وتوجيهات الوظيفة
– الاجراءات والممارسات
– معلومات مرتدة عن الأداء (تقييم)
– تعليم
التنسيق
الاتصالات الافقية
– حل المشاكل المشتركة بين الاقسام
– التنسيق بين الاقسام
– تقديم الاستشارة (من الاستشاريين إلى الأقسام التنفيذية)
تفسير Interpret
تأثير Influence

(ب) قنوات الاتصال غير الرسمية

يتوفر البناء غير الرسمي في كل منظمة ويأخذ أشكالاً متعددة ويمثل شبكة علاقات في الظل shadow network of relationship بين العاملين تشبه شجرة الدوالي Grapevine حيث تنطلق المعلومات باتجاهات مختلفة وبصورة واسعة ويؤثر هذا النوع من شبكة الاتصالات على العمليات الرسمية ويشوش على أو حتى يشوه السلطة الرسمية. والرسم التالي يوضح الأشكال المختلفة للاتصالات غير الرسمية(9).

شكل (56) أشكال الاتصالات غير الرسمية

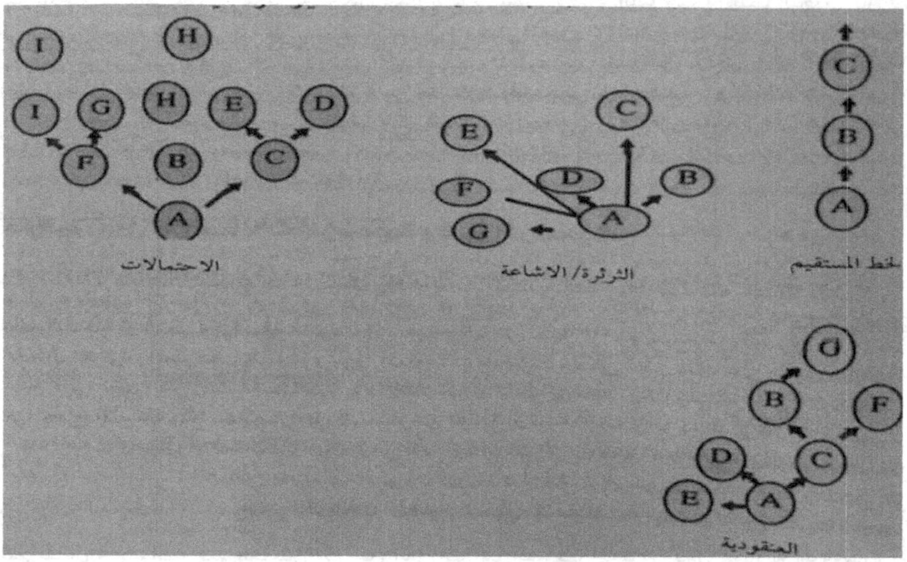

وتعني قنوات الاتصال غير الرسمية بأنها شبة المعلومات غير المرخصة رسمياً التي توفر بين أعضاء المنظمة وتتغذى وتنمو بواسطة العلاقات والصداقات الاجتماعية. ويوصفها العالم الإداري كيث ديفيس بأنها ليست عمودية ولا أفقية بل تجري في ردهات المنظمة ومن وإلى المكاتب وفي الزوايا وبين الأصدقاء والزملاء. ويمكن للمعلومة أن تبدأ في أي نقطة أو مركز في المنظمة وتنتهي في كل مكان من التنظيم. ويمثل الرسم أعلاه الطرق المختلفة لانتقال المعلومات. ففي نموذج الخط المستقيم تنتقل المعلومات خلال سلسلة من الأشخاص الذين يتبادلون الثقة بينهم. وفي مقارنة مع هذا النموذج يوجد النوع الثاني وهو نموذج الثرثرة أو الإشاعة وتكون طريقتها فوضوية حيث يمكن لأي فرد أن ينقل المعلومات لأي فرد أخر. أما نموذج الاحتمالات فيقترح شبكة مختارة تتحد على أساس مجموعة من العاملين الذين لهم مصلحة أو علاقات متقاربة. أما نموذج العنقود فيعتمد على تبادل معلومات محددة بين أفراد أو مجموعات مؤثرة في المنظمة.

ويستعمل المديرون الطرق غير الرسمية للاتصالات من أجل إيصال معلومات لتحريك سلوك المرؤوسين والعاملين دون اللجوء إلى الطريقة الرسمية للاتصال. وينظر المديرون المتشددون إلى الاتصالات غير الرسمية على أساس أنها نوع من الثرثرة ونشر الإشاعات والمعلومات المغلوطة. ولكن هذه النظرة ليست دقيقة أيضاً حيث أثبتت البحوث بأن 25% فقط من هذه الإشاعات هي غير دقيقة، وكذلك تؤثر على آراء ومعتقدات العاملين. أن المعلومات غير الدقيقة يمكن أن تسبب بحدوث مشاكل جدية، وأن على المديرين عدم تجاهل المعلومات غير الرسمية بل يجب عليهم معرفتها واكتشاف الفجوة بين المعلومات الرسمية وغير الرسمية وتصحيح سوء الفهم والمعلومات المغلوطة.

(3) التوفيق بين الاتصالات الرسمية وغير الرسمية

توفر وسائل بناء الفريق والمشاركة في صنع القرار بيئة يتمكن المديرون من خلالها التوفيق بين المشاكل التي تظهر في عمليتين للاتصالات تعمل في آن واحد.وقد تكون البيانات متناقضة وغامضة ومسببة للإرباك عندما تعالج المشكلة أو القضية بواسطة القنوات الرسمية وغير الرسمية(10) ويصبح من الضروري أن يقوم المديرون بإبطال الثرثرة والمعلومات السلبية وتعزيز المعلومات الدقيقة، ويمكن تحقق ذلك عن طريق المناقشات التي تعتمد على صنع القرارات الجماعية team decision making وهنا يفسح المديرون الفرصة للمشاركين لطرح الأسئلة والاستفسارات والبحث عن الدليل والبرهان الذي يؤكد أو يرفض الفرضيات والإدعاءات واختيار وسائل الاتصال المناسبة. ومن الملاحظ أن القرارات الجماعية تتمتع بقبول ومصداقية عند العاملين أكثر من القرارات التي يصنعها المديرون دون مشاركة المرؤوسين. لذلك فإن وسائل نقل المعلومات والأخبار التي تنتج عن صنع القرارات الجماعية مثل الاعلانات والتصريحات Announcements والمذكرات Memoranda.

وخطط العمل Action Plans تتمتع بالمصداقية والقبول من العاملين في المنظمة. وهنا يأتي دور المدير لتنمية العلاقات الاجتماعية التي تفعل تبادل المعلومات البناءة. ومن الهم ملاحظة أن تبني الإدارة طرق مختلفة لنقل وإيصال المعلومات يتطلب تغيير فلسفة الاتصال وكذلك يتطلب تعديل في أساليب ممارسة السلطة والعلاقات السلطوية Authority relatioship .

فالإدارة المسيطرة أو الآمرة Authoritative management تعكس أو تمارس فلسفة غير مرنة في الاتصالات ونقل المعلومات. وفي هذه البيئة ينتج عندنا نظام اتصال صارم ينساب من أعلى إلى أسفل على شكل إذاعة بيانات وليس حوار ونقاشات، وأوامر موجهة وليس تقاسم المعلومات. وهذا يكتم ويؤدي إلى إخماد حرية تبادل المعلومات ويعيق توفر الفرص لأفراد المنظمة لتقديم الأفكار البناءة للمنظمة التي يعملون فيها.

إن متطلبات تقاسم المعلومات والقرارات المشتركة تدفع أفراد المنظمة لممارسة عمليات الاتصال المفتوحة. والعلاقات التي تنتج تشتمل على نطاق يمتد من أسلوب استشاري إلى هذه النظم المفتوحة تساعد خطوط الاتصال الرسمية على ربط المستويات الإدارية العمودية ببعض وبنفس الوقت تساعد على التعاون الأفقي من خلال نشاطات الفريق Team activities. ونتيجة لهذا فإن فلسفة إدارية وبالأخص فلسفة الاتصال التي تحاول التعاون من خلال التنسيق العمودي والأفقي تساعد على تقليل سوء التفاهم وتزيد من المقدرات الكامنة للاتصالات الدقيقة والبناءة potential for accurate and constructive communication وتكتمل القيادة بدرجة كبيرة من خلال الاتصالات الشخصية Interpersonal communication .

وتعتبر مهارات الاتصال عند المديرين أجزاء مهمة من عملية القيادة. لذلك يكون من الضروري أن تقوم القيادة الإدارية بتشخيص المشاكل الإدارية ثم اختيار وسيلة الاتصال المناسبة في حلها وأن عملية اختيار هذه المهارة المهمة ضرورية لكي يصبح المديرون موصلين فاعلين Effective communicators وتسمى هذه الخيارات في الاتصال ب دسامة أو قوة الاتصال richness Media وتشمل الوسائل التالية(11):

1- وسائل الاتصال الشخصية المباشرة وجهاً لوجه Face to face.

2- وسائل الاتصال المتفاعلة بين الشخص والكومبيوتر Interactive media مثل التلفون والوسائل الالكترونية .

3- الوسائل الشخصية الثابتة personal static media مثل المذكرات والرسائل وتقارير الكمبيوتر الخاصة.

4- الوسائل الثابتة غير الشخصية impersonal static media مثل الدعايات والإعلانات وتقارير الكومبيوتر العامة.

وتعني ضخامة وسيلة اتصال بأنها مقدرة أشكال الاتصال على التعبير وإيصال المعلومات. علماً بأن استخدام المزيج من وسائل الاتصال يكون أكثر فاعلية لتحسين مستوى الاتصال في المنظمة. وهذا المزيج يمكن أن يشمل على الاجتماعات الشهرية مع العاملين واستخدام الجماعات وفرق العمل في حل المشاكل أو العصف الذهني و النشرات الدورية Newsletters للعاملين والنشرات الإخبارية Bulletins واللاصقات Posters والوثائق المحوسبة Computer generated documents . ويمكن أن يقوم المديرون بالجولات الميدانية والتحدث مع العاملين أو دعوة العاملين بانتظام إلى مكاتبهم للتحدث معهم بصورة غير رسمية واستعمال سياسة الباب المفتوح وإرسال بطاقات التهنئة في مناسبات الأعياد والعطل القومية ومكافأة المتميزين في الأداء والابتكار شهرياً أو موسمياً وعرض صورهم الشخصية والجوائز التي يحصلون عليها في لوحة الإعلانات في المنظمة.

(4) معوقات الاتصال وطرق معالجتها

أن من الخطوات الأولى لجعل الاتصال أكثر نجاحاً هو تحديد المعوقات لعملية الاتصال في المنظمة، لأن المعوقات تعطل إرسال واستلام المعلومات والرسائل من خلال تشويه أو تغير المعنى المقصود. وقد قمنا بتقسيم المعوقات إلى نوعين: معوقات تنظيمية ومعوقات فردية.

1- معوقات التنظيمية (12) تتحدد قنوات الاتصال الرسمي وغير الرسمي من خلال البناء أو الهيكل التنظيمي ودرجة التخصص عند أفراد التنظيم وتشمل هذه المعوقات التنظيمية :

1 هيكل أو بناء المنظمة

2 التخصص الوظيفي لأفراد التنظيم

3 أهداف مختلفة

2- المعوقات الفردية: تنتج الفرو قات في مهارات الأفراد في الثقافة والتعليم والتدريب والصفات الشخصية. هناك أمور أخرى تساعد أو تحبط القابلية على الاتصال مثل الثقة بالنفس والانشغال بالمشاكل الشخصية والإجهاد وضغوط العمل وتوقيت اتصال المعلومات. وتشمل المعوقات الفردية على أربعة أنواع:

أ- التضارب في الافتراضات.

ب اللغة

ج- المشاعر

د- مهارات الاتصال

أما معالجة هذه المعوقات فيمكن أن يحصل بعد تشخيصها، ثم يوظف الجهد والوقت اللازمين للتخفيف منها وتشمل الإجراءات التالية : [13]

1 تنظيم انسياب المعلومات

2 تشجيع المعلومات المرتجعة Feedback.

3 تبسيط لغة الرسالة أو المعلومات المذكورة فيها.

4 الإصغاء الجيد

5 الحد من المشاعر السلبية.

6 استخدام الإشارات والحركات مثل التعابير الوجهية وحركات الجسم.

7 الاستعانة بالطرق غير الرسمية لإيصال المعلومة أو الحصول عليها.

(5) مركزية ولا مركزية الاتصال في مجموعات العمل.

يحتاج حل المشاكل إلى معلومات من عدد من الأفراد، لذلك يقوم المديرون بالاهتمام بشبكة الاتصال أي أسلوب تدفق المعلومات بين أعضاء المجموعة، وقد أجرى العديد من البحوث لتقدير مدى وقع الأشكال المختلفة لمجموعات العمل على فاعلية نقل وإيصال المعلومات والنتائج المترتبة ويوجد خمسة أنواع من شبكات الاتصال (14):

شكل (57) أنواع الاتصالات المركزية واللامركزية .

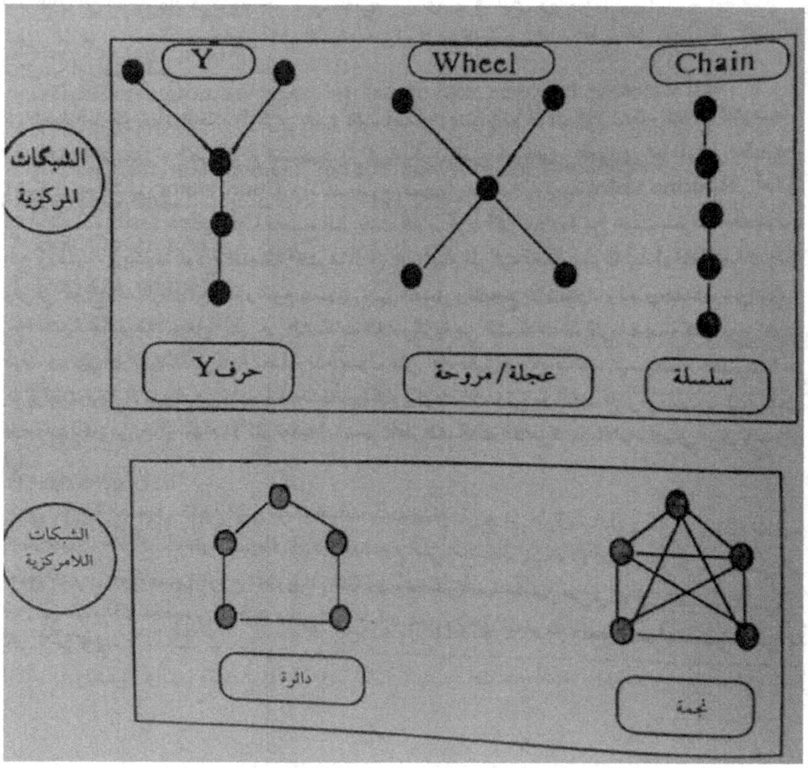

وفي حالة الشبكات المركزية، فإن المعلومات والرسائل تنتقل من خلال شخص محوري **pivotal** في الشبكة، ويكون نموذج العجلة أو المروحة أكثر النماذج مركزية حيث تنتقل الوسائل عن طريق ذلك الشخص في المركز. أما في نموذج السلسلة فإن بعض الأعضاء يستطيعون من الاتصال بأكثر من عضو في الشبكة، ولكن الشخص في وسط الخط يكون هو الذي يتحكم بالرسالة أو المعلومة. أما في نموذج حرف Y فإن الشخص في الوسط يحتل الأهمية في توزيع المعلومات.

أما في النموذجين الخاصة بلا مركزية الاتصالات (نموذج النجمة و نموذج الدائرة) نلاحظ انسياب المعلومات بحرية بين أعضاء الشبكة. ففي نموذج (الدائرة) يستطيع كل عضو من الاتصال بالاخر على الجانبين. أما في نموذج النجمة فهو أكثر الأنواع حرية ولا مركزية حيث يستطيع كل عضو في الشبكة من الاتصال مع أي عضو آخر.

ويلاحظ الباحثون بأن النظام المركزي يتميز بالبساطة والوضوح للأعمال الروتينية والنتائج تكون دقيقة. والسبب هو إنه في كل نوع من أنواع الشبكات المركزية يكون الفرد في الموقع المحوري أما المؤشر عليه بحرف X فيكون هو المنسق **Coordinator** ولذلك يقوم بتسهيل المهام الروتينية **Routine tasks**. أما المهام المركبة أو المعقدة **Complex tasks** فتصبح الشبكات اللامركزية أكثر ملائمة من حيث سرعة الحصول على النتائج ودقتها، ويكون نموذج النجمة أكثرها أداء. إن المهام المركبة تجعل حرية تبادل المعلومات ضرورة وتتوفر في نموذج الدائرة والنجمة وتقوم بتسهيل سير العمل وتشجع الابتكار. وقد وجدت الدراسات بان الروح المعنوية لمجموعة العمل أعلى في الشبكات اللامركزية من الشبكات المركزية مهما كان نوع المهمة أو الوظيفة. وتبين أن الشبكة المركزية تصلح للحصول على أداء دقيق في الوظائف البسيطة وخصوصاً عندما يكون توقيت زمن الانتهاء من المهمة محدداً، ولكن يكون ذلك على حساب الروح المعنوية لدى أعضاء المجموعة. ولكن في حالة المهام الأكثر تعقيداً، يتميز انجاز الشبكات اللامركزية بالأداء العالي والروح المعنوية العالية.

ومن الناحية العلمية، تقوم كثير من المنظمات باستخدام المزيج من طرق تبادل ونقل وايصال المعلومات في إنجاز المهام. فإذا كانت المهام بسيطة فإن ذلك يشجع على استعمال شبكة الاتصال المركزية وبنفس الوقت يستطيع المديرون من تحسين الروح المعنوية السائدة بين أعضاء المجموعة عن طريق توفير الفرص للمرؤوسين للعمل في مهام أكثر تخصص وتعقيد والتي تسمح بالتفاعل وتبادل المعلومات مع أعضاء المجموعة في نموذج شبكي لا مركزي.

هوامش الفصل العاشر

1- david holt, management principles and practices, 3rd ed., Englewood cliffs: New jersey, Prentice hall, 1993, P.510

2- Don hellrigel and john slocum, management, 6th ed., new york, Addison-Wesley publishing Co, 1991,p.507.

3- Kathryn Bartol and david martin, management, 2nd ed., new york, McGraw- Hill inc., 1994.p.445.

4- Holt, Op.cit.,p.514.

5- Derek Torrington, management: face to face, new york, Prentice hall, 1991,pp.1-69.

6- Richard daft, management, 2nd ed., new york, the Dryden press, 1991,pp.443-7.

7- Holt, Op.cit p 515.

8- Daft, Op.cit p 444.

9- Holt, Op.cit .p.514.

10- Ibid,pp,518-9.

11- Hellrigel and slocum. op .cit p.514.

12- Ibid., p 519

13- Ibid.,p.523

14- Daft, op.cit .p .450.

11

الفصل الحادي عشر

الرقابة

Controlling

1- مفهوم الرقابة و حاجة الأعمال الإدارية لها.

2- متطلبات الرقابة ومكوناتها

3- أنواع الرقابة

4- الأدوات الرقابية

5- العوامل التي تساعد على تحقيق الرقابة الفاعلة.

6- مخاطر المبالغة في الرقابة

الرقابة

(1) مفهوم الرقابة وحاجة الأعمال الإدارية لها.

إن من أقدم تعاريف الرقابة وأشهرها تعريف العالم الإداري هنري فايول **henri fayol** في كتابه الإدارة الصناعية والعامة حيث وصف عملية الرقابة بأنها تقوم بالتأكيد من كل شيء يتم حسب الخطة المرسومة والتعليمات الصادرة والمبادئ القائمة.؟ وهدف الرقابة هو تشخيص نقاط الضعف والأخطاء وتصحيحها ومنع حدوثها في المستقبل.وتمارس الرقابة على الأشياء والناس والإجراءات(1). وتعتبر الرقابة في تعريف آخر " إحدى عناصر العملية الإدارية وهي تسعى إلى متابعة العمل وقياس الأداء والإنجاز الفعلي له ومقارنته مع ما هو مخطط باستخدام معايير رقابية يقارن بها هذا الإنجاز، حيث نتيجة المقارنة تحدد الإنجازات الإيجابية التي يجب تدعيمها والانحرافات السلبية التي يجب علاجها وتلافيها مستقبلاً وبالتالي تحقيق الأهداف المطلوبة(2) وتعني الرقابة في تعريف آخر أنها عملية قياس الأداء في الوقت الحاضر وكيفية توجيهه نحو الهدف المحدد مسبقاً.

ويعرفها المؤلفان روبنز وكولتر بأنها عملية مراقبة النشاطات لضمان إنجازها حسب ما هو مخطط وتصحيح أي انحراف مهم فيها"(3).

أما العالم الإداري ديفيد هولت David Holt فيعطي تعريفاً جيداً للرقابة وهو تهتم الرقابة بمراقبة الجهود المنظمة ومقارنة التقدم مع الأهداف المخطط لها سابقاً وصنع القرارات الضرورية لضمان النجاح"(4).

ويتضح من التعاريف السابقة بأن الرقابة هي إحدى وظائف المدير وهي تسعى إلى متابعة العمل وقياس الأداء والإنجاز الفعلي له ومقارنته مع ما هو مخطط وذلك باستخدام معايير تسمى بالمعايير الرقابية والتي تقيس الإنجاز حيث تتحدد الإنجازات الإيجابية التي يجب تعزيزها وتشخيص الانحرافات السلبية التي يجب تصحيحها. فيقوم المدير أو المشرف بنشاطات تنظيمية ومعلوماتية تصحيحية لإجراء التعديلات اللازمة.

ومن النادر أن تعمل المنظمة بطريقة مثالية لتنفيذ خططها لذلك يلزم على الإدارة أن تراقب النشاطات لتكتشف الانحرافات وتتأكد من أن المؤسسة تعمل كما هو مخطط لها. فالعمليات الإدارية التي تقيس الأداء وتجري التعديلات اللازمة هي جزء من وظيفة الرقابة الإدارية. وتبرز أهمية المقارنة لمعرفة حجم الاختلاف

والانحراف عن المعايير، فهناك مجالات معينة تتطلب المطابقة بين الأداء والمعايير الرقابية المحددة، وهناك مجالات أخرى يمكن فيها التساهل بنسب محددة من الاختلاف عن المعايير. فالمدير يقوم بتحليل وتقييم النتائج والحكم عليها.

وتتضمن عملية التقييم مجهودات وأنشطة الكشف عن الانحرافات أو نقاط الضعف بغية أحداث التحسينات وتوجد مؤشرات عديدة تعبر عن نقاط ضعف تستدعي تطبيق نظام رقابي معين يختلف باختلاف حجم وطبيعة عمل المنظمة ومن هذه المؤشرات:

1- عدم تحقيق أهداف المنظمة.

2- تدهور الوضع المالي للمنظمة.

3- انخفاض مستوى الخدمة

4- هبوط الروح المعنوية لدى أفراد التنظيم

5- انتشار الروتين والبطء في إنجاز الأعمال

6- الصراعات بين الموظفين

7- زيادة أو نقص الموظفين عن حاجة العمل

8- عدم رضا الجمهور عن المنظمة وانخفاض عدد الزبائن

9- ازدياد عدد الشكاوي من قبل المتعاملين مع المنظمة

10- تدهور الإمكانات المادية والحوافز

11- تفشي الاختلاسات المالية والمخالفات

12- ضعف المستويات الإدارية وإهمال التدريب.

فالرقابة الإدارية تنبه المدير إلى وجود أو احتمال حدوث المشاكل الخطيرة، ففي المستويات الإدارية العليا تقع المشكلة عندما تعجز المنظمة من تحقيق أهدافها، أما في المستويات الإدارية الوسطى والدنيا تقع المشكلة عندما يعجز المدير المسؤول من تحقيق أهداف إدارته أو قسمه الذي يشرف عليه. فهذه الأهداف تتمثل بالأهداف الإدارية والمعايير الإنتاجية ومؤشرات الأداء الأخرى، وإن كل أنواع الرقابة الإدارية مصممة لتجهيز المدير بالمعلومات المتعلقة بالتقدم والنمو وعند حصول المدير على هذه المعلومات يمكن استخدامها للأغراض التالية(5).

1- منع وقوع الأزمات: عندما يكون المدير غير ملم بما يجري في المنظمة يصبح من المحتمل أن تتحول المشاكل الصغيرة التي يمكن معالجتها وتصحيحها في وقتها إلى أزمات مستعصية.

2- تقنين الإنتاج: يصبح بإمكاننا تقنين السلع والخدمات التي تقدمها المنظمة عن طريق استخدام أدوات رقابية مناسبة.

3- تقييم الأداء الوظيفي: إن استخدام الوسائل الرقابية الملائمة يوفر للمدير معلومات موضوعية تتعلق بالأداء الوظيفي للعاملين في المنظمة.

4- تحديث التخطيط: تعمل الوسائل الرقابية لتمكين المدير من معرفة ما يتم تنفيذه من الخطة المرسومة ومقارنته مع ما هو مخطط سابقاً.

5- المحافظة على موجودات المنظمة: تعمل الرقابة على حماية أصول المؤسسة من سوء الاستعمال والإهدار وعدم تشغيلها بالطاقة الكاملة.

إن إنجاز وظيفة الرقابة تتطلب من المدير أن يوازن بين اهتمامين أساسين: الاستقرار وتحقيق الهدف. إن تحقيق الاستقرار يتطلب من الدير أن يتأكد من أن المنظمة تعمل ضمن القيود العملية، وهذه القيود تتحدد على أساس السياسات والميزانيات والقوانين والأخلاقيات وغيرها. أما الاهتمام الثاني وهو تحقيق الهدف فيتطلب المتابعة المستمرة للتأكد من حصول التقدم المطلوب لإنجازه. ولكن يبقى الخطر موجود في حالة تركيز المدير على أحد هذين الاهتمامين على حساب الآخر. ومن أكثر الأمثلة شيوعاً هو تصرف المدير بالتأكيد على استقرار العمليات وإهمال الهدف مما يسبب إيجاد نشاطات كثيرة دون الحصول على ما يعادله من إنتاج، وبذلك يصبح المدير منشغل بالطريقة أو الأسلوب الذي ينجز به العمل ومن ناحية أخرى فقد يفقد المدير الاهتمام بعامل الاستقرار بسبب مروره بفترة قصيرة من الإنتاج الناجح، ومثل هذا النوع يتمثل بالإداري الذي يحقق انتاج عالي عن طريق الغاء الرقابة على معايير السلامة.

(2) متطلبات الرقابة و مكوناتها:

تحتاج عملية الرقابة الفاعلة إلى أربع متطلبات رئيسية(6):

1- وضع معدلات الأداء المطلوب انجازها.

2- وضع معايير ووسائل لقياس العمليات و النشاطات في المنظمة.

3- مراقبة النتائج ومقارنتها بالمعايير الموضوعية.

4- تصحيح الانحرافات.

ويوضح المتطلبان الأول والثاني عملية التخطيط أما المتطلبات الثالث والرابع فيرتبطان بعملية الرقابة، وفيما يلي شرح لكل من هذه المتطلبات الأربعة:

أ- وضع الأهداف ومعدلات الأداء المطلوب انجازها. يتم وضع وتحديد الأهداف في ضوء الاستراتيجيات المحددة في المنظمة، فالهدف هو الغاية أو النتيجة المراد تحقيقها من خلال البعض بحيث يقوم كل مستوى تنظيمي بوضع أهدافه في ضوء أهداف المستوى الذي يسبقه. ويتم تقييم أي خطة بمدى فعاليتها في تحقيق رسالة المنظمة وأهدافها، وهذا يستدعي وجود معايير محددة لمقارنة الإنجازات المحققة بها، ولا توجد معايير نمطية تستخدم في تقييم جميع الخطط، بل إن المعايير تختلف من خطة لأخرى.

ب- ب- وضع المعايير: المعايير قيمة تستخدم كمقياس محدد للمقارنة مع القيم الأخرى. وتستمد المعايير المستخدمة في الرقابة الإدارية من الأهداف فالمعيار يقيس ويحدد ما هو متوقع إنجازه من الوظيفة أو الفرد. وتستخدم الأهداف أحياناً كمعايير، وفي حالات أخرى نقوم باشتقاق مؤشرات الأداء من الأهداف، وفي الحالتين يجب أن تكون المعايير سهلة القياس ومفهومه، وكلما كان الهدف اكثر تشخيصاً وقياساً كلما أصبح استخدامه أكثر كمعيار، فيمكن للمعايير أن تقيس الإنتاج في الساعة أو مستوى الجودة أو مستوى المخزون أو مؤشرات أخرى تتعلق بالأداء الشخصي أو التنظيمي.

ج- مراقبة الأداء: تعتبر مراقبة الأداء مرادفة لعملية الرقابة، فالغرض الأساسي من مراقبة الاداء هو تشخيص أماكن المشكلة. وعندما يتحدد الأداء الفعلي ويقارن مع المعايير، يمكن تحديد الخطوات التصحيحية المناسبة. إن طبيعة ونوع المعيار المستخدم يقرر نوع الرقابة المطلوبة. فنظام الرقابة يعتمد على المعلومات وهذه المعلومات تأتي عن طريق عملية المراقبة والمتابعة والتقييم.

(3) أنواع الرقابة

وكما تختلف مسؤوليات التخطيط حسب المستويات الإدارية كذلك توجد مسؤوليات رقابية بطريقة موازية للمسؤوليات التخطيطية(7). فوجود الرقابة الاستراتيجية والرقابة التكتيكية والرقابة التشغيلية **strategic, tactical, operational** في المستويات الإدارية يساعد على إنجاز الأهداف لتلك المستويات، والشكل التالي يوضح ذلك:

شكل(58) مستويات الرقابة

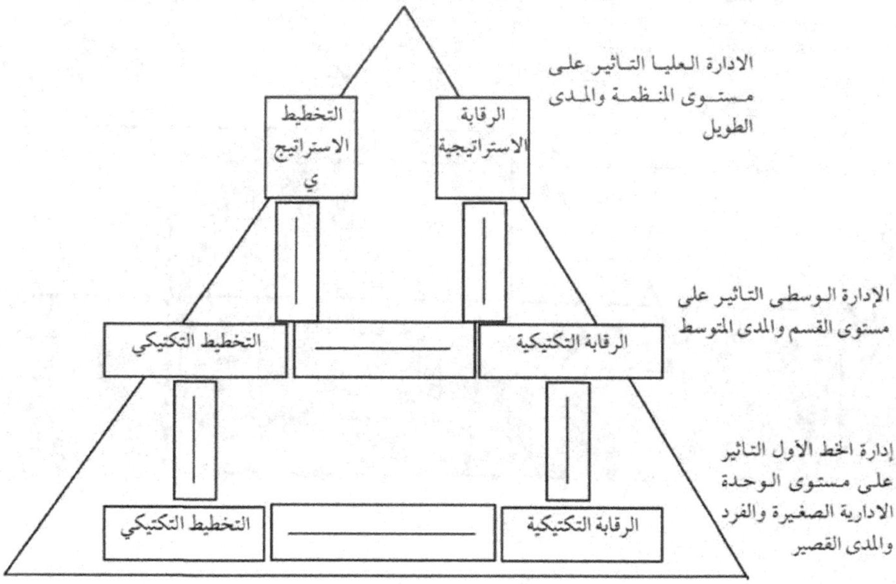

إن عملية المراقبة أو المتابعة تتعلق بالزمان والمكان والكيفية للتفتيش والفحص. فالفحوصات يجب أن تحصل بصورة متكررة لكي ينتج عنها معلومات كافية، ولكن عندما يبالغ فيها، تصبح عملية مكلفة وقد ينتج عنها ردود فعل سلبية من قبل العاملين الذين يقعون تحت المراقبة. كذلك يجب الانتباه إلى عامل التوقيت فالمدير الذي يحدد ظاهرة الانحراف يجب أن يتخذ الإجراءات التصحيحية الكفاءة. إن كون الرقابة الإنتاجية غير شخصية يجعلها تستخدم لمتابعة أداء الأقسام والفروع في المنظمة الكبيرة والمعقدة ومقارنتها مع بعض، بينما تكون الرقابة السلوكية مهمة على مستوى الأقسام والفروع لكي تشجع على الكفاءة وإرشاد الموظف في عمله.

ويمكن ربط الأهداف بالأداء عن طريق تقارير الرقابة حيث تقسم الخطط إلى أهداف أولية وثانوية وفرعية وتوزع على مستويات المنظمة وإداراتها، وتعتبر هذه الأهداف أساساً للقياس مع النفقات الفعلية والمخططة للإدارات والمشاريع كما هو موضح في الجدول التالي:

جدول (٣١) نظام الرقابة والربط بين الأهداف والاداء والمستويات الإدارية في المشروع

المستوى	الخطة Plan صياغة الأهداف الاولية	العمليات Operations أساليب قياس الاداء
إدارة المنظمة ككل	- وضع الاهداف التشغيلية والمالية العامة. - توزيع مسؤوليات مديري الادارات الوظيفية. - اصدار الخطط الاستراتيجية.	- النفقات والايرادات الفعلية والمخططة للمنظمة كلها
إدارة الوحدات الرئيسية	- الاهداف الادارية والانفاقية - اهداف الانفاق في الميزانية الجارية والرأسمالية	- النفقات الفعلية والمخططة لنفقات تشغيل الوحدات التشغيلية العامة.
إدارة البرامج	- تقديرات كلفة العمليات الانتاجية والهندسية - تقديرات المصروفات العامة غير المباشرة	- النفقات الفعلية والمخططة لمدير عام البرامج.
إدارة العمليات	- نفقات المنتجات والسلع والخدمات. - تقديرات المنتجات والسلع والخدمات من النفقات العامة.	النفقات الفعلية والمخططة للمديرين المتصصين.

وتنقسم المعايير الرقابية والأساليب والأدوات التي تستخدم كأدوات رقابية إلى نوعين رئيسين:

1- معايير وأساليب وصفية (غير كمية).

2- معايير وأساليب كمية (14).

وتجدر الإشارة هنا إلى التشابه بين الأدوات والأساليب المستخدمة في التخطيط والرقابة. فما يستخدم كهدف أو برنامج تخطيطي (مثل المؤشرات ونسب الموازنات والتكاليف المعيارية وخرائط بيرت) أيضاً تستخدم كمعايير رقابية ووسائل لتقييم الأداء أي ما تم انجازه ومقارنته بما يجب أن يتم. وتستخدم هذه المعايير أيضاً كأدوات كمية وغير كمية عند تقييم بدائل الخطوات التصحيحية (وهي الخطوة الأخيرة في الرقابة).

(4) الإدارة الرقابية

وتشمل الأدوات الكمية والوصفية على المعايير والنسب التالية:

(1) الأهداف الكمية

(2) النسب والمعدلات المالية مثل السيولة والنشاط والأرباح والمديونية، وتشمل القائمة التالية:

1. معدلات السيولة: liquidity ratios

أ- نسبة التداول current ratio : = الأصول المتداولة / الخصوم المتداولة

ب- الأختبار الحمضي Acid test = الأصول المتداولة - المخزون / الخصوم المتداولة

2. نسبة المديونية leverage ratio: = مجموع الديون / القيمة الصافية

3. نسبة التغطية Coverage ratio= الدخل قبل الفائدة والضريبة / الفائدة

4. نسبة الربحية profitability ratios : مجمل الربح = مجمل الربح على المبيعات / المبيعات

صافي الربح = صافي الربح بعد الضريبة / المبيعات

أرباح الأسهم = صافي الربح بعد الضريبة / القيمة الصافية

العائد على الأصول = صافي الربح بعد الضريبة / اجمالي الأصول

5. النسب العاملة : معدل دوران المخزون = تكلفة البضائع المباع / معدل المخزون

(3) الموازنات التقديرية لمعرفة المصاريف المتوقع انفاقها والإيرادات المتوقعة، وتشمل الأنواع التالية:

شكل (59) أنواع الموازنات و العلاقات التي تربط الموازنات مع بعضها

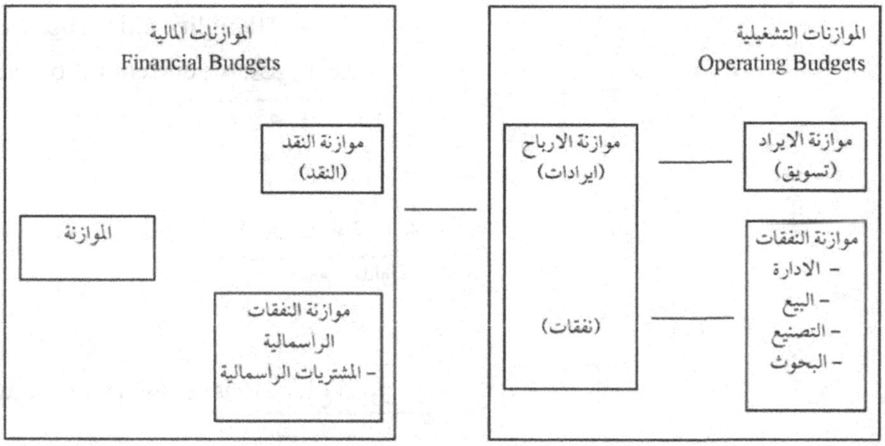

شكل (60)صفات الموازنات من اعلى إلى أسفل ومن اسفل إلى أعلى

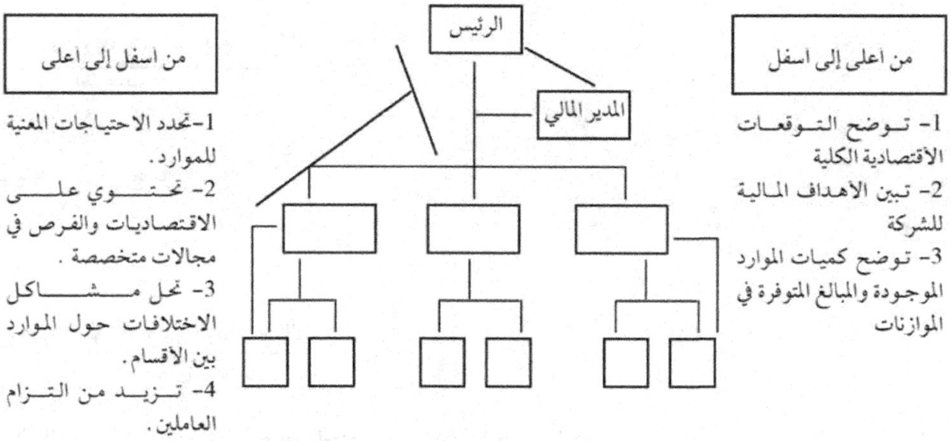

ومن الأدوات الرقابية الأخرى:

1- مؤشرات الكفاءة الإنتاجية مثل التكاليف والزمن والربحية.

2- خرائط جانت وبيرت والمسار الحرج.

3- خرائط مراقبة الجودة والمواصفات والمقاييس.

4- جداول وبرامج العمل لقياس كمية الإنتاج الشخصي والجماعي.

5- سجلات و بطاقات الدوام لضبط حضور وانصراف العاملين.

6- بطاقة الآلة لبيان بدأ تشغيلها ومواعيد الصيانة

7- نقطة التعادل لمعرفة التكاليف والأسعار والأرباح.

8- التكاليف المعيارية أو النمطية لمقارنتها مع التكاليف الحقيقة.

9- التحليلات المختبرية لتحديد مستوى الجودة المتوفرة في الإنتاج

10- البرمجة الخطية لتوزيع الموارد وجدولة الاعمال وتخطيط قوة العمل.

11- السلاسل الزمنية لتفسير المبيعات والإنتاج والتكاليف.

12- الأرقام القياسية لقياس حجم النشاط الاقتصادي

13 الارتباط أو الانحدار لدراسة العلاقة بين متغيرين أو أكثر.

14- خطوط الانتظار لرسم سياسة الإنتاج ومعرفة وقت وتكلفة الانتظار

15- العينات لدراسة العمل ومراقبة الجودة والمخزون.

16- المتابعة والملاحظات الشخصية

17- التقارير الدورية

18- المحاسبة الإدارية

19- الإدارية بالأهداف

20- المراجعة الإدارية الشاملة

21- الأنظمة الداخلية والخارجية

22- الإجتماعات

ولتوضيح كيفية الاستعانة بالأدوات والأساليب المذكورة أعلاه في المستويات الإدارية في أحد المنظمات كبيرة الحجم نحصل على التصور التالي :

جدول (32) الأدوات الرقابية المستخدمة حسب المستويات الإدارية

المستوى الإداري	الادوات الرقابية المستخدمة
1- المنظمات والادارات الرئيسية	الميزانيات الرئيسية، الاجتماعات، التقارير، قوائم التحاليل المالية، تقييم مستوى أداء مديري الادارات الرئيسية، السياسات العامة، الاجراءات المهمة.
2- الاقسام	ميانيات الاقسام، الاجتماعات والتقارير، تقييم اداء موظفي الادارات الرئيسية، السياسات والقواعد التي يضعها القسم، الملاحظات الشخصية، الرقابة الالكترونية والآلية على المعدات المستخدمة
3- الموظفون (الافراد)	التقييم الشخصي للانجاز الوظيفي المعياري والفعلي، والالتزام بالسياسات والقواعد الادارية، السياسات والقواعد التنفيذية لممارسة الاعمال والمسؤوليات، التقييم السنوي للأداء من قبل المشرف، الملاحظات الشخصية، المثل والقيم والضمير.

(5) العوامل التي تساعد على تحقيق الرقابة الفاعلة

إن من العوامل المؤثرة في فاعلية النظام الرقابي والعملية الرقابية ككل يمكن أن نذكر العناصر التالية:

(أ) توفر مراكز السيطرة الاستراتيجية

(ب) المعلومات المرتجعة أو التغذية العكسية

(ج) المرونة

(د)الملائمة

(هـ)الوضوح

(و) العنصر الإنساني

وفيما يلي شرح لكل من هذه العوامل المؤثرة في فاعلية النظام والعمليات الرقابية:

أ- مراكز السيطرة الاستراتيجية(15): إن الرقابة المثالية تتحقق عند تحديد المراكز الرئيسية والحرجة وإعطاء الأهمية العالية لإنجاز التعديلات في هذه المراكز، فالمنظمة تحتوي على عدد من مراكز المسؤولية والتي تمثل وحدات إدارية فرعية يرأسها مدير مسؤول عن نشاطات وإنجازات معينة.وهذه المراكز تكون مرتبة هرمياً حيث توجد مراكز على مستوى الشعبة ثم القسم ثم الدائرة ثم المنظمة، وتشمل على مراكز الكلفة والربحية

والاستثمار وتوزيع الموارد والمعلومات(16). كذلك توجد دوائر الجودة (17) للتحكم بمستوى جودة الخدمة أو السلعة مما يؤدي إلى تحسين وتطوير الخدمة بصورة مستمرة للمحافظة على سمعة المنظمة ومتابعة نموها. إن محاولة السيطرة على جميع النقاط تؤدي إلى زيادة غير ضرورية في الجهود ثم التقليل من الاهتمام بالمشاكل الخطيرة، وهذا المبدأ الرقابي يتطابق مع مبدأ الاستثناء في الإدارة فكلاهما يؤكد على التمييز بين العوامل المهمة وغير المهمة. والأشكال التالية تبين عمل مراكز المسؤولية وحلقات الجودة في المنظمة:

شكل (61) أنواع مراكز المسؤولية

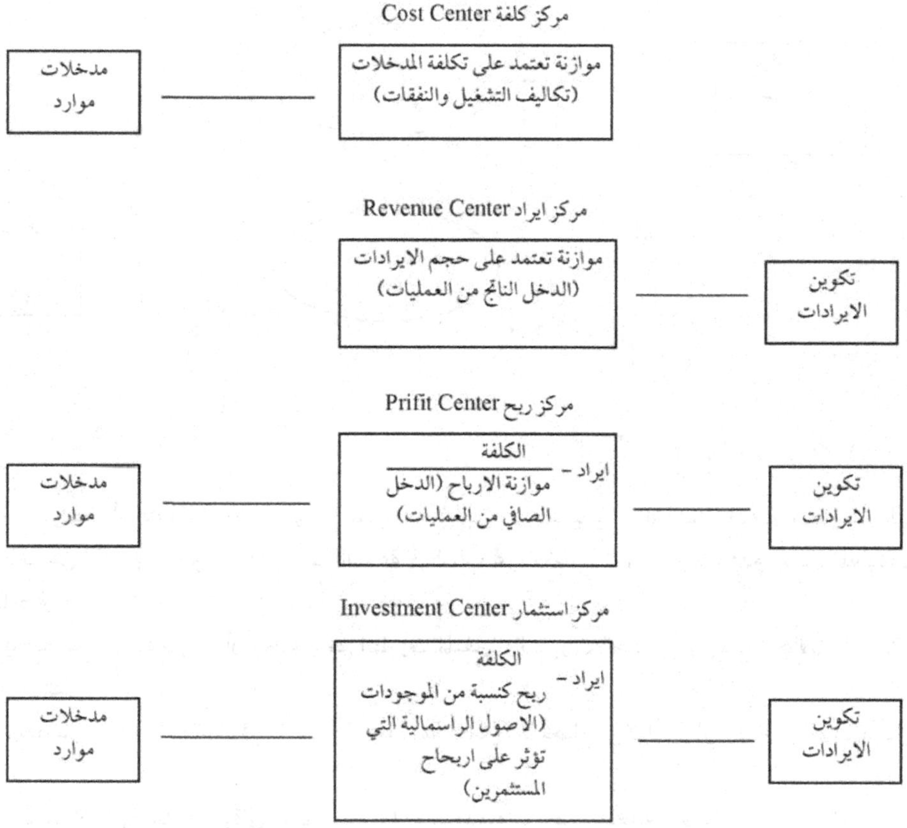

شكل (62) حلقات الجودة

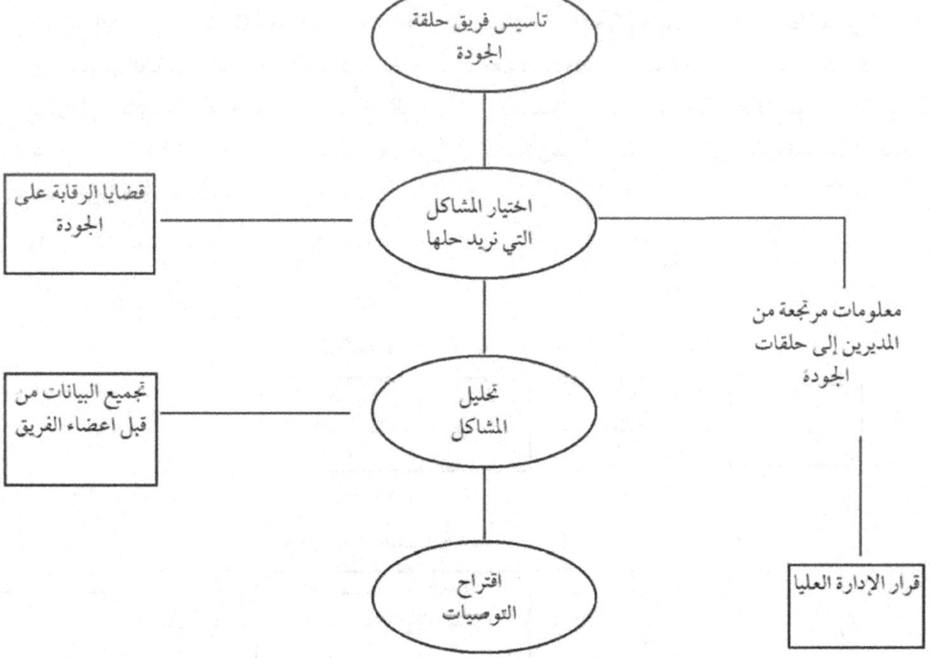

ب- المعلومات المرتجعة أو التغذية العكسية: وهي عملية اتخاذ اجراءات تصحيحية في المستقبل نتيجة للمعلومات التي تجمعها المنظمة عن الأداء في الماضي. وهذا يتطلب السرعة في التبليغ عن الانحرافات والحذر من عدم وصول المعلومات متأخرة أو ناقصة.

ج- المرونة: يتحتم على أي نظام رقابي أن يتجاوب مع الظروف المتغيرة والتطورات الجديدة في جميع المجالات البشرية والتكنولوجية والثقافية.

د- الملائمة : ويقصد بها ملائمة النظام الرقابي للمنظمة. فالمنظمة الصغيرة لا تحتاج إلى نظام رقابي وصاع مصحوب بأساليب وأدوات معقدة.

هـ- الوضوح : وهو أن يكون النظام الرقابي مفهوما من قبل مستخدميه من حيث المعايير والأدوات الرقابية وكيفية استخدامها.

و- العنصر الإنساني في الرقابة : من المعروف أن أي نظام رقابي يتعلق بالأفراد له آثار نفسية على افراد التنظيم. فالنظام الرقابي الآلي المحكم قد يفشل إذا أظهر أفراد التنظيم ردود فعل سلبية ضده.فمثلاً أن القائد الإداري الحيوي والمبدع يميل إلى مقاومة الرقابة، فالرقابة عند هذا الشخص تحتاج إلى اهتمام خاص بالعنصر الإنساني. وعندما نقارن بين وسائل الرقابة البيروقراطية والرقابة الحيوية ينتج عندنا الملاحظات التالية:

جدول الرقابة البيروقراطية الآلية والرقابة العضوية

الرقابة البيروقراطية	الرقابة الحيوية
1- استخدام القواعد والاجراءات التفصيلية في جميع المناسبات	استخدام القواعد والاجراءات عند الحاجة
2 - انسياب السلطة من اعلى إلى أسفل مع التركيز على القوة	مرونة السلطة مع التاكيد على الخبرة والشبكات الرقابية المتكاملة
3- اعتماد الوصف الوظيفي للنشاطات اليومية	يعتمد الوصف الوظيفي على النتائج وتحقيق الاهداف
4- التاكيد على المكافات الخارجية (الأجور والتقاعد والمركز) للتحكم بالأداء.	التاكيد على المكافات الخارجية والداخلية (مثل الوظيفة المناسبة للتحكم بالاداء.
5- عدم الثقة الرقابة الجماعية Team Controls) التي تفترض التناقض بين اهداف الفريق واهداف المنظمة.	تشجع الرقابة الجماعية تعتمد على الفرضية التي تتبنى فكرة التكامل بين اهداف الفريق واهداف المنظمة.
6- لا يعترف التنظيم البيروقراطي بالثقافة التنظيمية التي تكون مصدر من المصادر المهمة التي تساعد على ممارسة الرقابة وانجاحها.	ينظر إلى الثقافة التنظيمية كاداة لتحقيق الدمج بين اهداف المنظمة والمجموعة والافراد لانجاح ممارسة الرقابة.

(6) مخاطرالمبالغة في الرقابة

تؤدي ظاهرة المبالغة في الرقابة (أو الرقابة المتشددة) إلى إلغاء أو التقليل من فوائد الرقابة الفاعلة. فالمنظمة التي تستخدم نظام رقابي معقد مثل الموازنات والتقييم والمقاييس قد يؤدي إلى آثار غير مرغوب فيها وتشتمل على الظواهر السلبية التالية:

1- التداخل والإزدواجية :

إن أحد نتائج الرقابة الزائدة هو التداخل والإزدواجية، فقد نستخدم عدد من العاملين وعدد من الاجتماعات والتقارير والأجهزة لنفس الموضوع بينما يمكن إنجاز مهمة الرقابة بإحدى وسائل بدلاً من جميعها.

2- إعاقة ظاهرة الابتكار

فالتركيز على التعليمات واللوائح المكتوبة وتطبيقها حرفياً يحبط القابليات الابتكارية عند ا لموظفين وينتج عن ذلك انخفاض في الروح المعنوية، وهذا شائع في المنظمات الكبيرة التي توصف سياساتها وإجراءاتها بدرجة كبيرة من الرسمية والروتين.

3 -عدم تشجيع عملية التفويض

يعتبر التفويض أحد أهم وسائل التي يستخدمها المدير لتوفي الوقت، ولكنها لا تستخدم بسبب اعتماده الكلي على الرقابة. إن تفويض المرؤوسين سلطات كثيرة سوف يقلل من التركيز على السيطرة الشديدة التي يرغب بها الرؤساء، وفي النهاية تصبح الإدارة العليا مثقلة بالتفاصيل بينما يصب الإحباط قابليات وإمكانات المرؤوسين.

4- ارتفاع الكلفة:

تنتج زيادة التكاليف من المبالغة في أساليب الرقابة. وبالرغم من عدم مقدرتنا من معرفة التكاليف الدقيقة للرقابة الزائدة لكن نستطيع أن نرصدها ونحددها. فالرقابة غير الآلية تحتاج إلى أفراد، والرقابة الزائدة تؤدي إلى زيادة الرواتب المدفوعة للأشخاص المستخدمين للأعمال الرقابية. وتتمثل هذه الزيادة بوجود أعداد من المحاسبين واعداد من مراقبي الجودة وعدد من السكرتاريين والمساعدين الذين يقومون بكتابة وتقديم التقارير ومتابعة النشاط إلى رؤسائهم. هذا بالإضافة إلى الأماكن التي تحتاجها المؤسسة لاستيعاب مجموعة الموظفين وكذلك الخدمات المساعدة والنفقات الإضافية التي يستخدمها موظفو الرقابة في ممارسة نشاطهم.

5 تحول الرقابة من وسيلة إلى غاية:

فبدلاً من أن يقوم المدراء باستخدام الوسائل الرقابية للتأكد من التقدم الحاصل في تطبيق الخطط، يميل المراقبون المتحمسون والمتشددون إلى استخدام الوسائل الرقابية لخدمة مصالحهم مما ينتج عنه تكاثر الطرق والأدوات الرقابية والسياسات والإجراءات التي تتسبب في زيادة حجم المعلومات الرقابية وتفاصيلها غير المنتجة.

هوامش الفصل الحادي عشر

1Justin longenecker and charles pringle, management,6th ed., Columbus, charles Merril publishing Co., 1984,P.487.

2Samuel certo and paul peter, strategic, management: A focus on process new york Mc GrawHill publishing Co., 1990,pp.1489.

3Steven robbins and mary coulter, management, 6th ed., upper saddle River: N.J., Prentice Hall, 1999,p.554.

4David Holt, management, 3rd ed., Englewood Gliffs : N.J., prentice Hall, 1993,p.548.

5Kathryn Bartol and David Martin, management,2nd ed., New York, Mc GrawHill, 1994,pp.5025.

6Joseph Massie, Essentials of management,4th ed., Englewood Cliffs: N.J., Prentice Hall, 1987,p.118.

7Bartol and martin, Op,.Cit.,p.506.

8Robbins and Coulter, Op.Cit.,p.554

9Bartol and martin, Op.Cit.,p.518.

10Richard Daft, management, 2nd ed., new york, the Dryden press, 1991,p.501.

11Don Hellriegel and john slocum, management,6th ed., new york, Addison Wesley publishing Co., 1992,pp.63740.

12Robert Anthony, the management control function, boston: Mass., the Harvard business School press, 1988,pp.6979.

13Robbinsand coulter, Op.Cit., pp.6308.

14Harold Koontz and Heinz weihrich, management, 9th ed., new york, Mc Graw Hill, 1988,pp.50935.

15Anthony. Op.cit., pp. 629

16Holt, Op.Cit., pp.5767.

17Wendell French and Cecil Bell, Organization Development,5th ed., Englewood Cliffs: N.J., Prentice Hall, 1995.p.242.

12

الفصل الثاني عشر

صنع القرار : جوهر عمل المدير

Decision Making: the essence of the Managers job

1- مفهوم القرار ومسؤولية صنع القرار
2- خطوات صنع القرار
3- مستويات صنع القرار
4- عمومية صنع القرار
5- محددات صنع القرار
6- العلاقة بين نوع المشكلة ونوع القرار
7- ظروف صنع القرار.
8- نماذج صنع القرار
9- الأساليب الكمية المساعدة في صنع القرار.

(1) مفهوم القرار مسؤولية صنع القرار

قبل البدء بتحليل معنى القرار ومكوناته وأنواعه ومراحله لا بد من التمييز بين مفهوم اتخاذ القرار Decision Taking وصنع القرار Decision making . فعملية اتخاذ القرار هي جزئية بينما عملية صنع القرار هي الكل. وهذا يعني بأن خطوة اتخاذ القرار هي آخر مرحلة من مراحل صنع القرار بينما تشمل عملية صنع القرار جميع الخطوات التي تسبق مرحلة اتخاذ القرار. وتعتبر عملية صنع القرار عملية جماعية مشتركة لأفراد المؤسسة يساهم كل منهم حسب مركزه في المنظمة- علماً بأن القرار المناسب لايمكن أن يصدر في غياب المعلومات والحقائق التي يجمعها أفراد التنظيم. فالمراحل التي تسبق اتخاذ القرار تتطلب دراسة طبيعية المشكلة وتحديد أبعادها ووضع فرضياتها وتحديد متغيراتها ثم تجميع المعلومات عنها ودراسة الحلول البديلة لمعالجتها واختيار البديل الافضل ثم اتخاذ القرار النهائي. والجدير بالذكر أن القرار هو وسيلة وليس غاية يراد من خلالها هدف معين. وأن هذا الهدف المطلوب تحقيقه يقرر مضمون محتوى ومراحل القرار. ويلاحظ أنه كلما زادت أهمية القرار كلما تعقدت طريقة صناعته- أي أدى إلى ازدياد عدد المشاركين في إعداده وعدد الجهات المرتبطة به وعدد البدائل والاختيارات والحلول المطروحة.

وتقع المسؤولية إدارة المنظمة على عاتق المدير التنفيذي Chief executive officer. ويعتمد المدير التنفيذي على مجموعة أفراد مهمين في المنظمة كأعضاء مجلس الإدارة ونائب أو نواب الرئيس ومساعدي الرئيس وبقية المديرين التنفيذيين والاستشاريين 1)line and staff managers). وتتحدد أهمية هؤلاء الأشخاص حسب نوع المنظمة من حيث حجمها وطبيعة عملها. فالمنظمات التي تكون فيها عملات صنع القرار مركزية يقل عدد المدراء الذين يساهمون في صنع القرارات الاستراتيجية عن المنظمات التي يكون صنع القرار فيها لا مركزي. وتؤثر الأهداف على تحديد طبيعة عمل المنظمة وحجمها. وتختلف الأهداف في المنظمات وتؤثر على عمليات صنع القرار واستراتيجيات التنفيذ لتلك القرارات. ويمكن أن يكون الهدف

objective أحد الأنواع التالية(2): الربحية، النوعية، حصة السوق، المسؤولية الاجتماعية، ظروف العاملين، جودة السلعة أو الخدمة، البحث والتطوير والكفاءة، الاستقرار المالي، المحافظة على الموارد، التطوير الإداري، مشروع متعدد الجنسيات وغير ذلك.

ومهما كانت طبيعة المشكلة ومسبباتها وأياً كان مجالا سواء في حقل السياسة أو الإدارة أو الاقتصاد أو الاجتماع، فإن صانعي القرار يواجهون الاختيار من بين البدائل التالية:

1- لعب دور سلبي وذلك بإبقاء الأمور على حالتها وعدم التحرك.

2- لعب دور إيجابي وفاعل وذلك بالرد الحاسم على المشكلة ومحاولة القضاء على آثارها.

3- لعب دور ضعيف وذلك بالتعايش مع المشكلة ومحاولة التخفيف من حجم الخسائر.

4- لعب دور كحد أدنى عن طريق القيام بأعمال أخرى ليس لها علاقة مباشرة بالمشكلة ولكن يمكن أن تؤثر على مسببات المشكلة.

يعرف مينتزبرج mintzberg القرار بأنه " التزام محدد نحو نشاط أو عمل ما" specific commitment to action.(3) ويختلف مفهوم الالتزام بعمل شيء ما عن الكلام عنه فقط (4). ويعرفه هاريسون Harrison بأنه مرحلة في عملية مستمرة لتقييم البدائل من أجل إنجاز هدف معين(5) أما ديفيت هولت daivd Holt فيعرف صنع القرار بأنه عملية تحديد المشاكل وتقديم الحلول البديلة واختيار بديلاً واحداً وتنفيذه.(6)

ويستخدم كل من مصطلح " صنع القرار" Decisionmaking ومصطلح حل المشكلة Problemsolving بشكل تبادلي في مجال الإدارة لأن المديرين يصنعون قراراتهم بصورة دائمية لحل المشاكل في منظماتهم.

أما المؤلف نيلزنوردرهيفن Niles noorderhaven فيعرف القرار بأنه " الفكرة المرتبطة بعمليتي الاختيار والالتزام (7) Selection and commitment. وقبل صنع القرار لا بد من وجود أكثر من غرضين purposes أو مسارين عمل two courses of action يتنافسان من حيث الأفضلية. وعندما يتخذ القرار فإن ذلك يعني وجود فاعل Actor وهو صانع القرار وقد اختار هدف أو خطة التزم بها شخصياً.

(2) خطوات صنع القرار

يتخذ الأفراد قرارات على جميع المستويات الإدارية وفي كل التخصصات في المنظمات، فهم يختارون من بين البدائل ما يقتنعون به. فمثلاً يصنع مديرو المستويات العليا القرارات حول أهداف المنظمات التي يديرونها كيف توزع خدمات التصنيع؟ ما هي الأسواق التي يجب الدخول فيها؟ ما هي السلع والخدمات التي يمكن طرحها؟ ويصنع مديرو المستويات الوسطى والدنيا القرارات حول جداول الانتاج الشهرية والأسبوعية ومعالجة المشاكل التي تهر وتوزيع الزيادات في الأجور واختيار معاقبة المستخدمين في المنظمة. لكن صنع القرار ليس فقط من اختصاص المديرين بل إن جميع أعضاء التنظيم يصنعون قرارات تؤثر على وظائفهم وعلى المنظمة التي يعملون فيها. فالقرار عبارة عن الاختيار بين بديلين أو أكثر(9).

إن عملية صنع القرار تتكون من ثمانية خطوات تبدأ بتشخيص المشكلة وضع قائمة بمعايير القرار ثم إعطاء قيم أو أوزان كمية لهذه المعايير ثم الانتقال إلى تطوير وتحليل واختيار البديل الذي يمكن أن يحل المشكلة وتطبيق ذلك القرار وتقييم فاعلية وآثاره. وهذه العملية تنطبق على القرارات الشخصية اليومية التي نتخذها فيما يتعلق بالذهاب إلى المكتبة أو المنتزه أوشراء قميص نلبسه بدلاً من كتاب نقرأه أو أين نقضي عطلة نهاية الأسبوع. وكذلك تنطبق هذه الخطوات على القرار الذي تتخذه شركة مطاعم معينة لتقديم وجبة طعام جديدة. وفي الرسم التالي نوضح مراحل صنع القرار لشركة ترغب بشراء جهاز كومبيوتر لاستخدامه في عملياتها اليومية:

جدول (63) خطوات عملية صنع القرار Decistion making process

1- تحديد المشكلة	يطلب موظفو المبيعات جهاز كومبيوتر جديد
2- وضع مجموعة معايير يستند عليها القرار	- السعر - المصنع والموديل - الضمانات - المتانة - سجل التصليح
3- وضع قيم او أوزان للمعايير	- المتانة 10........ - الخدمة 8........ - مدة الضمان 5........ - التصليح الفوري في السنة الأولى 5........ - السعر 4........ - نوع التغليف 3........
4- وضع بدائل	- Intel - Sony - Texas Intruments - IBM - Compaq - Sharp -HP
5- تحليل البدائل	- Intel - Compaq -HP - Sharp - IBM - Texas Intruments - Sony
6- اختيار بديل	- Intel - Compaq -HP - IBM - Sharp - Texas Intruments * Sony
7- تطبيق البديل تقييم فاعلية القرار	Sony

ومن أجل أن نفهم كل خطوة بالتفصيل وما تتطلبه من نشاطات ومعلومات نستعرض الخطوات المذكورة في الرسم السابق:

1- تحديد أو تشخيص المشكلة Identifying the problem تعني المشكلة وجود تفاوت أو اختلاف Discrepancy بين حالة قائمة وحالة مرغوب الانتقال إليها مستقبلاً تكون أفضل من الوضع الحالي(10). لذلك يمكن القول بأن عملية صنع القرار تبدأ بوجود مشكلة. فمثلاً لو أردنا اتخاذ قرار لشراء كومبيوتر جديد لموظف المبيعات لأن الجهاز الذي يستخدمه تكون ذاكرته محدودة وعملياته بطيئة وطاقته منخفضة. هنا يحتاج مدير المبيعات إلى صنع قرار. إن ما يميز وجود مشكلة هو أن نلاحظ ثلاثة عناصر مؤثرة على الموقف وهي(11)، (1) الشعور بوجود فجوة أو تفاوت بين ما هو موجود وما هو مطلوب عمله لتحسين الوضع.(2) توفر موارد كافية لعمل شيء ما. (3) وجود ضغط لاتخاذ إجراء. أما الوضع الأفضل فقد يكون ذلك مقارنة مع أداء في الماضي نحتاج إلى تحسينه أو أهداف في الماضي يجب تطويرها أو مقارنة الأداء أو الأهداف في المنظمة مع منظمة أخرى في نفس الحقل والتخصص. والفجوة أو الاختلاف دون وجود ضغط يؤدي إلى تأجيلها وعدم حلها في الوقت الحاضر. فمن أجل اتخاذ قرار م قبل المدير يجب ممارسة ضغط على المدير لكي يتخذ إجراء ما. وتشتمل الضغوط على الحدود الزمنية والأزمات المالية وشكاوي المستهلكين والعاملين وتوقعات الرؤساء ومبادرة إجراء تقييم الأداء. وأخيراً، فإن المديرين لا يستطيعوا من وصف الظاهرة بأنها مشكلة إذا أدركوا أنهم لا يمتلكون السلطة أو الميزانية أو المعلومات أو الموارد الأخرى الضرورية لصنع القرار.

2- تشخيص معايير القرار identifying deciosion eriteria: تعني المعايير العناصر المناسبة للقرار(12)". وتأتي هذه الخطوة بعد تشخيص المشكلة. يقوم المدير بتحديد ما هو مناسب في صنع القرار. وهذه العوامل قد تشمل معايير مثل السعر والموديل والمصنع المواصفات والامتيازات والخيارات وضمان الخدمة وسجل التصليح و الأعطال والخدمة بعد الشراء.

3- إعطاء المعايير قيم أو أوزان allocating values or weights to the criteria إن اتباع مدخل بسيط يتمثل بإعطاء قيمة 10 نقاط مثلاً لأهم المعايير ونقوم بعد ذلك بإعطاء قيمة لكل واحد من المعايير المتبقية. ومقارنة بمعيار يحصل على 5نقاط فهو يمثل نصف الأهمية التي حصل عليها المعيار الأول. ونعطي المثال التالي لتوضيح ذلك:

المعيار	القيمة/ الوزن
الاعتمادية Reliability	10
الخدمة	8
فترة الضمان	5
الخدمة الفورية	5
السعر	4
الغلاف	3

4- وضع البدائل developing alternatives لنفترض بأن مدير الإنتاج قد وضع أمامه سبعة أنواع من أجهزة الكومبيوتر المشهورة كخيارات ممكنة وهذه هي : sony, Compaq, intel, sharp, Ibm, hewett pakard, .texas instruments

5- تحليل البدائل analyzing alternatives بعد تحديد البدائل يقوم صانع القرار بالتحليل الناقد لكل بديل. وتصبح نقاط القوة والضعف واضحة عند مقارنتها مع المعايير والأوزان المتفق عليها في الخطوة الثانية والخطوة الثالثة اعلاه. ويقوم المدير بتقييم كل بديل حسب المعايير. والجدول ادناه يبين القيم المقدرة لكل بديل التي قام بتقديرها مدير الانتاج بعد ان اطلع على تلك الاجهزة وحصل على المعلومات من الخبراء المختصين ببيع اجهزة الكومبيوتر السبعة:

جدول (34) القيم التقديرية لعناصر القرار

التسلسل	النموذج	القيم التقديرية لعناصر القرار التي حصل عليها كل جهاز					
		الاعتمادية Reliability	الخدمة	الضمان	التصليح الفوري	السعر	التغليف
							5
1	Intel	8	3	5	10	3	5
2	Compaq	8	5	10	5	6	10
3	Sony	10	8	5	10	3	10
4	HP	8	5	5	10	3	10
5	IBM	6	8	5	10	6	10
6	Sharp	2	10	5	10	10	10
7	Texas Instruments	4	10	5	10	10	5

يمثل الجدول اعلاه التقديرات لكل من البدائل السبعة حسب المعايير المخصصة لكل عامل من العوامل المؤثرة في صنع القرار وهي الاعتمادية والخدمة والضمان والتصليح والسعر والغلاف. ويجب ملاحظة انه اذا حصل كل نموذج من نماذج الكومبيوتر على 10 نقاط كاملة في جميع المعايير فانه لا يوجد حاجة للمقارنة بين الاجهزة لانها تكون متساوية في الاوزان جميعاً. بينما اذا كانت الاوزان غير متساوية فاننا نقوم بضرب الاوزان الموجودة في الخطوة الثالثة بالتقديرات المعطاة في الخطوة الخامسة لكي نحصل على مجموع النقاط التي يحصل عليها كل عنصر من العناصر الستة (الاعتمادية والخدمة والضمان والتصليح والسعر والتغليف) مضروبة بالاوزان أو المعايير المعطاة في الخطو الثالثة. وفي الجدول التالي يتوضح اجراء هذه العملية.

جدول (35) القيم الاجمالية واتخاذ القرار

التسلسل	النموذج	القيم التقديرية لعناصر القرار التي حصل عليها كل جهاز						المجموع
		الاعتمادية Reliability	الخدمة	الضمان	التصليح الفوري	السعر	التغليف	
1	Intel	80=10x8	24=8x3	25=5x5	50=5x10	12=4x3	15=3x5	206
2	Compaq	80=10x8	40=8x5	50=5x10	25=5x5	24=4x6	15=3x5	234
3	Sony	100=10x10	64=8x8	25=5x5	50=5x1	12=4x3	30=3x10	*281
4	HP	80=10x8	40=8x5	25=5x5	50=5x10	12=4x3	30=3x10	237
5	IBM	60=10x6	64=8x8	25=5x5	50=5x10	24=4x6	30=3x10	253
6	Sharp	20=10x2	80=8x10	25=5x52	50=5x10	40=4x6	30=3x10	245
7	Texas Instruments	40=10x4	80=8x10	5=5x5	50=5x10	40=4x10	15=3x5	250

نلاحظ في الجدول اعلاه بان القيم (الاوزان) المعطاة للمعايير قد غيرت تغييراً جذرياً ترتيب البدائل بناء على مجموع النقاط الناتجة من ضرب القيمة المقدرة لكل جهاز مضروبة بوزن معيار القرار والمدونة في العمود الاخير في الجدول اعلاه.

6. اختيار البديل Selecting an alterantive

في هذه المرحلة يقوم صانع القرار باختيار البديل الذي يحصل على أعلى النقاط المجمعة له في الجدول السابق وهو الجهاز من نموذجٍ Sony الذي حصل على 281 نقطة وهو أعلى مجموع وبذلك يصبح البديل الافضل.

7. تنفيذ البديل Implementing the alternative

يعني التنفيذ ايصال القرار إلى الذين يتأثرون به والحصول على موافقتهم للالتزام بالقرار. فاذا اشترك الافراد في عملية صنع القرار فانه يجعل المجموعة تتحمس لتطبيق القرار والالتزام به اكثر مما لو صدرت الاوامر لهم بتنفيذ القرار دون مساهمة مسبقة في صنعه. ففي والالتزام به أكثر مما لو صدرت الاوامر لهم بتنفيذ القرار دون مساهمو مسبقة في صنعه. ففي المثال المذكور اعلاه في شراء جهاز الكومبيوتر ، فان موظفي المبيعات سوف يظهرون اهتماماً والتلزاماً كبيرين في قبول الجهاز الجديد والتدريب عليه في حالة مشاركتهم

في عملية صنع قرار الشراء. ومن المهم ذكره هنا هو إن تنفيذ القرار بشكل صحيح يعتمد على فاعلية عمليات التخطيط والتنظيم والتوجيه.

8 تقييم فاعلية القرار Evaluating decision effectiveness

وتعني هذه المرحلة تقييم نتائج القرار ومقدار معالجته للمشكلة. فالسؤال المهم الذي يطرح نفسه في هذه المرحلة هو: هل البديل الذي اخترناه في خطوة 6 وطبقناه في خطوة 7 قد حقق النتيجة المطلوبة، وهنا تقوم وظيفة الرقابة control function تقييم النتائج عن طريق مقارنة النتائج الحاصلة مع المعدلات المعيارية.

ماذا يحصل لو وجد المدير (بعد عملية التقييم) ان المشكلة لا تزال موجودة؟ يقوم المدير بتشريح طبيعة المشكلة والاسباب التي تساهم في وجودها. وهنا يحاول ان يسأل نفسه الاسئلة التالية: هل كان تشخيص المشكلة دقيقاً؟ هل حصل خطأ في تقييم البدائل؟ هل وقع الاختيار الصحيح على البديل الامثل؟ هل كان تنفيذ القرار دقيقا؟ وقد يتطلب الامر البدء بعملية صنع القرار من جديد. وفيما يلي مثال لخطوات صنع القرار الفاعل:

العوامل المساعدة في صنع الفاعل

المرحلة	النشاطات
تحديد المشكلة	– مسح البيئة لمعرفة الظروف المتغيرة – تصنيف الوضع إلى مشكلة او (لا وجود لمشكلة) – تشخيص طبيعة المشكلة واسبابها
وضع حلول بديلة	–تقليل انتقادات البدائل – تشجيع التفكير الابتكاري – طرح اكبر عدد من الافكار – اجراء التنسيق والتطوير على الافكار
تقييم واختيار البديل	– تقييم الجدوى – تقييم الجودة – تقييم امكانية القبول Acceptability – تقييم التكاليف – تقييم التراجع Reversibility
تنفيذ ومراقبة البديل	– تخطيط تنفيذ الحل – معرفة مدى تاثير الحل على الآخرين – تطوير الية للمتابعة

ويمكن أن نعطي مثال واقعي تتدرج فيه خطوات عملية صنع القرار ابتداء بتشخيص المشكلة وتحليل خلفيتها تشخيص أسبابها ثم وضع البدائل واختيار البديل الأمثل وتنفيذ القرار وتقييم آثاره وإجراء التصحيحات اللازمة كما في الجدول التالي:

جدول (38) مثال على مراحل صنع قرار لشراء جهاز كومبيوتر

خطوة اولى	تشخيص المشكلة	تراكم الاعمال الكتابية ، عدك الدقة في الاعمال، تقارير بطيئة ، ملفقات مفقودة ، اغلاط .
خطوة ثانية	تحليل البيئة	تقادم آلة النسخ ، حاسبات بطيئة ، يوجد ميازنية للمكائن العصرية ، يوجد سكرتيرة متمكنة .
خطوة ثالثة	الوصف والتعبير بوضوح عن المشكلة	الحاجة للحصول على التقاري والخطابات والمكتبات السريعة والدقيقة .
خطوة رابعة	وضع البدائل	1- توظيف سكرتيرة ثانية . 2- تعاقد مع شركة خارجية . 3- شراء آلة لها ذاكرة ومواصفات اضافية . 4- شراء كومبيوتر صغيرة .
خطوة خامسة	وضع البدائل	1- توظيف سكرتيرة جديدة حل معقول ولكنه لا يحل الدقة ومواصفات اضافية . 2- التعاقد مع شركة خارجية يكون عالي التكاليف . 3- الحسابات والتقارير لا تزال يدوية . 4- الكمبيوتر مكلفة ولكنها تناسب جميع الظروف وتحل المشكلة .
خطوة سادسة	اختيار البديل	شراء كومبيوتر صغيرة
خطوة سابعة	تنفيذ القرار	1- اطلب عطاءات وقارنها مع بعض . 2- اوجد برمجيات ملائمة . 3- ابدا بتدريب الموظفين .
خطوة ثامنة	التقييم والتصحيح	- افحص وقارن انجاز الاعمال لمدة 30 يوم . - نحتاج إلى تدريب أفضل .

(3) مستويات صنع القرار leveles of decision making :

من إحدى التقسيمات السائدة يطرحها العالم الإداري (سايمون) simon الذي يقول بأن كل القرارات يمكن تصنيفها إلى مجموعتين(13) الأولى تسمى القرارات المبرمجة، وتكون متكررة، وروتينية لدرجة وجود إجراءات Procedures محددة لتنفيذها. أما النوع الثاني فهو القرارات غير المبرمجة وتكون معقدة وتتبع نظام ليس باستطاعة صانع القرار من تحديده، حيث يعتبر كل قرار فريدا من نوعه Unique إلى درجة أنه لا توجد طريقة أو أسلوب method جاهز للتعامل مع المشكلة.

أما العالم الإداري بيتر دركر peter Drueker فيقترح مصطلحات مختلفة لهذه الأنواع من القرارات مكونة من نوعين (14) عام متكرر Generic وفريد من نوعه Unique. فالنوع العام يكون روتيني ويتعامل مع علاقات سببية وأثرية متوقعة predicatible cause and effect ويستخدم قنوات معلوماتية جاهزة Defined imformation channels وتتوفر له معايير قراراتية ثابتة Definite decision criterial ويكون هناك اعتماد كلي على مجموعة قواعد وإجراءات محددة لإصدار مثل هذه القرارات. أما القرارات الفريدة من نوعها فتحتاج إلى اجتهادات وأحكام شخصية judgemenet and creativity لأنها قرارات مركبة complex ولها خاصية عدم التأكد نقص المعلومات Incomplete information and uncretainity أما العالم الإداري أنسوف Ansoff فيصنف القرارات إلى ثلاثة أنواع (15) وهي قرارات استراتيجية وإدارية وتشغيلية كما هو موضح في الشكل في الصفحة التالية:

شكل (64) مستويات صنع القرار

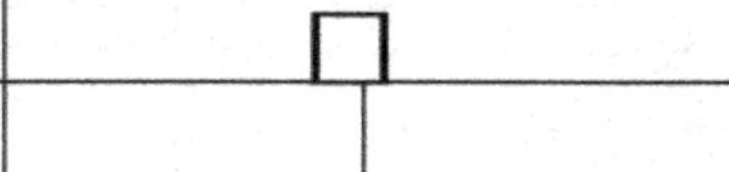

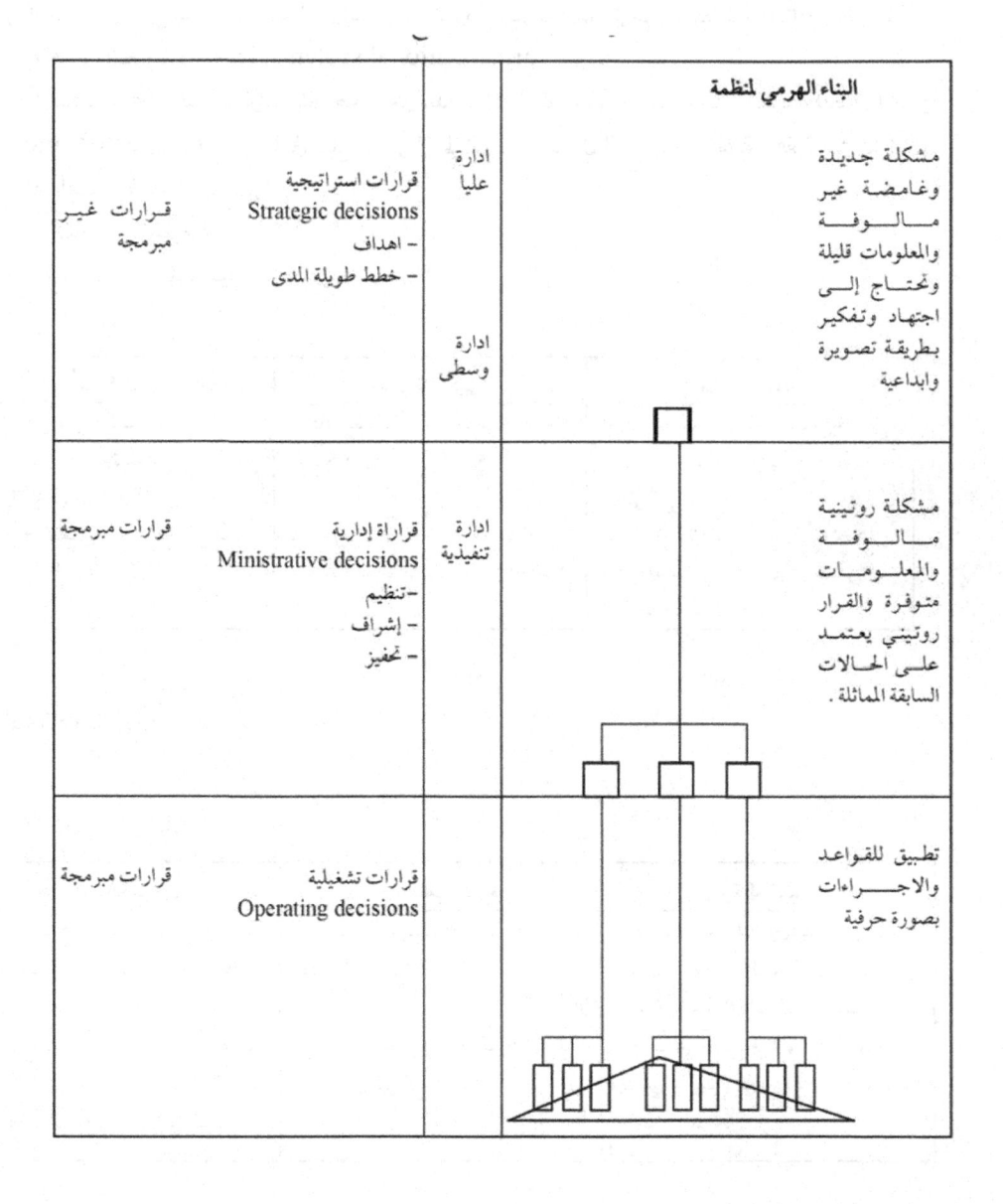

البناء الهرمي لمنظمة			
مشكلة جديدة وغامضة غير مالوفة والمعلومات قليلة وتحتاج إلى اجتهاد وتفكير بطريقة تصويرة وابداعية	ادارة عليا ادارة وسطى	قرارات استراتيجية Strategic decisions - اهداف - خطط طويلة المدى	قرارات غير مبرمجة
مشكلة روتينية مالوفة والمعلومات متوفرة والقرار روتيني يعتمد على الحالات السابقة المماثلة .	ادارة تنفيذية	قراراة إدارية Ministrative decisions -تنظيم - إشراف - تحفيز	قرارات مبرمجة
تطبيق للقواعد والاجراءات بصورة حرفية		قرارات تشغيلية Operating decisions	قرارات مبرمجة

إن مثل هذا التصنيف مفيد جداً لأنه يوضح أهمية القرارات الضمنية للمديرين. فالطبقة الأولى وهي قرارات استراتيجية(وتصنع في محيط الإدارةالعليا) تشبه تصنيف سايمون للقرارات غير المبرمجة وتصنيف دركر للقرارات الفردية وتتعلق بالاهداف الخطط طويلة الأمد والتي تدور في دائرة الإدارة العليا كما هوموضح في الشكل. ويقوم أنسوف بتقسيم نوع القرارات المبرمجة للعالم سايمون والقرارات لعاة دركر إلى قرارات إدارية تصنع في محيط الإدارة الوسطى والقرارات التشغيلية أو الفنية تصنع في محيط الإدارة الدنيا). والنوع الأخير يتعلق بالقرارات الروتينية والتي يمكن وصفها بالقواعد والطرق والإجراءات، بينما يكون النوع الذي يسبقه (القرارات الإدارية) أكثر تعقيداً وتهتم بالسيطرة control والدافعية motivation والنظم الإدارية 16)organizational systems).

إن هذه التقسيمات الإضافية للقرارات المبرمجة تشكل مدخلاً اكثر واقعية في تحديد تصنيفات مفيدة للطرق الإدارية Management methods المتبعة في صنع القرار في المنظمات والجدول التالي يعطي أمثلة واقعية عن القرارات التنظيمية المختلفة في منظمات كبيرة:

أمثلة على القرارات التنظيمية

القرارات الاستراتيجية / المؤسسية (إدارة عليا)

شركة بترول	مستشفى كبيرة	وكالة فضاء
أ- هل نقوم بالتنقيب عن البترول في البحر او تستخدم الفحم واليورانيوم؟ ب- كيف نتعامل مع السياسة العامة للدولة؟	أ- هل نضيف قسم جديد للعلاج بالاشعة؟ ب- هل نفتح خدمات اسعاف متنقلة خارجية غير خدمات الطوارئ الحالية؟	أ- هل نطلب من البرلمان هويل مشروع طموح جديد قبل الانتهاء من البرنامج الحالي؟ ب- هل نقوم باستثمار الاموال على مشروعات في عالمنا الذي نعيش فيه بدلا من الفضاء؟

القرارات الادارية (إدارة وسطى)

شركة بترول	مستشفى كبيرة	وكالة فضاء
أ- ما هي المنطقة (الارض او البحر) التي نستاجرها للقيام بالتنقيب؟ ب- ما هو المبلغ الذي نخصصه للانفاق على العلاقات العامة مقابل النفوذ السياسي في البرلمان؟	أ- كيف نقوم بالتوظيف في الوحدة الصحية الجديدة؟ ب- كيف نقوم بدمج افراد التنظيم الحاليين في البرنامج الجديد؟	أ- ما هو نوع المقاولين الفرعيين اللذين نعطيهم اعمال التنفيذ؟ أي جزء من الخطة؟ ما هي التكلفة التي نتوقعها؟ ب- ما هي النسبة المئوية في المهام التي تحتوي عليها برنامج الفضاء للسنوات الخمس القادمة؟

القرارات الفنية (إدارة دنيا)

شركة بترول	مستشفى كبيرة	وكالة فضاء
ا- اين نحفر بئر البترول؟ ب- من هم اعضاء البرلمان أو الحكومة الذين نقوم بالتركيز عليهم لاقناعهم بالفكرة. ؟	ا- ما هو العلاج المناسب لأحد المرضى؟ ب- هل نقوم بالتدريب الصحي في الوحدة الصحية أم خارجيا؟	أ- كيف نبني متحفا فضائيا؟ ما هو الحجم؟ ب- ما هي التجارب التي نستخدمها لفائدة الفضاء القريب من الارض؟

(4) عمومية صنع القرار thepervasiveness of decision making

كل فرد في المنظمة يساهم في صنع القرارات، ولكن عملية صنع القرار مهمة بصورة خاصة في كل نواحي عمل المدير. إن صنع القرار يكون جزءاً مهماً في كل الوظائف الإدارية الأربعة. ولهذا السبب فإن الميدرين عندما يقوموا بالتخطيط والتنظيم والقيادة والرقابة يطلق عليهم غالباً صانعو القرار. وفي الحقيقة يمكن القول بأن صنع القرار decision making مرادف للإدارة 17)managing) والجدول التالي يبين علاقة عملية صنع القرار مع الوظائف الإدارية الأربعة:

جدول (36)صنع القرارات في الوظائف الإدارية

1- التخطيط - ما هي الاهداف طويلة المدى في المنظمة؟ - ما هي الاستراتيجيات التي تتمكن من تحقيق هذه الاهداف؟ - ما هي الاهداف قصيرة المدى في المنظمة؟ - ما هي صعوبة كل الاهداف؟
2- التنظيم - ما هو عدد المرؤوسين الذين يقعون تحت الاشراف المباشر لكل مسؤول؟ - ما هو مقدار المركزية اتي يجب توفرها في المنظمة؟ - كيف نقوم بتصميم الوظائف؟ - متى تقوم المنظمة بتطبيق بناء مختلف عن البناء الحالي؟

3- القيادة - ما هي النشاطات التي تحتاج الى رقابة في المنظمة؟ - ما هو أكثر الاساليب القيادية فاعلية في حالة معينة؟ - كيف يؤثر تغيير محدد على انتاجية العامل؟ - ما هو الوقت المناسب لتفعيل النزاع؟
4- الرقابة - ما هي النشاطات التي تحتاج إلى رقابة في المنظمة؟ - كيف نمارس الرقابة على تلك النشاطات؟ - متى يكون الانحراف عن الأداء المعياري مهم؟ - ما هو نوع نظام المعلومات الادارية الذي يجب أن تستعمله المنظمة؟

والحقيقة ليس كل ما يصنع المديرون من قرارات تكون عالية الأهمية ومعقدة وواضحة للمراقب الخارجي بل الكثير من القرارات التي يصنعها المدير تكون روتينية.

(5) محددات صنع القرار the managr as decistion maker

توجد عدة طرق للتوصل إلىصنع القرار في المنظمات، وتشمل ثلاثة أنواع(18): القرارات الرشيدة rational decisions والقرارات محدودة الرشد bounded rationality decisions والقرارات الاجتهادية intuitive decisions وفيما يلي شرح لكل واحد من هذه الأنواع:

أ- القرارات الرشيدة : تفترض بأن صنع القرار الإداري يكون رشيداً ويعني ذلك بأن يقوم المديرون بصنع خيارات ثابتة consistent تحقق قيمة قصوى value maximizing في ظل قيود معينة، أما افتراضات صفة الرشد في صنع القرار فتشمل على الآتي(19):

1- وضوح المشكلة: يمتلك صانع القرار كل المعلومات المتعلقة بالقرار.

2- التركيز على الهدف: يكون لدى صانع القرار هدف محدد واحد يرغب في تحقيقه سواء كان القرار يتعلق بشراء جهاز كومبيوتر أو الالتحاق بالجامعة أو تسعير سلعة جديدة أو الحصول على وظيفة.

3- بدائل معروفة: يفترض بصانع القرار أن يكون مبتكراً وأن يحدد كل المعايير ويحدد كل البدائل وآثار كل بديل.

4- أفضلية واضحة: تفترض صفة الرشد بإمكانية ترتيب كل المعايير والبدائل حسب الأهمية.

5- أفضلية ثابتة constant preferences وتعني ثبوت معايير القرار والقيم المعطاة لكل واحد من تلك المعايير.

6- عدم وجود قيود للكلفة أو الزمن no time or cost constraints يستطيع صانع القرار الرشيد أن يحصل على معلومات كاملة حول معايير Criteria القرار والبدائل لأنه يفترض عدم وجود قيود أو حدود للكلفة أو الزمن الذي تحتاجه عملية صنع القرار.

7- إعطاء أعلى مردود maximum payoff دوماً يختار صانع القرار البديل الذي يعطيه أعلى مردود.

وتعني كل هذه الافتراضات بأن القرارات تصنع بالطريقة التي تحقق أفضل المصالح الاقتصادية للمنظمة، أي أن صانع القرار يقوم بتعظيم مصالح المنظمة وليس مصالحة الشخصية.

يستطيع صانعو القرار من تحقيق القرار الرشيد في حالة توفر الظروف التالية: المشكلة بسيطة والأهداف واضحة والبدائل محدودة وضغوط الوقت قليلة والكلفة منخفضة والثقافة التنظيمية مساندة للإبداع والمخاطرة والنتائج ملموسة وقابلة للقياس. لكن معظم القرارات التي يواجهها المديرون في عالمنا الواقعي لا تتوفر لها تلك الظروف، لذلك يلجأ المديرون إلى ما يسمى بالقرارات محدودة الرشد.

ب- القرارات محدودة الرشد Bounded rationality decisionos: يقوم المديرون بوضع نماذج مبسطة Simplified models التي تستخرج المعالم الجوهرية من المشاكل دون التركيز على الجوانب المعقدة فيها. ولما كانت عمليات معالجة المعلومات محدودة ووجود قيود عليها تفرضا المنظمة، عندئذ يحاول المديرون التصرف برشد داخل حدود النموذج البسيط، والنتيجة تكون صنع القرار الواقعي satisgficing decision بدلا من القرار الأمثل maximizing decision وهو القرار الذي يكون فيه الحل مرضي Satisfactory أو جيد Good enough وفي الحدول التالي نبين الفروقات الرئيسية بين القرارات الرشيدة والقرارات محدودة الرشد.

جدول (40) مقارنة القرار الرشيد والقرار محدود الرشد

مرحلة صنع القرار	القرار الرشيد	القرار محدود الرشد
1- صياغة المشكلة Problem formulation	تحديد مشكلة تنظيمية مهمة	تحديد مشكلة ظاهرة Visible التي تعكس مصلحة وخلفية المدير .
2- تحديد معايير القرار Criteria	تحديد كل المعايير .	تحديد بعض المعايير
3- وضع أوزان للمعايير Weights	تقييم كل المعايير واعطاؤها قيمة بالنسبة لاهميتها لهدف المنظمة .	وضع نموذج مبسط لتقييم المعايير والتي يؤثر عليها مصلحة المدير .
4- وضع البدائل Development of alrernatIves	وضع قائمة شاملة لكل البدائل	توضع قائمة محدودة للبدائل .
5- تحليل البدائل	تقييم كل البدائل على أساس المعايير ومعرفة الآثار Consequences لكل بديل .	اختيار البدائل المفضلة وتقييمها على أساس معايير القرار .
6- اختيار بديل	تعظيم القرار Maximizing decicion نختار البديل الذي يحصل على أفضل ناتج قتصادي بالنسبة لهدف المنظمة .	القرار الواقعي Satisficing Decision يستمر البحث حتى نتوصل إلى حل مرض ومقنع .
7- تطبيق البديل	يوافق معظم اعضاء التنظيم على الحل .	الساسة والقوة تؤثر على قبول القرار والالتزام به
8- التقييم	تقييم نتائج القرار مع المشكلة الاصلية بصورة موضوعية .	تقاس نتائج القرار بطرق بعيدة عن الموضوعية وتتدخل بها مصالح المقيم وقد تضاف موارد جديدة لتنفيذ القرار البالغ من عدم التخطيط لها مسبقا نتيجة للفشل الذي قد يمر به تنفيذ القرار .

ج- القرارات الاجتهادية intuitive decision وتعمد على الخبرة والأحكام المتراكمة Accumulated judgment كما وتلعب الجرأة Gut feeling دوراً مهماً في صنع القرارات الاجتهادية وخصوصاً في الحالات التي لا تتوفر فيها المعلومات الكاملة وفي المواقف التي تحتاج إلى قرارات سريعة مثل الأزمات والأحداث الطارئة وسواء يستخدم المديرون الطريقة الرشيدة أو محدودة الرشد أو الاجتهادية في صنع القرارات، تبقى الحقيقة الإدارية وهي مواجهتهم لأنواع مختلفة من المشاكل التي تحتاج إلى صنع القرارات.

(6) العلاقة بين نوع المشكلة ونوع القرار

يواجه المديرون أنواعاً مختلفة من المشاكل والقرارات أثناء قيامهم بأعمالهم أي في عمليات تجميع **integrate** وتنسق Coordinate أعمال الآخرين. ويعتمد المدير على طبيعة المشكلة لكي يستخدم قرارات مختلفة، وتشمل القرارات المبرمجة programmed decisions والقرارات غير المبرمجة non programmed decistions.

القرارات المبرمجة تعني القرارات الروتينية والمكررة ويتوفر مدخل محدد يجب اتباعه في معالجة وحل المشكلة. وتكون المشكلة معروفة ومحدودة Well structured والمدير لا يحتاج حلاً جديداً يتطلب منه الجهد والوقت والتفكير. إن عملية صنع القرار المبرمج تكون بسيطة وتعتمد بشكل أساسي على الحلول السابقة. ويعتمد المدير على الإجراءات والقواعد rules والسياسات الإدارية policies.

فالإجراء هو سلسلة من الخطوات المترابطة التي يستخدمها المدير لمواجهة مشكلة معروفة، والصعوبة الوحيدة هنا هو تشخيص المشكلة. فعندما تكون المشكلة واضحة كذلك يكون الإجراء، مثل إجراءات شراء أجهزة كومبيوتر. أما القاعدة فهي بيان statement تخبر المدير بما يتوقع منه عمله أو عدم عمله. فالقواعد تستخدم من قبل المديرين عندما يواجهون مشاكل واضحة جداً لأن هذه القواعد سهلة التطبيق وثابتة مثل القواعد التي تطبق على الموظفين الذين يتأخرون أو يتغيبون عن العمل. أما السياسة فتجهز المديرين بالإرشادات لتوجيه تفكير المدير ي اتجاه معين. ومقارنة بالقاعدة فإن السياسة تضع مؤشرات لصانع القرار بدلاً من أن تبين ما يجب أو ما لا يجب عمله. وعادة تشتمل السياسات على مصطلحات غامضة يترك تفسيرها لصانع القرار، ومن الأمثلة على السياسات:

(أ) العملاء لهم الأولوية ويجب ان يحصل على رضاهم.

(ب) كلما امكن، نقوم بترقية الموظفين الموجودين داخل المنظمة بدلاً من التوظيف من الخارج.

(ج) تكون أجور العاملين منافسة في المجتمع المحلي.

أما القرارات غير المبرمجة فتعني وجود مشاكل غير مألوفة أو جديدة وتكون المعلومات حول هذه المشاكل غامضة أو ناقصة أو غير مكتملة، مثلاً صنع قرار حول بناء مركزي رئيسي جديد للشركة أو صنع قرار بخصوص أقفال إدارة رئيسة خاسرة. وفي هذه الحالات لا يوجد حل وحيد وواضح بل يحتاج الأمر إلى صناعة قرار يناسب الحالة الجديدة ويسمى بالقرار غير المبرمج. وفي الرسم التالي نوضح العلاقة بين نوع المشاكل ونوع القرارات والمستوى التنظيمي:

شكل (65) العلاقة بين نوع المشكلة ونوع القرار والمستوى الإداري

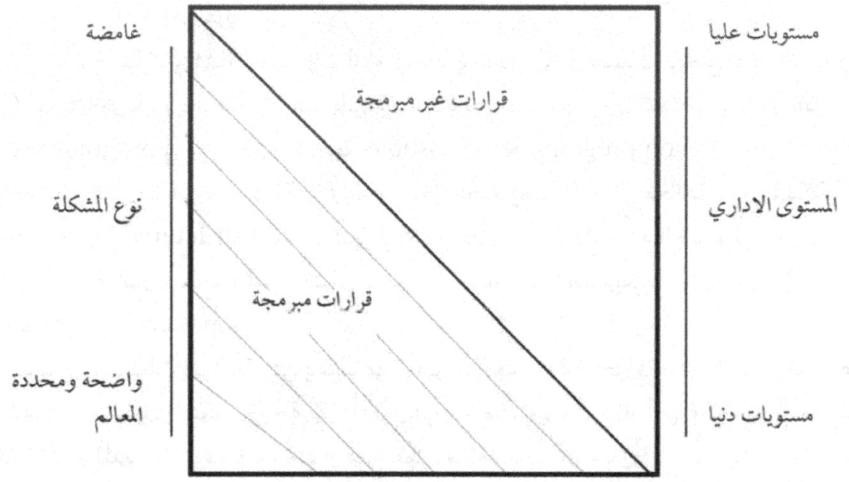

وفيما يلي أمثلة حقيقية توضح الفروقات الرئيسية بين القرارات المبرمجة والقرارات غير المبرمجة كما في الجدول (41):

نوع المنظمة	قرار مبرمج	قرار غير مبرمج
مطعم للوجبات السريعة	تحديد التجهيزات اللازمة للوجبات المطلوبة.	تحديد موقع جديد لفرع يتوقع تشييده.
جامعة	اتخاذا قرار اذا كان الطلبة مؤهلين للدراسات العليا.	اختيار برنامج اكاديمي جديد.
مصنع سيارات	تحديد أجور العاملين النقابين.	اختيار تصميم سيارة جديدة.

ويواجه المديرون في المستويات الدنيا مشاكل مألوفة ومكترة ويعتمدون على القرارات المبرمجة مثل الإجراءات العملية القياسية(SOP) standard operating procedures والقواعد والسياسات الإدارية. ويكون نوع المشاكل التي تواجه المديرين غير معروفة كلما ترقينا إلى الأعلى في الهرم التنظيمي، والسبب هو أن المديرين في المستويات الدنيا يعالجون القرارات الروتينية ويرفعون إلى المستويات الأعلى القرارات التي يجدونها غير مألوفة وصعبة. وبنفس الطريقة يبعث المديرون في المستويات العليا بالقرارات الروتينية إلى مرؤوسيهم لكي يتفرغوا للقضايا الصعبة والمهمة.

(7) ظروف صنع القرار Decision making conditions

يوجد ثلاثة ظروف(20) تواجه المديرون عندما يصنعون القرارات : (1) الظروف المؤكدة 2) .Certainty) المخاطرة 3) Risk) الظروف غير المؤكدة unceratainty.

وتكون حالة الظروف المؤكدة هي الوضع المثالي لصنع القرار أي أن الدير يقوم بصنع قرارات دقيقة لأن ناتج outcome كل بديل يكون معروفاً. فمثلاً يستطيع مدير شركة أن يعرف في أي بنك يقوم بإيداع مبلغ من المال ومقدار سعر الفائدة الذي يحصل عليه وبذلك يكون متأكداً من نتيجة العملية لكل بنك وسعر الفائدة الذي يمنحه كل بنك. ولكن هذه القرارات تتصف بالمثالية أكثر من الواقعية، لأن الظروف التي تواجه المنظمة غالباً ما تكون غير مؤكدة ومعقدة.

أما المخاطرة فهي الظروف التي يقوم صانع القرار بتقديم احتمال نتائج القرار الذي يتخذه في ظلها، ويكون هذا الاقتدار مستنداً على الخبرة أو المعلومات الثانوية. وفي مثل هذه الظروف يمتلك المدير بيانات تاريخية تسمح له بتقدير الاحتمالات لكل بديل. وتعني الظروف غير المؤكدة التي يعمل المديرون في ظلها وهم غير متأكدين من النتائج ولا يستطيعوا من احتساب احتمالات متوقعة. ففي هذه الحالة يتأثر اخيار البديل بالمعلومات المحدودة المتوفرة لدى صانع القرار. وفي الرسم التالي نبين طبيعة القرارات التي تواجه المخاطرة حينما يتخذ المديرون القرارات تحت ظروف معروفة أو غير معرفة:

شكل (66) طبيعة القرار وأنواعه

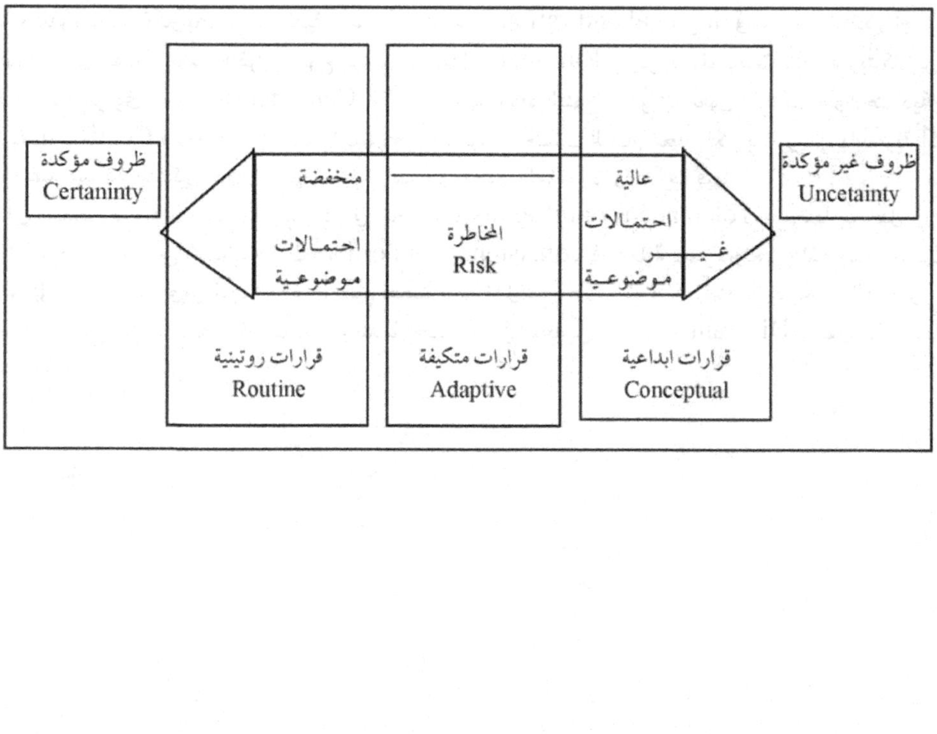

(8) نماذج صنع القرار Decisionmaking styles

تصنف إحدى وجهات النظر صانعي القرار بأن لديه ثلاثة مداخل للتعامل مع المشاكل التي تواجههم في مكان العمل وهي:

(أ) الأسلوب الذي يتجنب المشكلة problem avioder

(ب) الأسلوب الذي يحل المشكلة problem solver

(ج) الأسلوب الذي يبحث عن المشكلة problem seeker

يعني الأسلوب الأول وهو اسلوب تجنب المشكلة أن المدير يتجاهل المعلومات التي تشير إلى المشكلة، وهؤلاء المديرون يتصفون بالعجز inactive ولا يرغبون بمواجهة المشاكل. أما الأسلوب الثاني وهو اسلوب معالجة المشكلة وهو يوصف باتخاذ الاجراءات الرجعية reactive ويتعامل المدير مع المشاكل الذين يبحثون ويتحرون عن المشاكل من اجل إيجاد الحلول المناسبة لها قبل وقوعها ومتابعة الفرص الجديدة وهم يتبعون المدخل الاحترازي proactive من خلال توقع المشاكل.ويتبع المديرون جميع المداخل الثلاثة المذكورة أعلاه، فمثلاً توجد ظروف عندما تكون تجنب وتجاهل المشكلة أفضل حل، وفي أوقات أخرى يكون المدخل الرجعي هو الخيار الوحيد لأن المشكلة تحدث بسرعة كبيرة. ومع ذلك فإن المنظمات الابتكارية والإبداعية تحتاج إلى مديرين يتبعون المدخل الاحترازي الذي يبحثون فيه عن الفرص والطرق التي تساعد على إنجاز الأعمال بشكل أفضل.

أما وجهة النظر الثانية فتقترح أن الناس يختلفون في صنع القرار مستندين على بعدين Two dimensions. فالبعد الأول يميل فيه صانع القرار إلى التفكير بطريقة منطقية ورشيدة عقلانية logiqcal and rational في عمليات التفكير أو معالجةالمعلومات قبل القيام بإصدار القرار فالنوع الرشيد أو العقلاني Rational ينظر إلى المعلومات منظمة ويتأكد من أنها منطقية ومصدر موثوق به وثابتة Consistent قبل اتخاذ القرار. أما النوع الآخر فيتصفون بالابتكارية والاجتهادية Ceative and intuitive فالأنواع الاجتهادية لا تستوجب المعلومات حسب النظام محدد لكن ينظرون إليها بحرية أكبر وبدون نظام مقيد وموجه للتفكير ويكون لديهم حرية واسعة في فحص المعلومات والتصرف فيها.

أما البعد الثاني فيتصف بمرونة التعامل مع الغموض في المعلومات Tolerance for ambiguity. فبعضها يتساهل في التعامل مع الغموض ويصر على الثبوتية والنظام consistency and order في عملية تجميع وتجهيز المعلومات بحيث يصل الغموض إلى حده الأدنى. ومن الجهة الأخرى يقوم بعضنا بالتساهل مع حالات توجد فيها درجة عالية من الغموض وبنفس الوقت نستطيع من معالجة أفكار عديدة. وعندما يجمع هذين البعدين في مخطط Diagram نحصل على اربعة أساليب لصنع القرار:

(أ) الأسلوب التوجيهي **directive**
(ب) الأسلوب التحليلي **Analytic**
(ج) الأسلوب النظري/ الفكري **Conceptual**
(د) الأسلوب السلوكي **Behavioral**

والرسم التالي يوضح هذه الأساليب الأربعة:

شكل (67) نماذج صنع القرار

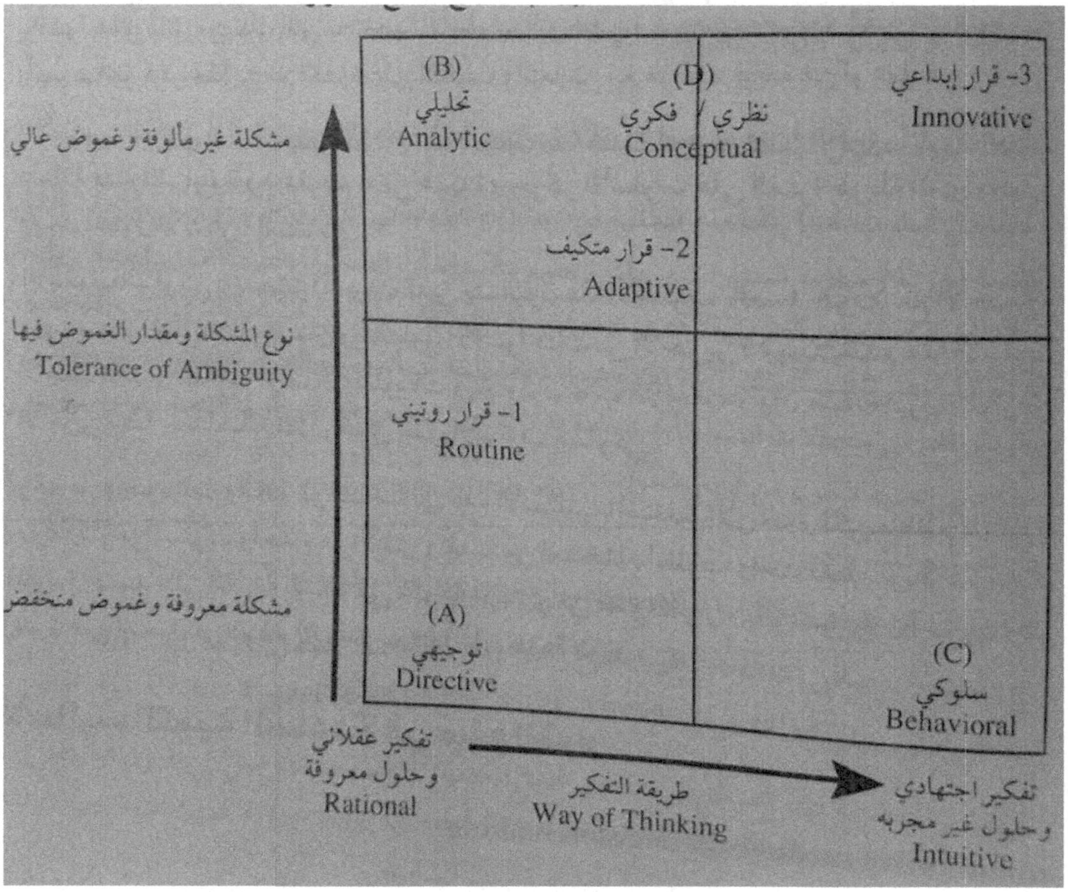

(أ) الأسلوب التوجيهي : ليس للأسلوب التوجيهي أي تساهل مع الغموض حيث يستخدم الأسلوب العقلاني الرشيد في طريقة تفكيرهم. ويوصف الأفراد الذين يتبعون هذا الاسلوب بالكفاءة والمنطقية. فالأنواع التوجيهية تصنع القرارات بطريقة سريعة وتركز على الفترات الزمنية القصيرة المدى. إن الكفاءة والسرعة المستخدمة في صنع القرار ينتج عنها حد أدنى Minimal من المعلومات وتقييم بدائل محدودة.

(ب) الأسلوب التحليلي : يتصف بوجود تساهل كبير مع الغموض مقارنة مع الأسلوب التوجيهي. يحتاج هذا النوع من صانعي القرارات أن يحصلوا على معلومات أكثر قبل مرحلة اتخاذ القرار وأن يناقشوا بدائل أكثر من تلك التي يحتاجها الأسلوب التوجيهي. ويوصف صانعو القرارات التحليلية بأنهم صانعو قرار حذرين مع القدرة على التكيف والتعايش مع مواقف فريدة من نوعها.

(ج) الأسلوب الفكري أوالنظري: يميل هذا الأسلوب إلى الأفق الواسع والحرية الكبيرة في النظر إلى عملية صنع القرار ويقوم بتقييم بدائل عديدة، ويركز الأسلوب على الفترة طويلة المدى ويتميز بإيجاد الحلول الابتكارية للمشاكل.

(د) الأسلوب السلوكي: يتميز المديرون الذين يتبعون هذا الأسلوب بالعمل الودي مع الآخرين، ويهتمون بإنجازات المرؤوسين ويتقبلون الاقتراحات من الآخرين. ويستخدم هذا الأسلوب الاجتماعات واللقاءات لإيصال المعلومات ويحاولون تجنب النزاعات، وإن مسألة قبول القرار من الآخرين مهمة جداً لصانع القرار الذي يطبق الأسلوب السلوكي.

وبالرغم من وجود الفروقات الواضحة بين هذه الأساليب المختلفة الأربعة، لكن معظم المديرون يستخدمون أكثر من اسلوب واحد وهو الأكثر واقعية من استخدام أسلوب واحد فقط. وبالرغم من أن بعض المديرين يعتمد على أسلوبه السائد في سلوكه الإداري في صنع القرار، يكون مديرون آخرون أكثر مرونة وقدرة على التحول من نموذج إلى آخر مستنداً على طبيعة الموقف.

(9) الأساليب الكمية المساعدة في صنع القرار

quantitative methods in decision making

تعتبر هذه الأساليب نوع من التقنيات التي يمكن استخدامها لمساعدة صانعي القرار بدلاً من كونها بديلاً للمداخل للمداخل الأربعة التي ناقشناها أعلاه، وتشتمل على ثلاثة أساليب رئيسية وفروعها وهي:

9-1 أسلوب تحليل المنفعة / الكلفة Benefit / cost / analysis

9-2 أسلوب التحليل الشبكي Network Analysis وتشتمل على الاساليب الفرعية التالية:

9-2-1 أسلوب تقييم ومراجعة البرامج Pert

9-2- طريقة المسار الحرج cpm

9-2-3 نظرية الاحتمالات probability

9-2-4 شجرة القرارات decision tree

9-3 أسلوب بحوث العمليات Operations research ويشتمل على الاساليب الفرعية التالية:

9-3-1 البرمجة الخطية linear programming

9-3-2 نظرية الانتظار Queuing theory

9-3-3 التماثل simulation

9-1 مدخل تحليل المنفعة / الكلفة Benefit / cost analysis

يستعمل أسلوب تحليل المنفعة/ الكلفة في مجالات عديدة في الإدارة الحكومية مثل خدمات النقل العام ومكافحة الجريمة وسلامة السيارات وحقل التعليم والسياسات الصحية تخطيط القوى العاملة. والغاية من هذه الأسلوب هو تحديد الطريق الأفضل لصرف الأموال العامة بدلاً من صرفها بطرق أخرى مختلفة. ففي حالة الموافقة على تشييد مشروع، نقوم بتعداد ومقارنة كل الفوائد والتكاليف بالنسبة للمجتمع. وهذاا لأسلوب نافع في مجالات السياسات العامة مثلاً لتأمين الصحي الوطني أو مكافحة الجريمة. يحتوي هذا المدخل على عملية تتكون من أربع خطوات.

أ- تصميم المشروع

ب- بيان كل منافع وتكاليف المشروع بالنسبة للمجتمع وإعطاء كل منها قيمتها النقدية

ج- احتساب صافي المنفعة عن طريق طرح التكاليف الكلية من إجمالي المنافع.

د- في ضوء معلومات الخطوات الثلاث السابقة نقوم باتخاذ القرار النهائي.

وبصورة أساسية فإن الغرض من مدخل تحليل الكلفة/ المنفعة هو التوصل إلى قبول أو رفض مشروع مقترح، ولاختيار حجم المشروع المناسب، واختيار أحد البدائل من بين الاختيارات العديدة ولاختيار المشاريع وتقرير حجمها وتقييدها بالميزانية المخصصة لتلك المشاريع.

9-2 التحليل الشبكي network analysis

عندما يتخذ القرار بالنسبة لبرنامج أو مشروع، تبقى المشكلة تواجهنا في كيفية جدولة أجزاء البرنامج لفترة زمنية معينة وكيفية توزيع الموارد للأجزاء المختلفة للمشروع وإعادة جدولة النشاطات في حالة تغير الظروف، وفي هذه المرحلة من التخطيط نواجه صعوبة واضحة خصوصاً عندما تكون المهام والنشاطات غير

متكررة. وقد تطورت بمرور الزمن أربعة أنواع من تقنيات الشبكات التحليلية التي نستخدمها لجدولة المشاريع الضخمة التي تحتوي على مهام وعمليات عديدة ومتداخلة وهي :

9-2-1 أسلوب تقييم ومراجعة البرامج Pert (program evaluation and review technique).

9-2-3 طريقة المسار الحرج (CPM) critical path method

9-2-3 نظرية الاحتمالات Probability theory

9-2-4 شجرة القرارات Decision tree

وفيما يلي شرح لكل منها:

9-2-1 أسلوب تقييم ومراجعة البرامج PERT

ويقوم هذا الأسلوب بتجزئة المشروع إلى نشاطات ومهام متعددة وموصوفة بالتفصيل ثم يربطها ببعض بطريقة متتابعة. وبعد ذلك يعطي الوقت التقديري لإنجاز كل نشاط من الأنشطة لكي نختار من الأوقات التقديرية البديلة لكل نشاط أكثرها ملائمة للإسراع في انجاز المشروع كله، والخطوات التي يتطلبها هذا الأسلوب تتكون من الآتي:

أ- وصف النشاطات أو المهام الضرورية لإنجاز المشروع.

ب- وضع هذه النشاطات في تسلسل وظيفي متتابع زمنياً.

ج- وضع التقديرات الزمنية لكل نشاط من هذه الأنشطة وفرق العمل.

د- تحديد أقرب وقت يتم فيه إنجاز المشروع عن طريق احتساب أقصر مدة يستغرقها كل نشاط.

هـ- معرفة أطول وقت يستغرقه كل نشاط دون أن يسبب ذلك أي تأخير للتأريخ النهائي لإنجاز المشروع كله.

و- مراجعة الخطة وإجراء التعديلات للاقتصاد في إجمالي وقت التنفيذ عن طريق السيطرة على إعادة توزيع الموارد وتغيير توزيع العمال وإيجاد مسارات مهمة وخطوط عمل جديدة.

ويستخدم هذا الأسلوب في تخطيط العديد من المشاريع العامة وتشيد الأبينةوالمنتزهات وإقامة المعارض والتحضير لعقد المؤتمرات وإعداد البرامج التدريبية. ويمكن توضيح أسلوب PERT في المثال التالي للشكل :

شكل (68) تخطيط نشاط الفصل الدراسى حسب خريطة PERT

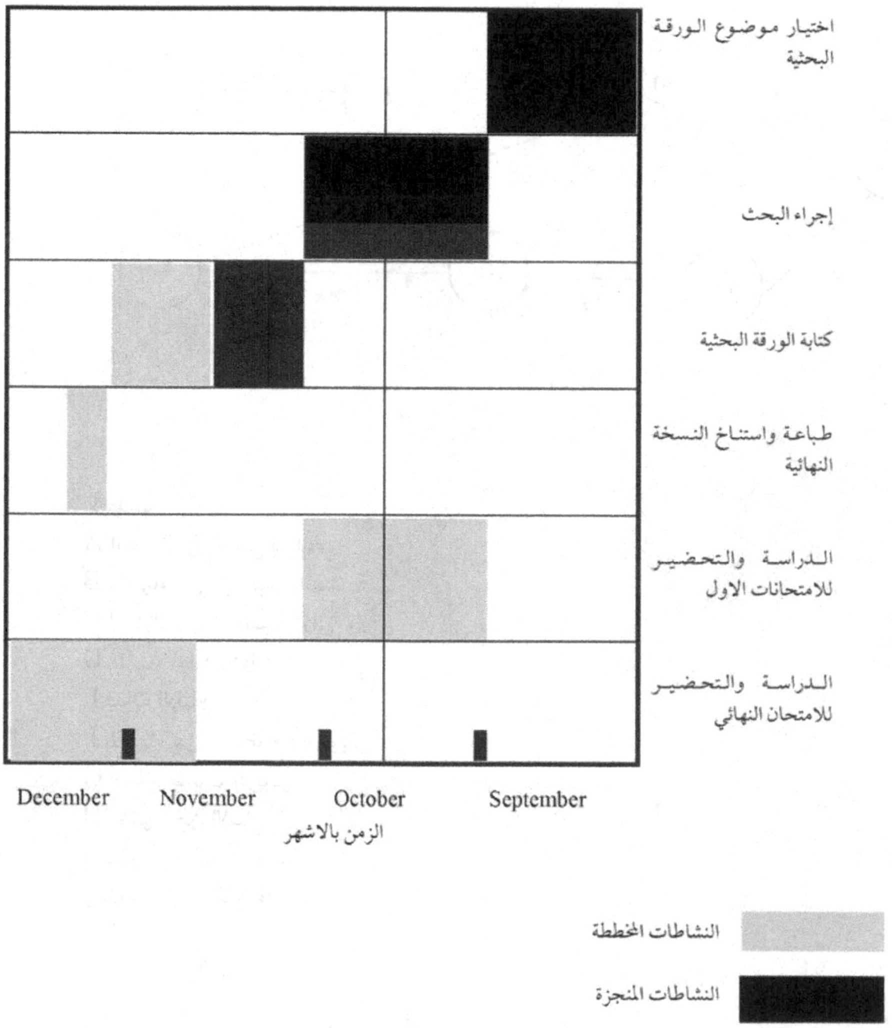

9-2-2 طريقة المسار الحرج Critical path Method

شكل (69) خارطة المسار الحرج (CPM)

استخدام طريقة PERT لتصنيع سلعة جديدة

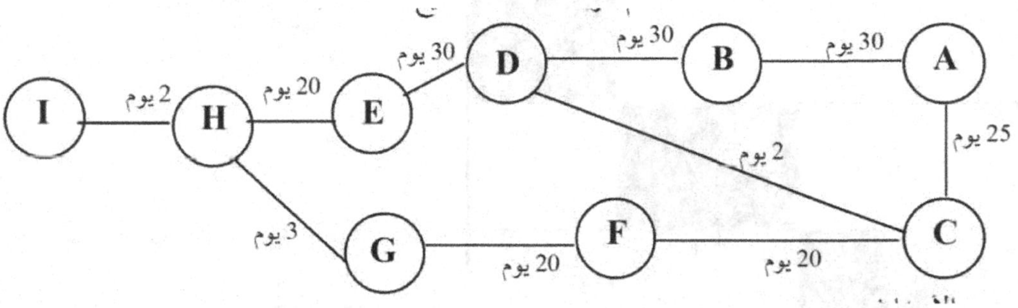

الأحداث

A اتخاذ القرار لصنع بضاعة
B الانتهاء من التصميم والهندسة
C الانتهاء من التخطيط المالي
D طلب الموارد الأولية
E بداية الإنتاج
F الانتهاء من التخطيط التسويقي
G استلام طلبات الزبائن
H الانتهاء من الإنتاج
I شحن أو ارسال البضاعة

وقت المسارات الثلاثة:

(المسار الحرج)								البطء
المسار الأعلى	A	B	D	E	H		I = 112 يوم	صفر
المسار الوسط	A	C	D	E	H		I = 79 يوم	33يوم
المسار الأدنى	A	B	F	G	E	H	I = 90 يوم	22صفر

- تبين الخطوات التي تتبعها المشروع لتسويق بضاعة جديدة. ويفترض المثال بأن التصميمات الأولية قد اكتملت وقد توفر ورشة ونظام توزيع.

- وتتمثل النشاطات بالدوائر أو العمليات التي يجب إنجازها وتوضح بداية ونهاية النشاطات.

- تمثل الأرقام عدد الأيام التي يحتاجها كل نشاط بصورة تقريبية. وهذه التقديرات تصنعها الأقسام الإدارية التي يقوم بالنشاطات. ولا يتمثل طول السهم طول المدة المطلوبة.

إن الوقت المطلوب لإكمال المشروع يتحدد بأطول المسارات.

وبالرغم من أن المسار الوسط يحتاج إلى 79 يوماً فقط لكنه لا يمكن إنجازه حتى النشاط من BD ينتهي.

وبالرغم من أن المسار الوسط يستطيع الوصول إلى نشاط D في 27 يوماً فقط إلا أن تسلسل النشاطات في المسار الأعلى تحتاج 60 يوماً، إلا أنه لا يمكن القيام بنشاطات أخرى أو التقدم في العمل حتى ننتهي من EDBA والتي تستغرق 90 يوماً.

لذلك، فالمسار الأعلى يحتاج إلى 112 يوماً وهو يعوق أو يمنع المسار الأعلى بالمسار الحرج critical path. وأي تأخير في المسار الحرج سوف يؤخر الانتهاء من المشروع. أما المسارين الآخرين فيوجد فيهما نوع من الانتظار Slack time، وبذلك يصبح من المحتمل تحويل بعض الأفراد أو المواد أو الآلات وغيرها من الموارد من المسارين الوسط والأدنى من أجل الإسراع في خط المسار الحرج.

مثال آخر عن استخدام طريقة المسار الحرج (CPM)

خطوات التحضير لعقد مؤتمر

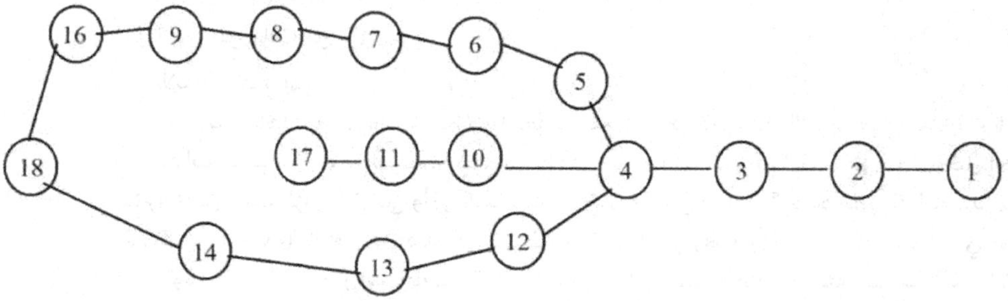

المسار الأعلى (المسار الحرج)= 16,9,8,7,6,5,4,3,2,1 مجموع الايام 40 يوم

المسار الأوسط = 17,15,11,10,4,3,2,1 = 14 يوم 26=14-40 يوم انتظار

المسار الأدنى = 17 = 14,13,12,4,3,2,1 يوم 23=17-40 يوم انتظار

1 تحديد يوم المؤتمر

2 تحديد موقع المؤتمر

3 اختيار رئيس المؤتمر
4 تحديد الخدمات التي يحتاجها المؤتمر
5 وضع برنامج المؤتمر
6 اختيار المتكلمين الرئيسي في المؤتمر
7 تحديد كلفة المؤتمر
8 إشعار المشاركين ببرنامج المؤتمر
9 طبع برنامج المؤتمر
10 تحديد التسهيلات التي تحتاجها كل قاعة من قاعات المؤتمر
11 تحديد الأشخاص الذين توزع عليهم الجوائز في المؤتمر
12 اختيار قائمة وجبات الطعام للحفلات
13 تحضير كلمات الخطابة لأصحاب الجوائز.
14 تحديد المتكلمين الرئيسين ضيوف الشرف في المؤتمر
15 ترتيب موقع ومكتب التسجيل في المؤتمر
16 ترتيب أمور الضيافة والمنامة الفندقة لأعضاء المؤتمر
17 تأمين المواصلات من وإلى المؤتمر
18 الانتظار لعقد المؤتمر

كما شاهدنا في أسلوب تقييم ومراجعة البرامج فإن طريقة المسار الحرج تقوم باستخدام شبكة التحليل والتقديرات الزمنية. إن هذا الأسلوب يضيف إلى الأسلوب السابق تقديرات الكلفة لكي نجد أفضل الطرق لإنجاز المشروع من حيث الزمن القياسي وأقل التكاليف. فالخطوة الأولى المتبعة في هذه الطريقة لتحديد المسار الحرج هي تقدير الوقت والكلفة الاعتيادية لكل نشاط ثم تقدير أقصر وقت وأقل كلفة لكل نشاط. وفي هذا الأسلوب يمكن توفير الوقت في إنجاز النشاطات على حساب زيادة التكاليف، وهنا نقوم بتقسيم التكاليف الإضافية على الوقت الذي قمنا بتوفيره لكي نحصل على الكلفة الأسبوعية لكل نشاط. وبعد ذلك نقوم بتصميم الشبكة التحليلية وحساب الوقت العادي والوقت الحرج لكي نحدد المسار الحرج كما يحصل في أسلوب PERT

9-2-3 نظرية الاحتمالات Probability theory

معظم القرارات والاجراءات تحتوي على عناصر المخاطرة وظروف غير مؤكدة. ويستفيد صانعو القرار من نظرية الاحتمالات في تخمين مقدار المخاطرة. وتستخدم هذه النظرية في مجالات كثيرة مثل شركات التأمين والمقامرة، للأن معرفة الاحتمالات مهمة جداولها مردود عالي فنلاحظ ان شركة التأمين ترفض اصدار سياسة (بوليصة) التأمين دون ان يكون لها معرفة عن مقدار الخسائر التي قر تتحملها الظروف المستقبلية. وحتى بالنسبة للمقامر الحذر فهو لا يراهن على احتمال يستبعد وقوعه تماما، وكذلك تكون أهمية التوقعات والاحتمالات بالنسبة للاداري مهمة عند الحاجة لاتخاذ قرار في مواقف معينة.

9-2-4 نظرية تحليل القرار (شجرة القرارات) Decision Tree

إن كثرة المشاكل التي تحتاج إلى قرارات عديدة في وقت محدد تسبب الصعوبة في عملية الفرز وإعطاء الأولويات والتحليل لصانعي القرارات. وعندما تصبح القرارات عديدة ومترابطة في تسلسل زمني وتحت ظروف غير مؤكدة، تبرز أهمية استخدام تحليل القرار لكي ندرك العناصر ونتوصل إلى القرار الذي يحقق لنا النتيجة المرغوبة. وتعتمد طريقة تحليل القرار على نموذج شجرة القرار لكي توضح عناصر المشكلة عن طريق تجزئتها إلى أجزاء ممكن إدارتها والتحكم فيها. إن شجرة القرار تعطينا الخريطة والطريقة الأرضية غير سالكة أو مطروقة سابقاً ثم توضح لنا أفضل الطرق التي يمكن استعمالها. وبذلك نستطيع القول بأن شجرة القرار هي خريطة تدفق أو انسياب القرارات الجزئية لمواجهة الجزيئات التي تتكون منها المشكلة الكلية لحل تلك الجزيئات بشكل انفرادي ومستقل ثم تعود فتجمع جزيئات المشكلة لكي تقدم حلاً شاملاً. ويأتي دور نظرية الاحتمالات في أسلوب تحليل القرار طالما نتعامل مع وقوع الأحداث بالصدفة. وتفرض شجرة القرار على المحللين عدة أمور منها:

أ- تعريف طبيعة مشكلة القرار.

ب- الاستخدام الواضح للبدائل ولدور الصدفة في حصول الأحداث.

وفي الرسم التالي نوضح عملية صنع القرار بواسطة استخدام شجرة القرار:

شكل (70) شجرة القرار

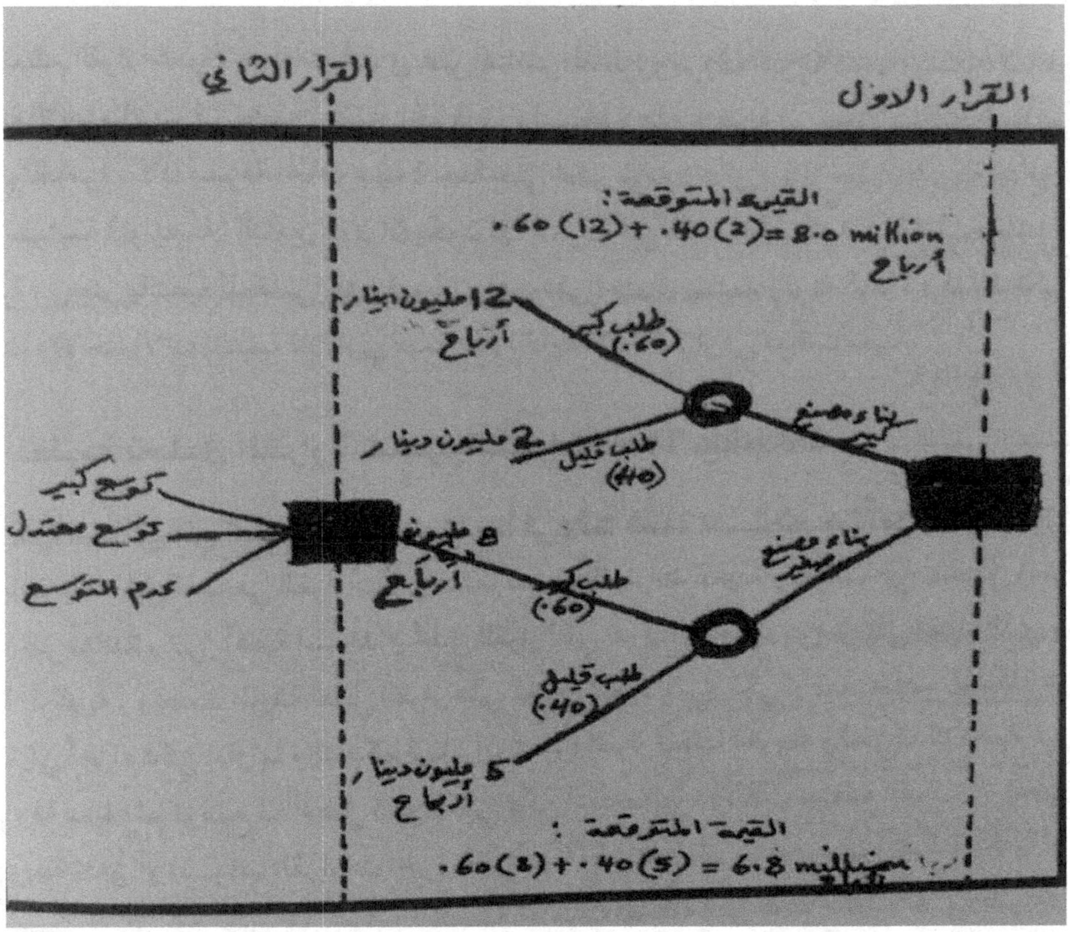

يبين نموذج شجرة القرار سلسلة من المسارات البديلة. كذلك يبين الفوائد الناتجة لكل مسار والاحتمالات المرافقة لظروف المستقبلية. ففي المثال أعلاه يواجه المدير اتخاذ قرار أولي ببناء مصنع كبير أو اختيار مصنع صغير في ظروف غير مؤكدة عن المستقبل. فإذا قام ببناء مصنع كبير وحصل أن الطلب على السلعة كبير فسوف يتحقق له ربحاً مقداره 12 مليون ديناراً. وإذا كان الطلب منخفض فسوف ينتج عنه 2 مليون دينار من الربح (هنا يكون الربح قليلاً لأن التكاليف الثابتة في المصنع الكبير تكون عالية".

إن الربح الذي تبلغ قيمته 2 مليون دينار في البديل الثاني عند بناء مصنع كبر هو أقل من الربح الذي يحصل عليه المصنع الصغير في الظروف الطلب العالي حيث ينتج عنه أرباح بمقدار 8 مليون أو في ظروف الطلب المنخفض والذي ينتج عنه 5 مليون جنيه. ومن أجل أن نتخذ القرار نقوم باحتساب القيمة المتوقعة لكل بديل حسب الآتي:

(1) القيمة المتوقعة للمصنع الكبير تساوي 8 مليون دينار

= (12 0.60 xمليون دينار) + (0.40 2 x مليون دينار)

(2) القيمة المتوقعة للمصنع الصغير كبديل للمصنع الكبير = 6.8 مليون دينار

= (0.60 8 x مليون دينار) + (0.40 5 x مليون دينار)

\ يقترح هذا التحليل على المدير أن يفكر جدياً ببناء المصنع الكبير.

وقد يرغب المدير باختيار بديل آخر وهو بناء المصنع الصغير ثم يقوم بتوسيعه عندما يزدادالطلب على إنتاجه. وفي هذه الحالة يحتاج المدير إلى اتخاذ قرار آخر ويأتي في المرحلة الثانيةويسمى القرار الثاني كما تبينه شجرة القرار. وفي هذه النقطة يقوم المدير باتخاذ قرارات بديلة تنحصر بين توسع كبير إلى عدم توسع، وهذه القرارات بديلة تنحصر بين توسع كبير إلى عدم توسع، وهذه القرارات المحتلمة يمكن تحليلها واحتساب قيمتها عن طريق استخدام شجرات قرار معقدة تتطلب عدد من نقاط اتخاذ قرار.

فشجرة القرار تساعد المديرين تشخيص اختيارات متعددة وبنفس الوقت معرفة احتمالات آثار كل الفروع البديلة للشجرة.

9-3 بحوث العمليات operations research

هو المصطلح الذي أطلقه البريطانيون في استخدام الطرق الرياضية لحل المشاكل، فالبرمجة الخطية تطورت عن طريق بحوث العمليات. إن كل مدخل رياضي لإيجاد أفضل الحلول للمشاكل الممكن حلها يمكن أن يصنف تحت بحوث العمليات.

9-3-1 البرمجة الخطية linear programming

هي طريقة للتوزيع الأمثل للموارد النادرة على النشاطات أو الأعمال المتنافسة عليها. وتتطلب هذه الطريقة بأن تكون العلاقات بين المتغيرات أو العوامل خطية أو نسبية. ويعني هذا إذا تطلب الأمر وحدة مدخلات لإنتاج وحدتين من المخرجات، فسوف نحتاج إلى وحدتين مدخلات لإنتاج أربعة وحدات من المخرجات. فالمشاكل التي تتعلق بتصغير أوتغظيم بعض الكميات (مثل الكلفة) تحت مجموعة من القيود (مثل المواد أو الأموال) يمكن حلها بواسطة البرمجة الخطية.

9-3-2 خطوط الانتظار Queuing theory

يكره الناس الوقوف في طوابير للحصول على الخدمات الحكومية، ولكن زيادة طاقة الدولة الإدارية لتخفيف مدة الانتظار يكلف المؤسسات الحكومية أموال إضافية. فنظرية الطابور تقدم علاقات تبادلية بين الاستثمار في الطاقة الخدمية وطول وقت الانتظار في الطابور وتظهر العلاقة بين هذين المتغيرين لصانعي القرار. فمثلاً تكتشف الدائرة الحكومية كيف يؤثر فتح شباك عمل جديد على طول خطوط الانتظار ويمكن كذلك استخدام نظرية الطابور لمعرفة ماذا يحصل لو تم انجاز كل طلب بدقيقة اقل من الوقت الأصلي. وتستخدم هذه الطريقة لمعالجة خطوط الانتظار في الحصول على خدمات مختلفة مثل مؤسسات البنوك ودوائر الرخص ودفع فواتير الهاتف والمياه والكهرباء وازدحام الحالات التي تظهر بها المحاكم والاختناقات المرورية في الطرق وخطوط التسجيل في الجامعات وخطوط المسافرين القادمين والمغادرين في المطارات وغيرها.

9-3-3 التماثل Simulation

وتستخدم هذه الطريقة للمشاكل المعقدة والمتداخلة، وهنا تساعد نماذج التماثل لزيادة مقدرتنا على فهم هذه المشاكل. ومعظم هذه النماذج تشتمل على بناء نموذج رياضي للمشكلة واستخدام المعادلات الرياضية لوصف نظام الارتباط والتداخل. ويبرمج النموذج على الكومبيوتر ويستخدم لتمثيل المشكلة الحقيقية. ومن النماذج المستخدمة نموذج مونت كارلو Monte carlo في حالة استخدام مدخلات عشوائية. وقد استخدمت هذه النماذج نسبة إلى النتائج العشوائية التي تنتج من لعبة الروليت في كازينو القمار. فاستخدم مثل هذه الطريقة تشبه استخدام نموذج صغير لطائرة حقيقية واختبار الطائرة الصغيرة في نفق لتيارات هوائية مختلفة لمعرفة مدى تأثير سرعة الريح المختلفة على الطائرة.

ونلاحظ بأن كل أسلوب من الأساليب المذكورة يستعمل كأداة أو وسيلة للمساعدة في صنع القرار وليس بديلاً عنه. وكل أسلوب له مقيداته أو عيوبه كما ويمكن إساءة استخدام هذا الأسلوب. إن معالجة سوء الاستخدام للأساليب المذكورة لا يأتي عن طريق عدم استعمالها ولكن عن طريق رفع مستوى الوعي عند صانعي القرار لكي يفهموا بشكل أفضل استخدامات ومقيدات الأساليب الكمية في صنع القرار.

هوامش الفصل الثاني عشر :

1 -peter wright, charles pringle, and mark kroll, strategic management, Boston, Allyn and Bacon, 1992.P.7.

2 -Samuel Certo and Paul peter, Strategic Management : A Focus on Process, New York, Mc GrawHill Publishing Co., 1990,P73.

3 -Chris Gore, Kate Muray, and bill Richardson,strategic decisionmaking London, cassell, 1992,p.1.

4 - Ibid

5 -E.F. Harrison, the managerial Decisionmaking process, Boston, Houghton mufflin, 1993.p.25.

6 -David Holt, management principles and practice, 3rd ed., Englewood Cliffs: N.J., prentice hall, 1993.p.131.

7 -Niels Noorderhaven, Strategic Decision Making, Workingham, England, AddisionWesley publishing, 1995,p.7.

8 - Holt, Op. Cit. p.131.

9 -Stephen Robbins and Mary Coulter, Management, 6th ed., Upper Saddle River : N.J., Prentice Hall,1999,p.183.

10 - Ibid., P.182.

11 -Ibid.,p.184.

12 - Ibid.,p.184.

13 -Gore,et al., Op.Cit., p.2.

14 -Ibid.,p.2.

15 -Ibid.,p.3.

16 -Ibid.,p.2.

17 -Herbert Simon, the new Science of management Decision, New York, Harper and Row,1960.p.1.

18 -Robbins and Coulter, Op.Cit.,p.189.

19 -Ibid,p.189.

20 - Ibid.,p.195.

T0208003

Printed in the United States
By Bookmasters